Können Compliance-Management-Systeme Short-Seller-Attacken verhindern?

AF827157

Europäische Hochschulschriften Recht

European University Studies in Law

Publications Universitaires Européennes de Droit

Band/Volume **6825**

Lars Holger Tilgner

Können Compliance-Management-Systeme Short-Seller-Attacken verhindern?

Regulatorische und unternehmerische Maßnahmen zum Schutz vor Leerverkaufsattacken: Eine Analyse der rechtlichen Rahmenbedingungen und Reformvorschläge

PETER LANG

Berlin - Bruxelles - Chennai - Lausanne - New York - Oxford

Bibliografische Information der Deutschen Nationalbibliothek
Die Deutsche Nationalbibliothek verzeichnet diese Publikation in der Deutschen Nationalbibliografie; detaillierte bibliografische Daten sind im Internet über http://dnb.d-nb.de abrufbar.

ISSN 0531-7312
ISBN 978-3-631-93548-4 (Print)
E-ISBN 978-3-631-93575-0 (E-PDF)
E-ISBN 978-3-631-93576-7 (E-PUB)
DOI 10.3726/b22771

© 2025 Peter Lang Group AG, Lausanne (Schweiz)
Verlegt durch Peter Lang GmbH, Berlin (Deutschland)
info@peterlang.com

Alle Rechte vorbehalten.

Das Werk einschließlich aller seiner Teile ist urheberrechtlich geschützt. Jede Verwertung außerhalb der engen Grenzen des Urheberrechtsgesetzes ist ohne Zustimmung des Verlages unzulässig und strafbar. Das gilt insbesondere für Vervielfältigungen, Übersetzungen, Mikroverfilmungen und die Einspeicherung und Verarbeitung in elektronischen Systemen.

www.peterlang.com

Geleitwort

Die Dissertation von Herrn Lars Tilgner, LL.M., trägt den Titel „Können Compliance-Management-Systeme Short-Seller-Attacken verhindern? Regulatorische und unternehmerische Maßnahmen zum Schutz vor Leerverkaufsattacken: Eine Analyse der rechtlichen Rahmenbedingungen und Reformvorschläge“. Sie widmet sich einem Thema, das sowohl für die Wissenschaft als auch für die Praxis von herausragender Bedeutung ist.

Mit großem Engagement und wissenschaftlicher Präzision untersucht Herr Tilgner die Wechselwirkungen zwischen regulatorischen Anforderungen, wie der EU-Leerverkaufsverordnung und der Corporate Sustainability Due Diligence Directive (CSDDD), sowie den Herausforderungen, die sich Unternehmen durch Leerverkaufsattacken stellen. Besonders bemerkenswert ist seine Fähigkeit, juristische und wirtschaftliche Perspektiven miteinander zu verbinden und daraus praxisorientierte Handlungsempfehlungen für Unternehmen und Gesetzgeber zu entwickeln.

Die Arbeit zeichnet sich durch eine tiefgreifende Analyse und eine systematische Methodik aus. Herr Tilgner beleuchtet die zentralen Fragen, wie Unternehmen ihre Compliance-Management-Systeme (CMS) anpassen müssen, um sowohl regulatorische Anforderungen zu erfüllen als auch sich effektiv gegen spekulative Angriffe zu schützen. Neben der Analyse von Fallbeispielen, wie den Skandalen um Wirecard und Grenke, liefert er konkrete Vorschläge für Reformen und praktische Maßnahmen, die den Schutz der Marktintegrität und die Resilienz von Unternehmen stärken.

Es war mir eine Freude, diese Dissertation als Erstgutachter begleiten zu dürfen. Herr Tilgner hat während der gesamten Entstehungszeit seine wissenschaftliche Kompetenz und seine Fähigkeit zur klaren, stringenten Argumentation unter Beweis gestellt. Seine Arbeit leistet einen wertvollen Beitrag zur Weiterentwicklung des Compliance- und Risikomanagements und verdient daher besondere Beachtung.

Mit dieser Veröffentlichung in der renommierten Reihe „Europäische Hochschulschriften Recht“ wird eine herausragende Dissertation einem breiten Publikum zugänglich gemacht. Ich wünsche Herrn Tilgner viel Erfolg bei seinen weiteren wissenschaftlichen und beruflichen Projekten.

Wiltz/Luxembourg, im Januar 2025

Prof. habil. Dr. jur. Dr. phil. Thomas Gergen
Maître en droit

Vorwort

Die vorliegende Dissertation ist das Ergebnis eines langen und intensiven Prozesses, der nicht nur fachliche, sondern auch persönliche Herausforderungen mit sich brachte. Ohne die Unterstützung und Begleitung durch Menschen, die mich auf diesem Weg begleitet haben, wäre diese Arbeit in ihrer heutigen Form nicht möglich gewesen.

Mein besonderer Dank gilt meiner Ehefrau Stephanie, die mich von Anfang an mit unermüdlicher Geduld, kritischen Anmerkungen und ihrer Fähigkeit, das Wesentliche auf den Punkt zu bringen, unterstützt hat. Sie hat nicht nur Korrekturen und Formatierungsarbeiten übernommen, sondern auch durch ihre klugen Fragen und ihre konstruktive Kritik immer wieder dazu beigetragen, dass ich meine Gedanken schärfen und präzisieren konnte. Daneben möchte ich mich bei meinen Kindern, Florian, Julian, Dominik und Tabea bedanken, die oft auf ihren Vater und teilweise auch auf ihr Mutter verzichten mussten und dafür Fahrdienste der kleinen Schwester übernahmen oder sich um unseren Hund kümmerten. Dabei geht ein besonderer Dank an meine beiden Söhne Florian und Dominik, die sich zusammen mit meiner Frau meinen Vortrag zur Verteidigung nicht nur einmal anhören durften.

Ein weiterer Dank gebührt meinem Kollegen, Prof. habil. Dr. jur. Christoph Schärtl und Prof. Tobias Noll, die mich in zahlreichen Diskussionen inspiriert und fachlich weitergebracht haben. Ihre Fähigkeiten, komplexe Themen aus neuen Blickwinkeln zu betrachten, hat wesentlich dazu beigetragen, dass ich mich in meinem Thema stets weiterentwickeln konnte.

Schließlich möchte ich meinem Doktorvater, Prof. habil. Dr. jur. Dr. phil. Thomas Gergen, für seine hervorragende Betreuung danken. Seine Unterstützung, Anregungen und konstruktiven Rückmeldungen haben mir stets Orientierung gegeben und mir geholfen, die Herausforderungen einer wissenschaftlichen Arbeit zu bewältigen. Ich danke ihm, dass er zu dieser Dissertation ein Geleitwort geschrieben hat.

Für die inhaltlichen und formalen Fehler dieser Arbeit bin ich allein verantwortlich.

Mannheim, im Januar 2025 Lars Tilgner

Inhaltsverzeichnis

Abkürzungsverzeichnis

Abkürzung	**Bedeutung**
Abs.	Absatz
AktG	Aktiengesetz
BAFA	Bundesamt für Wirtschaft und Ausfuhrkontrolle, in Bezug auf Aufsicht und Kontrolle
BaFin	Bundesanstalt für Finanzdienstleistungsaufsicht
BGB	Bürgerliches Gesetzbuch
BörsG	Börsengesetz
CMS	Compliance-Management-System
CSDDD	Corporate Sustainability Due Diligence Directive
CSRD	Corporate Sustainability Reporting Directive
CSR-Richtlinie	Corporat Sustainability Report-Richtlinie
ESG	Environmental, Social, Governance
ESMA	Europäische Wertpapier- und Marktaufsichtsbehörde
EU	Europäische Union
GG	Grundgesetz
HGB	Handelsgesetzbuch
IKS	Internes Kontrollsystem
IDW	Institut der Wirtschaftsprüfer
IDW EPS	Entwurf Prüfungsstandards
ISAE	International Standard on Assurance Engagements
ISA [DE]	International Standard on Assurance Engagements, Deutsche Version
LkSG	Lieferkettensorgfaltspflichtengesetz
MAR	Marktmissbrauchsverordnung
MiFIR	Markets in Financial Instruments Regulation
RMS	Risikomanagementsystem
SFDR	Sustainable Finance Disclosure Regulation
SSR	Short Selling Regulation
WpHG	Wertpapierhandelsgesetz

§ 1 Einführung und Problemstellung

1.1 Einleitung

Die steigende Komplexität der globalen Wirtschaft sowie die zunehmende Regulierung von Unternehmensaktivitäten stellen Unternehmen vor neue Herausforderungen, insbesondere im Bereich **E**nivronmental, **S**ocial and **G**overnance (Umwelt, Soziales und Unternehmensführung) kurz ESG, Compliance und Risikomanagement. Der Begriff „Compliance" wurde ebenso wie „Corporate Governance" aus der angelsächsischen Rechtsterminologie in das deutsche Wirtschaftsrecht übernommen.[1]

In den letzten Jahren haben Leerverkäufe und insbesondere Leerverkaufsattacken auf Unternehmen eine zentrale Rolle in der Diskussion um die Marktintegrität und den Schutz von Investoren eingenommen.[2] Leerverkäufe sind dabei keineswegs illegitim – sie tragen in vielen Fällen zur Markteffizienz bei, indem sie überbewertete Aktien identifizieren und so den Preisbildungsprozess auf den Finanzmärkten unterstützen.[3] Doch das Risiko eines Missbrauchs ist unübersehbar: Gezielte Angriffe, bei denen Short-Seller in Verbindung mit negativen Berichterstattungen versuchen, den Kurs eines Unternehmens in die Tiefe zu treiben, stellen sowohl für die betroffenen Unternehmen als auch für den Finanzmarkt eine Gefahr dar.[4] Diese Form der Marktmanipulation ist nicht nur für das betroffene Unternehmen schädlich, sondern gefährdet auch die Marktintegrität insgesamt. Die Notfallbefugnis der BaFin zur Verhängung von Verboten von Leerverkäufen hat nur einen geringen Einfluss auf das Geschäftsmodell von Leerverkaufsaktivisten.[5] Die Veröffentlichung einer Finanzanalyse als Artikel oder Beitrag in der Wirtschaftspresse im Rahmen von Leerverkaufsangriffen fällt nicht länger unter den Schutz des Journalistenprivilegs nach Art. 21 MAR. Die Nutzung

1 Moosmayer/Lösler Moosmayer/Lösler, § 1. Einführung Rn. 1 – beck-online.

2 Nabilou, H. (2014). The Law and Economics of Short Selling. Dissertation, Erasmus University Rotterdam, 23–28.

3 Dechow, P., Hutton, A., Meulbroek, L., & Sloan, R. (2001). Short-Sellers, Fundamental Analysis, and Stock Returns. Journal of Accounting and Economics, 33(1), S. 3–42

4 Boehmer, E., Jones, C. M., & Zhang, X. (2008). Which Shorts are Informed? Journal of Finance, 63(1), S. 491–527

5 Oliver Wilken/Jana Bertus, Professionelle Leerverkaufsattacken – rechtliche Grundlagen und Grenzen, BB 2019, 2754, 2756

von nicht öffentlich zugänglichen Informationen sowie deren Veröffentlichung im Rahmen einer Finanzanalyse ist in der Regel aus der Sicht des Insiderrechts unproblematisch. Erfolgt jedoch vor der Veröffentlichung eine Transaktion unter Verwendung von Insiderinformationen, stellt dies in der Regel ein rechtswidriges Insidergeschäft dar. Auch der Umstand, dass der Emittent selbst zur Veröffentlichung der Insiderinformation verpflichtet gewesen wäre, die Veröffentlichung jedoch pflichtwidrig unterlassen oder verzögert hat, bietet keinen Schutz.

Seit vielen Jahren wird intensiv über die Angemessenheit von Compliance-Maßnahmen und Corporate Governance in Deutschland diskutiert. Kritiker befürchten, dass eine unzureichende Regulierung zu Nachteilen im Wettbewerb um Investoren führen könnte.[6] Diese Diskussion wird durch aufsehenerregende Fälle von Betrug, Bilanzfälschungen und Insolvenzen befeuert. Ebenso spielt das als unangemessen empfundene Verhalten von Führungskräften sowie Korruptions- und Betrugsskandale in namhaften deutschen Unternehmen eine Rolle. Jüngstes Beispiel ist der „Dieselskandal", in den nicht nur Volkswagen, sondern auch weitere Automobilhersteller und Zulieferer verwickelt waren. Andere prominente Fälle betreffen Unternehmen wie Daimler, Siemens, die Deutsche Bank und in jüngster Zeit Wirecard. Diese Debatte bildet die theoretische Grundlage des Prinzipal-Agent-Ansatzes, der die Interessen von Anteilseignern, von denen des Managements und der Belegschaft trennt und der maßgeblich zur globalen Diskussion um den „Shareholder Value" beigetragen hat. Während zu Beginn freiwillige Kodizes bevorzugt wurden, haben sich im Laufe der Zeit staatliche Regulierung und Aufsicht in vielen Bereichen durchgesetzt.

Die wachsenden Anforderungen in der Unternehmensführung und nun vor allem im Bereich ESG, wie Lieferkettensorgfaltspflichtengesetz, Hinweisgeberschutzgesetz, oder die am 24.07.2024 verabschiedete Corporate Sustainability Reporting Directive (CSRD) stellt viele Unternehmen vor neue Herausforderungen und birgt auch neue Risiken.

Die Frage, die sich stellt, ist:

> *„Wie können Unternehmen und Gesetzgeber diesen neuen Herausforderungen wirksam begegnen?"*

Die gestiegene Bedeutung von ESG-Kriterien hat die Risiken für Unternehmen in zweierlei Hinsicht erhöht:

- Zum einen müssen sie sich intensiv mit ESG-Compliance auseinandersetzen, um den Anforderungen der Investoren und Aufsichtsbehörden gerecht zu werden.

---

6 Moosmayer/Lösler Corporate Compliance, § 1. Einführung Rn. 6, beck-online

- Zum anderen können mangelhafte ESG-Standards zu erheblichen Reputationsverlusten führen und Unternehmen zu Zielscheiben für Short-Seller machen.

Prominente Beispiele hierfür sind Adidas und Puma, deren Aktienkurs unter Druck geriet, nachdem Vorwürfe zu menschenrechtlichen Verstößen in der Lieferkette laut wurden.[7] In einer Zeit, in der Investoren verstärkt auf ESG-Kriterien achten, kann schon der Verdacht auf mangelnde Nachhaltigkeit oder Verletzung sozialer Standards, massive Kursverluste zur Folge haben. Dies öffnet die Tür für Leerverkaufsaktivisten, die solche Schwächen gezielt ausnutzen oder unbelegte Behauptungen verbreiten.

Dabei untersucht diese Arbeit zwei Aspekte:

1. Die Zunahme von Leerverkaufsattacken und deren Auswirkungen auf Unternehmen.
2. Die Einhaltung von umwelt- und sozialbezogenen Sorgfaltspflichten im Rahmen der Wertschöpfungskette[8].

Compliance-Management-Systeme (CMS) sind interne Mechanismen, die Unternehmen dabei unterstützen, gesetzliche Vorgaben einzuhalten und Risiken zu minimieren. Compliance ist aber vor allem auch Risikomanagement.[9] Selbstverständlich ist keine unternehmerische Tätigkeit ohne Risiko. Die Frage ist nicht, ob man als Unternehmen Risiken eingeht, sondern wie man mit diesen umgeht.[10]

Sie sind besonders relevant im Rahmen der EU-Leerverkaufsverordnung, da sie Unternehmen helfen, sich gegen rechtliche Angriffe und potenzielle Marktmanipulationen zu schützen. Diese Dissertation untersucht die Schnittstelle zwischen diesen beiden Phänomenen und die Rolle von Compliance-Management-Systemen (CMS) in diesem Kontext.

Ein besonderes regulatorisches Risiko stellt die bevorstehende Corporate Sustainability Due Diligence Directive (CSDD) dar, die von Unternehmen eine umfassende Sorgfaltspflicht im Bereich der Menschenrechte und Umwelt entlang

---

7 NDR, Adidas, Hugo Boss, Puma – Baumwolle aus Zwangsarbeit?, abrufbar unter: https://www.ndr.de/fernsehen/sendungen/panorama/archiv/2022/Adidas-Hugo-Boss-Puma-Baumwolle-aus-Zwangsarbeit,zwangsarbeit262.html

8 Velte: Sorgfaltspflichten in der Wertschöpfungskette als Bestandteil der Nachhaltigkeitsberichterstattung DStR 2023, 2358

9 Moosmayer/Lösler, § 1. Rn. 7

10 ebenda

der gesamten Lieferkette verlangt.[11] Die CSDD erhöht den Druck auf Unternehmen erheblich, da Verstöße gegen diese Sorgfaltspflichten nicht nur rechtliche, sondern auch finanzielle Konsequenzen haben können. Unternehmen, die diese Anforderungen nicht vollständig umsetzen, könnten vermehrt ins Visier von Leerverkäufern geraten, da solche Schwächen in ESG-Kriterien öffentlichkeitswirksam ausgenutzt werden können.

Die bisherige EU-Leerverkaufsverordnung (EU) Nr. 236/2012 und die Marktmissbrauchsverordnung (EU) Nr. 596/2014 bieten zwar einen rechtlichen Rahmen zur Kontrolle von Leerverkäufen, doch der zunehmende Druck durch ESG-Standards und Regulierungen wie die CSDD verdeutlicht, dass neue Ansätze erforderlich sind, um Unternehmen und den Finanzmarkt vor den Risiken missbräuchlicher Leerverkaufsattacken zu schützen.[12]

Dabei werden folgende Kernfragen adressiert:

1. In welchem Ausmaß können effektive CMS Unternehmen vor Leerverkaufsattacken schützen oder deren Auswirkungen abmildern?
2. Welche neuen Risiken bringen umwelt- und sozialbezogenen Sorgfaltspflichten mit sich, insbesondere im Hinblick auf potenzielle Leerverkaufsattacken oder negative öffentliche Berichterstattungen?
3. Wie müssen CMS modifiziert und erweitert werden, um den Anforderungen des Nachhaltigkeitsrechts gerecht zu werden und Unternehmen gleichzeitig vor den daraus resultierenden Risiken zu schützen?

1.2 Zielsetzung der Arbeit

Diese Arbeit zielt darauf ab, sowohl Unternehmen als auch den Gesetzgeber mit fundierten Handlungsempfehlungen zu unterstützen, um den wachsenden Herausforderungen durch Leerverkaufsattacken und die strikten ESG-Regulierungen gerecht zu werden. Die folgenden Schwerpunkte werden dabei behandelt:

Rechtliche Reformen, die der ESMA erweiterte Befugnisse zur Handelsaussetzung bei Verdacht auf Marktmanipulation verleihen.[13]

---

11 Europäische Kommission, Corporate Sustainability Due Diligence Directive (CSDD), Vorschlag zur Corporate Due Diligence and Accountability Directive, 2022

12 Verordnung (EU) Nr. 236/2012 des Europäischen Parlaments und des Rates vom 14. März 2012 über Leerverkäufe und bestimmte Aspekte von Credit Default Swaps, Artikel 5–6

13 Frömel, L. (2019) Maßnahmen von Unternehmen gegen unberechtigte Short-Sell-Attacken, 120–125.

Präventive Maßnahmen für Unternehmen, um durch die Implementierung robuster Compliance- und Risikomanagementsysteme (CMS und RMS) sicherzustellen, dass Unternehmen die ESG-Anforderungen erfüllen und gleichzeitig gegen Leerverkaufsattacken gewappnet sind.[14]

Regulatorische und verfassungsrechtliche Abwägungen, die den Schutz der Marktintegrität mit dem Schutz der Eigentumsrechte der Marktteilnehmer (Art. 14 GG) in Einklang bringen.

Die Arbeit zielt darauf ab, die komplexen Wechselwirkungen zwischen Leerverkäufen, regulatorischen Anforderungen und Unternehmens-Compliance zu analysieren. Dabei soll insbesondere untersucht werden, wie Unternehmen ihre CMS optimieren können, um sowohl den gesetzlichen Anforderungen zu entsprechen als auch sich vor potenziellen Angriffen durch Leerverkäufer zu schützen.

Neben der Analyse von Fällen wie Grenke, Wirecard und Mutares sollen die Darstellungen zu den Auswirkungen der CSRD (LKSG) die Arbeit mit praxisrelevanten Erkenntnissen veranschaulichen und Handlungsempfehlungen für Unternehmen und Regulierungsbehörden entwickeln. Ziel ist es, einen Beitrag zur Verbesserung der Unternehmensführung und des Risikomanagements in einem zunehmend komplexen und regulierten globalen Wirtschaftsumfeld zu leisten.

Diese Dissertation betrachtet praxisnahe Beispiele wie Wirecard und Grenke, um zu analysieren, in welchem Ausmaß CMS-Systeme Short-Seller-Attacken abwehren können. Insbesondere der Wirecard-Skandal zeigt die Schwächen bei der Überwachung und den Umgang mit potenziellen Short-Seller-Angriffen auf. Am Fall Grenke und dem aktuellen Fall Mutares[15] (September 2024), können die Folgen aggressiver Leerverkaufsaktivisten aufgezeigt werden und den Einfluss auf den Kapitalmarkt zeigen. Die wachsende Relevanz von Leerverkäufen sowie spekulativen Short-Seller-Angriffen stellt Unternehmen vor erhebliche Herausforderungen. Diese Angriffe, unabhängig davon, ob sie gerechtfertigt sind oder nicht, können zu signifikanten Kursverlusten und einem gravierenden Reputationsschaden führen. Leerverkäufer wie Gotham City wetten hingegen auf fallende Aktienkurse. Ein Kursrutsch wie bei der Mutares-Aktie kann ihnen also zugutekommen. Gotham City erhebt Vorwürfe gegen Mutares‘ Art der Bilanzierung.[16] Diese Art von Vorwürfen führte auch beim Fall Grenke zu einem signifikanten

14 Nabilou, H. The Law and Economics of Short Selling, 97–102

15 Marketscreener, Mutares kontert Shortseller-Vorwürfe – Vorstandschef verlängert, abrufbar unter: https://de.marketscreener.com/kurs/aktie/MUTARES-SE-CO-KGAA-45615650/news/Mutares-kontert-Shortseller-Vorwurfe-Vorstandschef-verlangert-47953774/ (letzter Zugriff: 20.10.2024

16 ebenda

Kursverlust.[17] Damals hat der Leerverkäufer Fraser Perring mit seinem Analysehaus Viceroy Research die Short-Seller-Attacke ausgelöst. Da Fraser Perring schon Wirecard zu Fall brachte, glaubten viele diese Vorwürfe. Von den insgesamt 73 Vorwürfen konnten jedoch 56 umfassend widerlegt werden, sodass lediglich 17 Punkte verblieben – darunter die fehlende Berichterstattung zu nahestehenden Personen, die allerdings ohne wirtschaftliche Substanz war. Dies wurde in der Öffentlichkeit jedoch kaum noch wahrgenommen. Nun zeigt der aktuelle Fall Mutares, wie dramatisch sich eine unerwiesene Behauptung auf den Kurs auswirken kann. Zum jetzigen Zeitpunkt hat das Unternehmen zwar, wie es zuvor auch Grenke und Wirecard machten, den Behauptungen widersprochen, doch war ein Kursverlust nicht zu verhindern.

Abbildung 1: Mutares Aktie[18]

17 Viceroy Research, Grenke – For Your Fraud Financing Needs, Bericht vom 14. September 2020, abrufbar unter: https://viceroyresearch.org/2020/09/14/grenke-for-your-fraud-financing-needs/ (letzter Zugriff: 20.10.2024)

18 finanzen.net, Mutares Aktie, abrufbar unter: https://www.finanzen.net/aktien/mutares-aktie (letzter Zugriff: 20.10.2024)

Diese Fälle zeigen, wie schwer es ist, eine Balance herzustellen. Auf der einen Seite werden Leerverkäufe als wichtiges Instrument für einen transparenteren Markt angesehen.[19] Es wird teilweise sogar bei Leerverkäufern von der wichtigen Funktion der „Finanzdetektive"[20] gesprochen, auf der anderen Seite besteht die Gefahr von Marktmanipulation durch Leerverkaufsattacken, die gefährlich für Aktionäre und Unternehmen sind. Leerverkaufsattacken haben allein das Ziel, möglichst hohe Gewinne durch Kurseinbrüche zu erzielen. Es werden Gerüchte verbreitet und mit einem Mausklick können Millionenbeträge bewegt werden, indem die Marktteilnehmer auf steigende oder fallende Kurse setzen. Es gilt der Grundsatz „Money knows no fatherland."[21] Es gibt jährlich weltweit deutlich mehr als 100 solcher Leerverkaufsattacken.[22]

Zudem haben die verschärften regulatorischen Anforderungen auf Kapitalmärkten die verstärkte Aufmerksamkeit auf Nachhaltigkeitsaspekte und die Einführung neuer nationaler Gesetze, wie das Lieferkettensorgfaltspflichtengesetz (LkSG), die unternehmerische Risikolandschaft grundlegend verändert. Neben den finanziellen Risiken gewinnen nicht-finanzielle Risiken, insbesondere Menschenrechtsverletzungen, Umweltschäden und Verstöße gegen Governance-Prinzipien zunehmend an Bedeutung. Unternehmen sehen sich folglich veranlasst, diesen Herausforderungen mit geeigneten Compliance-Management-Systemen (CMS), Risikomanagementsystemen (RMS) und Internen Kontrollsystemen (IKS) zu begegnen unabhängig der gesetzlichen Verpflichtung von bestimmten Unternehmen diese Systeme sowieso zu unterhalten.

Durch neue europäische Vorschriften, wie die Corporate Sustainability Reporting Directive (CSRD), die EU-Umwelttaxonomie, die Corporate Sustainability Due Diligence Directive (CSDDD) und die Sustainable Finance Disclosure Regulation (SFDR), sind Unternehmen verpflichtet, ihre nicht-finanziellen Risiken systematisch zu überwachen und offenzulegen. Diese Berichtspflichten umfassen unter anderem die Einhaltung von Sorgfaltspflichten entlang der gesamten Lieferkette und die Sicherstellung der Einhaltung von ESG-Kriterien (Environmental, Social, Governance). Ohne funktionsfähige Kontroll- und Berichtssysteme wird

---

19 Schwark/Zimmer/Zetzsche/Lehmann, WpHG § 53 Rn. 4

20 Schlimbach, F. (2015) Leerverkäufe, 40

21 Drucker, Post-Capitalist Society, 1993, 130

22 Instruktiv etwa Activist Insight/Schulte Roth & Zabel, The Activist Investing Annual Review 2018, The fifth annual review of trends in shareholder activism, 2018, abrufbar unter: https://www.activistinsight.com/resources/reports (letzter Zugriff: 27.10.2024).

es für Unternehmen zunehmend schwieriger, den gestiegenen Transparenzanforderungen nachzukommen.

Parallel dazu erhöht die Zunahme spekulativer Leerverkaufsaktivitäten die Risiken für Unternehmen. Dies verdeutlicht der Fall der Grenke AG im Jahr 2020, bei dem der Short-Seller Viceroy Research eine Leerverkaufsposition von 0,63% hielt und dabei gegen die Meldepflichten der Leerverkaufsverordnung (SSR) verstieß. Trotz der Widerlegung der wesentlichen Vorwürfe erlitt das Unternehmen erhebliche Kursverluste, was die Anfälligkeit von Unternehmen gegenüber solchen spekulativen Angriffen verdeutlicht. Auch der nun aktuelle Fall Mutares zeigt, dass Unternehmen kaum Möglichkeiten haben, schnell und effektiv zu reagieren.

Diese Entwicklungen unterstreichen die Notwendigkeit eines umfassenden Compliance-Managementsystems und eines Risikomanagements, das Unternehmen nicht nur vor rechtlichen und operativen Risiken schützt, sondern auch vor spekulativen Short-Seller-Angriffen. Aber zeigt auch, dass es notwendig ist, bei der Regulatorik Veränderungen herbeizuführen und einen schnelleren Eingriff in den Markt der Aufsichtsbehörden zum Schutz des regulierten Marktes vorzunehmen.

1.3 Problemstellung: Anforderungen und Notwendigkeit von CMS, RMS und IKS

Unternehmen sehen sich zunehmend vor Herausforderungen, die sowohl durch strengere Regulierung auf europäischer und nationaler Ebene als auch durch spekulative Short-Seller-Angriffe bedingt sind. Diese betreffen nicht nur die finanzielle Stabilität, sondern auch die Einhaltung von Nachhaltigkeitsvorgaben. Es stellt sich die Frage, ob Compliance-Management-Systeme (CMS), Risikomanagementsysteme (RMS) und Interne Kontrollsysteme (IKS) in der Lage sind, Unternehmen wirksam vor Short-Seller-Angriffen zu schützen und gleichzeitig den Anforderungen des Lieferkettensorgfaltspflichtengesetzes (LkSG) sowie der Corporate Sustainability Reporting Directive (CSRD) zu entsprechen. Die Verantwortung für die Gewährleistung der Compliance und die Implementierung eines effektiven Compliance-Management-Systems liegt primär bei der Unternehmensführung. Diese muss für ein angemessenes Risikomanagement und eine geeignete Risikokontrolle innerhalb des Unternehmens sorgen.[23] Dabei gibt es

23 dazu PUL Corporate Compliance-HdB/Paré/Schüller § 8

keinen grundsätzlichen Unterschied zwischen Compliance-Risiken und anderen unternehmensinternen Risiken.[24]

Die neuen europäischen Regulierungen und nationalen Vorschriften, insbesondere das LkSG, verlangen eine systematische Überwachung der Einhaltung von Nachhaltigkeitsstandards, sozialen Vorgaben und Governance-Prinzipien. Unternehmen sind gefordert, umfassende Berichtspflichten zu erfüllen, die sowohl finanzielle als auch nicht-finanzielle Risiken betreffen. Dies erfordert präzise und transparente Berichte, die ohne ein funktionierendes Kontroll- und Berichtswesen kaum zu erstellen sind.

Die gestiegenen Berichtspflichten und Nachhaltigkeitsvorgaben erfordern, dass Unternehmen ihre internen Kontrollsysteme im Hinblick auf Rechtskonformität, Nachhaltigkeit und Transparenz kontinuierlich weiterentwickeln. Durch das Inkrafttreten des LkSG sowie die EU-weite Einführung der CSRD sind Unternehmen verpflichtet, ihre Sorgfaltspflichten entlang der gesamten Lieferkette sicherzustellen und zu dokumentieren. Dies erfordert den Einsatz von Compliance-Management-Systemen, die die Einhaltung gesetzlicher Anforderungen überwachen und potenzielle Verstöße frühzeitig erkennen können.

Die Bedeutung von Risikomanagementsystemen zeigen sich insbesondere in Fällen der nicht-finanziellen Risiken, dass diese zunehmend Einfluss auf den Unternehmenswert haben.[25]

Im Oktober 2022 veröffentlichte der NDR einen Bericht über mögliche Menschenrechtsverletzungen in den Lieferketten von Puma, Adidas und Hugo Boss. Obwohl das Lieferkettensorgfaltspflichtengesetz zu diesem Zeitpunkt noch nicht in Kraft war, gerieten die Unternehmen unter erheblichen Druck, die Anschuldigungen zu widerlegen. In der Folge verzeichneten Puma und Adidas einen Kursverlust von bis zu 20%. Dies zeigt, dass auch ohne das Eingreifen von Short-Sellern erhebliche Marktbewegungen auftreten können, wenn Unternehmen nicht in der Lage sind, auf nicht-finanzielle Risiken schnell und effektiv zu reagieren. Daran kann man erkennen, wie volatil der Kapitalmarkt ist. Zwar hatte der NDR bzw. dessen Journalisten keine Leerverkäufe getätigt und hatten dies auch nicht zum Ziel, doch macht es deutlich wie eine negative Berichterstattung bereits Auswirkungen auf den Kurs haben können.

Die Leerverkaufsverordnung (SSR) verpflichtet Short-Seller, ihre Positionen bei Überschreiten eines Schwellenwerts von 0,5% den nationalen Aufsichtsbehörden

---

24 Moosmayer/Lösler Corporate Compliance, § 1. Einführung Rn. 9, beck-online

25 https://www.stratecta.exchange/de/non-financial-parameters-of-company-evaluation/ (letzter Zugriff: 31.10.2024)

zu melden. Diese Vorschrift dient der Transparenz des Marktes und soll verhindern, dass spekulative Leerverkäufe den Aktienkurs von Unternehmen unberechtigt beeinflussen. Im Fall Grenke hielt Viceroy Research eine Leerverkaufsposition von 0,63%, meldete diese jedoch nicht fristgerecht, was die Marktverwerfungen noch verschärfte. Dies verdeutlicht, die Anfälligkeit des Kapitalmarktes gegenüber spekulativen Attacken, die Unternehmen vor massive Herausforderungen stellen.

Des Weiteren stehen die Bafin und die ESMA als überwachende Behörden vor der Problematik, wie erkennen sie Leerverkaufs-Aktivismus und wie grenzt man diesen von notwendigen und ökonomisch sinnvollen Leerverkäufen ab?

1.4 Europäische Verordnungen und Richtlinien im Überblick

1.4.1 Corporate Sustainability Reporting Directive (CSRD):

Die Berichterstattung über Umwelt- und Sozialstandards in der Lieferkette ist ein wesentlicher Teil der Nachhaltigkeitsberichterstattung von Unternehmen. Obwohl diese Pflicht bereits in der EU-Richtlinie zur nichtfinanziellen Berichterstattung (NFRD) 2014 verankert wurde[26], wird sie durch neue EU-Regulierungen im Rahmen des Green Deal deutlich verstärkt. Dazu gehören insbesondere die Richtlinien zur Nachhaltigkeitsberichterstattung (CSRD) und zur Sorgfaltspflicht von Unternehmen (CSDDD) sowie die EU-Taxonomie-Verordnung. Diese Verschärfung der Vorschriften erscheint angesichts der bisher oft mangelhaften Qualität der Unternehmensberichte in diesem Bereich gerechtfertigt.[27] Sowohl die CSRD als auch die EU-Leerverkaufsverordnung stellen unterschiedliche Anforderungen an Unternehmen. Während die CSRD auf Nachhaltigkeitskriterien abzielt, setzt die EU-Leerverkaufsverordnung auf die Transparenz der Finanzmärkte. Beide regulieren unterschiedliche Aspekte der Unternehmensführung, schaffen jedoch ähnliche Herausforderungen für den Schutz vor Leerverkaufsattacken.

Dies erfordert eine systematische Erfassung und Kontrolle, die es in die CM- und RM-Systeme einzuarbeiten gilt.

1.4.2 EU-Umwelttaxonomie:

Die EU-Umwelttaxonomie-Verordnung definiert, was als nachhaltige Wirtschaftsaktivität gilt, und zwingt Unternehmen, zu dokumentieren, inwiefern

26 ABl. L 330/1, 15.11.2014, S. 1–9
27 Velte, DStR 2023, 2358

ihre Tätigkeiten diesen Kriterien entsprechen. Die Verordnung unterstützt die nachhaltige Finanzwirtschaft und verlangt von Unternehmen eine transparente Berichterstattung über ihre Umweltauswirkungen.

1.4.3 Lieferkettensorgfaltspflichtengesetz (LkSG):

Das LkSG verpflichtet Unternehmen in Deutschland, Menschenrechte und Umweltstandards in ihren globalen Lieferketten zu gewährleisten. Es verlangt von Unternehmen, Sorgfaltspflichten zu erfüllen und darüber Bericht zu erstatten. Diese Berichte erfordern ein funktionierendes Compliance-System, das den Anforderungen der Sorgfaltspflicht genügt und die Risiken in der Lieferkette überwacht.

1.4.4 Corporate Sustainability Due Diligence Directive (CSDDD):

Die CSDDD[28] weitet die Verantwortung von Unternehmen auf deren gesamte Lieferkette aus und verlangt, dass sie nachhaltigkeitsbezogene Risiken aktiv identifizieren und bekämpfen. Dies erfordert umfassende Compliance- und Risikomanagementsysteme.

1.4.5 Sustainable Finance Disclosure Regulation (SFDR):

Die SFDR[29] schafft neue Risiken für Unternehmen, da zusätzliche Berichtspflichten potenzielle Angriffspunkte für Leerverkäufer eröffnen. Unternehmen müssen sicherstellen, dass sie nicht nur finanzielle, sondern auch nicht-finanzielle Risiken transparent offenlegen, um den regulatorischen Anforderungen gerecht zu werden und Angriffe zu verhindern. Die Erfüllung dieser Anforderungen setzt ebenfalls ein robustes Risikomanagementsystem voraus.

1.4.6 Hinweisgeberschutzgesetz (HinSchG):

Das neue Hinweisgeberschutzgesetz[30] verpflichtet Unternehmen, Meldekanäle für Compliance-Verstöße einzurichten und Verstöße ordnungsgemäß zu behandeln. Unternehmen müssen sicherstellen, dass interne Kontrollmechanismen vorhanden sind, um Missstände zu erkennen und rechtzeitig zu beheben.

28 ABl. L, 05.07.2024
29 ABl. L 317, 9. Dezember 2019, S. 1–16
30 BGBl. 2023 I Nr. 140 vom 02.06.2023

1.4.7 Leerverkaufsverordnung (SSR) und deren Relevanz

Die EU-Leerverkaufsverordnung (Short Selling Regulation, SSR)[31] legt die rechtlichen Rahmenbedingungen für Leerverkäufe und die Nutzung von Credit Default Swaps (CDS) fest. Sie dient der Förderung von Transparenz und der Bekämpfung von Marktmissbrauch. Wesentliche Elemente der Verordnung umfassen die Meldepflicht für Leerverkaufspositionen und Maßnahmen zur temporären Einschränkung von Leerverkäufen in außergewöhnlichen Marktbedingungen, um die Transparenz auf den Finanzmärkten zu erhöhen und Missbrauch zu verhindern.[32]

Obwohl die gesetzlichen Vorgaben, wie die EU-Leerverkaufsverordnung, greifen, zeigt sich weiterhin, dass spekulative Leerverkäufe Unternehmen durch unbegründete Anschuldigungen zu erheblichen Kursverlusten zwingen können, obwohl die BaFin nach § 25 BörsG und § 73 WpHG bereits die Befugnis hat, in Ausnahmefällen den Handel mit Wertpapieren auszusetzen, wird von dieser Möglichkeit selten Gebrauch gemacht.

1.5 Relevanz von CMS, RMS und IKS für Unternehmen

Laut der PwC-Studie „State of Compliance 2023“[33] berichten 71% der Unternehmen mit fortschrittlichen Compliance-Programmen von einer verbesserten Unternehmenskultur.

Durch kontinuierliche Risikoanalyse können Unternehmen ihre Compliance-Prozesse optimieren und effizienter gestalten. Ein umfassender Ansatz, der sowohl technologische als auch organisatorische Anpassungen berücksichtigt, ist dabei unerlässlich.[34]

Compliance-Management-Systeme (CMS) sind ein wesentlicher Bestandteil der Unternehmensführung und haben sich historisch entwickelt, seitdem sich Menschen Regeln gegeben haben und deren Einhaltung einfordern[35]. Heute erfüllen CMS eine zentrale Rolle, um den gestiegenen regulatorischen Anforderungen und der Notwendigkeit zur Einhaltung gesetzlicher Vorgaben in einem globali-

---

31 ABl. L 86, 24.3.2012, S. 1–24

32 Mösslein in Bankvertragsrecht Investmentbanking, 558

33 PWC "The future-proof compliance management system – Protecting assets, preserving reputation." abrufbar unter: https://www.pwc.de/en/strategy-organisation-processes-systems/the-future-proof-compliance-management-system-protecting-assets-preserving-reputation.html (Zugriff am 03.10.2024)

34 IDW PS 981 Tz. A21

35 Moosmayer/Lösler, § 46, Rn. 1

sierten Wirtschaftsumfeld gerecht zu werden. Unternehmen stehen zunehmend unter dem Druck, nicht nur finanzielle, sondern auch nicht-finanzielle Risiken – wie Umwelt-, Sozial- und Governance-Risiken (ESG) – systematisch zu überwachen.[36]

Eine aktuelle Studie[37] von PricewaterhouseCoopers (PwC) betont die wachsende Bedeutung zukunftsfähiger Compliance-Management-Systeme. Diese Systeme müssen sich stetig weiterentwickeln, um den Anforderungen der digitalen Transformation und einer zunehmend komplexen regulatorischen Landschaft gerecht zu werden. Unternehmen weltweit, insbesondere in Schlüsselmärkten wie den USA, Großbritannien, Deutschland und China, sehen sich mit immer strengeren Vorschriften konfrontiert, die eine umfassende Anpassung der bestehenden Compliance-Maßnahmen erfordern.

Besondere Herausforderungen ergeben sich durch die fortschreitende Digitalisierung von Geschäftsmodellen. Laut der PwC-Studie müssen CMS, RMS und IKS kontinuierlich weiterentwickelt werden, um technologische Risiken zu bewältigen und rechtlichen Anforderungen gerecht zu werden. Die Studie empfiehlt dabei einen ganzheitlichen Ansatz, der Risikoanalysen, Prozessoptimierungen und die Einbindung innovativer Technologien umfasst. Unternehmen, die diesen Ansatz verfolgen, können nicht nur rechtliche Risiken minimieren, sondern sich durch effiziente Compliance-Prozesse einen Wettbewerbsvorteil verschaffen.

Das ökonomische Wertschöpfungspotenzial künftiger Geschäftsmodelle basiert zunehmend auf digitalen Technologien.[38] Disruptive Innovationen prägen die Märkte, und Daten übernehmen in der vernetzten Wirtschaft eine Schlüsselrolle. Diese zunehmende Digitalisierung sämtlicher Lebensbereiche führt zu fundamentalen gesellschaftlichen Veränderungen. In Unternehmen stellt sich dabei die Frage, in welchem Umfang die ethischen Implikationen neuer digitaler Geschäftsmodelle beurteilt werden. Insbesondere im Hinblick auf die schöpferische Zerstörung, die durch technologische Innovationen hervorgerufen wird, bestehen häufig keine klaren gesetzlichen oder regulatorischen Rahmenbedingungen, was erhebliche Risiken für Unternehmen birgt.

---

36 Europäische Kommission, Mitteilung der Kommission an das Europäische Parlament, den Europäischen Rat, den Rat, den Europäischen Wirtschafts- und Sozialausschuss und den Ausschuss der Regionen, Der europäische Grüne Deal, vom 11.12.2019, COM(2019) 640 final.

37 A.AO.

38 Panzer-Heemeier/Nemat, Digitale Ethik – Eine neue Chance für ESG-Compliance, CCZ 2022, 223)

Es wird zunehmend anerkannt, dass digital-ethische Maßnahmen geeignet sein können, diese Risiken sichtbar zu machen und zu mindern. Dadurch erhalten Unternehmen wichtige Informationen, die in die Entwicklung erfolgreicher und nachhaltiger Investitionsstrategien einfließen können. In den vergangenen Jahren hat sich daher die Orientierung an humanistischen Werten zu einer wesentlichen Handlungsmaxime für Entscheidungsträger aus Wirtschaft und Politik entwickelt. Die Erweiterung der Corporate Social Responsibility (CSR) zu Corporate Digital Responsibility (CDR) rückt hierbei in den Fokus. CDR beschäftigt sich insbesondere mit der digitalen Ethik im Rahmen von ESG-Compliance, die sich mit der Frage befasst, welche legitimen und angemessenen Handlungsweisen im Umgang mit Daten und deren Verarbeitung in algorithmischen Systemen zu beachten sind.

Zur Umsetzung dieser ethischen Maßstäbe sind Investitionen in die Unternehmenskultur erforderlich, wobei unternehmensindividuell gestaltete digitalethische Wertemanagement-Systeme eine zentrale Rolle spielen. Diese müssen in die bereits bestehenden Compliance-Strukturen integriert werden.[39] Ein ganzheitliches Compliance-System, das interdisziplinär betrachtet wird und den Nachhaltigkeitsaspekt der digitalen Ethik berücksichtigt, erscheint hier sinnvoll.

Langfristig wird die Auseinandersetzung mit digital-ethischer Verantwortung zu einem bedeutenden Wettbewerbsvorteil führen. Sie schafft gesellschaftliche Akzeptanz und Vertrauen in den Märkten. Dieses Vertrauen fördert nicht nur die kontinuierliche Weitergabe von Nutzerdaten, sondern auch die Marktstellung des Unternehmens.[40] Die Europäische Union fungiert als rahmengebende Institution für diese Unternehmensethik im digitalen Bereich, wobei ihre humanistische Ausrichtung zunehmend in neue Legislativakte Eingang findet.[41]

Durch die Implementierung robuster und flexibler Compliance-Systeme können Unternehmen nicht nur regulatorische Anforderungen erfüllen, sondern auch das Vertrauen ihrer Stakeholder stärken und ihre Marktposition langfristig sichern.[42] Dies ist besonders relevant in einem Umfeld, in dem Unternehmen

---

39 Müller WiSt 2020, 49 (11).

40 Cooper/LaSalle/Wei (2016) Guarding and growing personal data value, abrufbar unter https://www.slideshare.net/accenture/guarding-and-growing-personal-data-value.(letzer Zugriff: 28.10.2024)

41 Luttermann/Luttermann RIW 2022, 285

42 https://www.bafin.de/SharedDocs/Downloads/DE/Rundschreiben/dl_rs_0518_MaComp_fassung_juni_2023.pdf?__blob=publicationFile&v=2 (letzter Zugriff: 28.10.2024)

zunehmend spekulativen Angriffen von Leerverkäufern ausgesetzt sind, die Schwachstellen in der Unternehmensführung ausnutzen.

1.6 Lösungsansatz und Notwendigkeit gesetzlicher Anpassungen

Ein freiwilliger Schutzmechanismus für Unternehmen könnte die Auswirkungen spekulativer Leerverkäufe erheblich eindämmen und so zur Stabilisierung der Aktienmärkte beitragen. Dabei könnten zertifizierte CMS-, RMS- und IKS-Systeme genutzt werden. Unternehmen könnten ihre CMS, RMS und IKS von unabhängigen Prüfern zertifizieren lassen und der BaFin ein entsprechendes Testat vorlegen. Im Falle einer Leerverkaufsattacke könnte die BaFin auf Grundlage des Testats den Handel temporär aussetzen, um den Kursverfall zu stoppen und den Vorwürfen nachzugehen. Um dies zu ermöglichen, wären gesetzliche Anpassungen erforderlich:

- § 25 BörsG und § 73 WpHG könnten dahingehend ergänzt werden, dass Unternehmen mit einem gültigen Testat die Möglichkeit erhalten, eine Handelsaussetzung zu beantragen, wenn unbegründete Leerverkäufe den Aktienkurs beeinflussen

Dieser Mechanismus würde nicht nur Unternehmen vor unbegründeten Angriffen schützen, sondern auch die Transparenz des Kapitalmarktes erhöhen und das Vertrauen der Investoren stärken. Gleichzeitig würde die BaFin in die Lage versetzt, in Krisensituationen schnell und gezielt einzugreifen, ohne den freien Marktmechanismus grundlegend zu beeinträchtigen.

1.7 Ausblick

Ziel dieser Arbeit ist es, sowohl Unternehmen als auch den Gesetzgeber zu befähigen, einen robusten Handlungsrahmen zu entwickeln, der Unternehmen vor unbegründeten Leerverkaufsattacken schützt und gleichzeitig gewährleistet, dass berechtigte Vorwürfe ernsthaft und umfassend geprüft werden. Im Zuge dieser Analyse wird ein freiwilliger Schutzmechanismus entwickelt, der es Unternehmen ermöglicht, durch die Zertifizierung ihrer Compliance-Management-Systeme (CMS), Risikomanagementsysteme (RMS) und internen Kontrollsysteme (IKS) eine Handelsaussetzung zu erwirken, wenn es zu spekulativen Angriffen kommt. Dies schützt Unternehmen vor unberechtigten Kursverlusten, während der Gesetzgeber sicherstellt, dass der Marktmechanismus intakt bleibt.

Diese Arbeit analysiert die spezifischen Bedingungen, unter denen ein Eingreifen in den Markt durch staatliche Behörden gerechtfertigt erscheint, insbesondere bei spekulativen Leerverkäufen. Ein solcher Eingriff ist nur dann sinnvoll, wenn Vorwürfe gegen ein Unternehmen gleichzeitig mit einem signifikanten Anstieg von Leerverkäufen einhergehen. Dies gewährleistet, dass eine Handelsaussetzung nur in Fällen konkret nachweisbarer Manipulationsversuche erfolgt. Der Fall Puma zeigt jedoch, dass auch Vorwürfe ohne Leerverkäufer den Markt erheblich beeinflussen können. Unternehmen müssen daher in der Lage sein, Vorwürfen schnell und effektiv entgegenzutreten.

Vor diesem Hintergrund werden in der Arbeit nicht nur die rechtlichen Rahmenbedingungen analysiert, sondern auch die Prüfungsstandards bewertet, die zur Zertifizierung der CMS, RMS und IKS herangezogen werden. Die IDW EPS 990 und IDW EPS 991 spielen dabei eine zentrale Rolle. Diese Standards befassen sich mit der Prüfung von Risikomanagementsystemen sowie der externen Überwachung von Compliance-Systemen. Sie legen die Anforderungen fest, die Unternehmen erfüllen müssen, um ihre Prüfungsergebnisse auf eine solide Basis zu stellen und damit ihre Rechtskonformität nachweisen zu können.

Zudem wird die ISAE 3000 herangezogen, die sich auf die Prüfung von nichtfinanziellen Informationen konzentriert, insbesondere auf die ESG-Berichterstattung.[43] Die Einhaltung der ISAE 3000 ist für Unternehmen von besonderer Bedeutung, um den neuen Anforderungen durch die CSRD und die EU-Umwelttaxonomie gerecht zu werden. Da die Berichtspflichten nach §§ 289 HGB ff. eine präzise und verlässliche Dokumentation der Nachhaltigkeits- und Risikomanagementmaßnahmen verlangen, ist die ISAE 3000 ein zentraler Prüfungsstandard, um die Nachhaltigkeitsberichterstattung rechtskonform und transparent zu gestalten.

Ein weiterer wichtiger Standard ist die IDW EPS 352, die sich auf die Prüfung der Wirksamkeit von Internen Kontrollsystemen (IKS) bezieht. Dieser Standard ist entscheidend, um sicherzustellen, dass die internen Kontrollen eines Unternehmens die Risikominderung effektiv unterstützen und dass Risiken im Zusammenhang mit Leerverkaufsangriffen frühzeitig erkannt und gesteuert werden können. Ergänzt wird diese Analyse durch die Entwicklung der ISSA 5000, die ebenfalls die Prüfung von Internen Kontrollsystemen in den Fokus nimmt und darauf abzielt, einheitliche Prüfungsstandards für die globale Bewertung von Kontrollsystemen zu schaffen. Dies ist besonders relevant, da Unternehmen in der

43 Philipps, DStR 2024, 2022

heutigen globalisierten Welt zunehmend komplexen und internationalen Risiken ausgesetzt sind.

Die Arbeit untersucht, ob die bestehenden Standards – IDW EPS 980 bis 983, IDW EPS 990, IDW EPS 991, IDW EPS 352, ISAE 3000 und ISSA 5000 – ausreichen, um den effektiven Schutz von Unternehmen zu gewährleisten, oder ob eine Anpassung dieser Standards notwendig ist. Es wird insbesondere geprüft, ob diese Standards in der Lage sind, spekulative Leerverkaufsangriffe zu erfassen und Unternehmen dabei unterstützen können, ihre Berichtspflichten effizient und gesetzeskonform zu erfüllen. Dies umfasst auch die Frage, inwieweit die IDW-Prüfungsstandards auf die Anforderungen der neuen europäischen Verordnungen abgestimmt sind.

Zusammenfassend verfolgt die Arbeit zwei Hauptziele: Zum einen wird untersucht, wie Unternehmen durch den Einsatz von CMS, RMS und IKS vor Leerverkaufsattacken geschützt werden können. Zum anderen wird der Gesetzgeber aufgefordert, die notwendigen gesetzlichen Anpassungen vorzunehmen, um Unternehmen und Aktionäre besser zu schützen, ohne die Berechtigung von Vorwürfen wie im Fall Wirecard zu ignorieren. Diese Arbeit wird einen wertvollen Beitrag zur Weiterentwicklung der Kapitalmarktvorschriften leisten und gleichzeitig konkrete Empfehlungen für eine Anpassung der bestehenden Prüfungsstandards formulieren, um die Stabilität und Integrität der Märkte zu gewährleisten.

1.8 Forschungsfrage und Herausforderungen

Inwieweit können Compliance-Management-Systeme, Risikomanagementsysteme und interne Kontrollsysteme Unternehmen vor spekulativen Short-Seller-Angriffen schützen und gleichzeitig die Einhaltung der regulatorischen Vorgaben, wie dem LkSG und der CSRD, sicherstellen?

Herausforderungen bei der Umsetzung:

- **Unternehmerische Präventivmaßnahmen**:
  Welche Anforderungen sollten an Compliance-Management-Systeme, Risikomanagementsysteme und interne Kontrollsysteme gestellt werden, um als Voraussetzung für einen beschleunigten Schutz zu dienen?
- **Regulatorische Anpassungen**:
  Die Einführung eines solchen Schutzmechanismus erfordert umfassende gesetzliche Anpassungen, insbesondere der §§ 25 BörsG und § 73 WpHG. Es müsste genau definiert werden, unter welchen Umständen eine Handelsaussetzung gerechtfertigt ist und welche Prüfstandards angewendet werden.

- **Internationale Abstimmung**: Da viele Unternehmen global agieren, müsste sichergestellt werden, dass der vorgeschlagene Schutzmechanismus mit den internationalen Regularien und Märkten vereinbar ist. Dies könnte zusätzliche Herausforderungen bei der Umsetzung auf globaler Ebene mit sich bringen.
- **Prüfungsstandards:**
  1. Wie können die IDW Prüfungsstandards 980–983 konkretisiert werden, um eine effektive Prüfung und Zertifizierung dieser Systeme zu gewährleisten?
  2. Wie können die IDW EPS 990 und 991 angepasst werden, um diesen neuen Herausforderungen gerecht zu werden?
- **Prozessuale Aspekte**:
  1. Wie kann ein Mechanismus zur 14-tägigen Handelsaussetzung rechtlich und praktisch ausgestaltet werden, der sowohl den Schutz der Unternehmen als auch die Marktintegrität berücksichtigt?
  2. Welche Kriterien sollten für die Feststellung „erhöhter Leerverkaufsaktivitäten" herangezogen werden?
- **Neue regulatorische Herausforderungen:**
  Inwiefern bieten die CSRD-Richtlinie, die CSDDD und das Lieferkettensorgfaltspflichtengesetz neue Angriffspunkte für Leerverkaufsaktivisten?
- **Praxisbezug und Fallstudien:**
  1. Welche Lehren können aus den Fällen Puma, Adidas, Boss, Wirecard, Grenke und Mutares für die Entwicklung effektiver Schutzmaßnahmen gezogen werden?
  2. Wie hätten die vorgeschlagenen Maßnahmen in diesen konkreten Fällen gewirkt?
- **Abwägung von Interessen:**
  1. Wie kann ein angemessener Ausgleich zwischen dem Schutz von Unternehmen und Aktionären einerseits und der Wahrung der Meinungsfreiheit und Markteffizienz andererseits erreicht werden?
  2. Welche möglichen unbeabsichtigten Konsequenzen könnten die vorgeschlagenen Maßnahmen haben und wie können diese minimiert werden?

Anhand der Fälle Wirecard, Grenke und Mutares wird in dieser Dissertation untersucht, wie komplex die Abgrenzung zwischen gerechtfertigten und ungerechtfertigten Leerverkaufsattacken ist. Dabei wird analysiert, unter welchen

Voraussetzungen Unternehmen und Aktionäre effektiv vor solchen Angriffen geschützt werden können. Durch die Leerverkaufsattacken auf die Firmen Wirecard und Grenke kann aufgezeigt werden, nach welchem Model in diesen Fällen ein Schutz für Aktionäre und Unternehmen möglich gewesen wäre. Dabei werden insbesondere die Maßnahmen der Bafin sowohl im Fall Wirecard und Grenke untersucht und dargestellt, nach welchen Kriterien die Markttransparenz und der Vertrauensschutz des Anlegers gestärkt werden können.

Des Weiteren wird auch anhand des aktuellen Falls Mutares aufgezeigt, dass die Maßnahmen, die Unternehmen gegen unberechtigte Short-Sell-Attacken bisher aufgezeigt worden sind, ineffizient sind und keinesfalls zum Ziel führen. Mutares hat fast leerbuchartig alle bis dahin genannte Möglichkeiten ausgeschöpft konnten sich jedoch dennoch nicht wieder erholen. Der Kurs, der vor der Leerverkaufsattacke bei 29,60 Euro lag, ist lediglich seit der Leerverkaufsattacke nur noch auf 25,80 Euro gestiegen, was einen Kursverlust von etwa -14% ausmacht.[44]

Eine temporäre Handelsaussetzung ist bereits heute zum Schutz der Aktionäre möglich. Diese könnte unter bestimmten Umständen zu einer gesetzlich normierten Folge werden.

Voraussetzungen dafür wären:

1. Das Vorliegen nachweislich funktionsfähiger Compliance-Management-Systeme (CMS), Risikomanagement-Systeme (RMS) und interner Kontrollsysteme (IKS).
2. Ein Anstieg von Leerverkäufen.
3. Eine verstärkte negative Berichterstattung von Informationsmedien, die den Leerverkäufern nahestehen.
4. Nachweislich gleiche Leerverkäufer.

Eine solche Handelsaussetzung würde sowohl Aktionäre als auch das Unternehmen schützen. Sie ermöglicht es dem Unternehmen, auf Vorwürfe zu reagieren, ohne selbst dem Vorwurf der Marktmanipulation ausgesetzt zu werden.

Das Argument für minimale staatliche Einflussnahme auf die Märkte wird in diesem Kontext kritisch hinterfragt. Ein effektives Zusammenspiel von Aufsichtsbehörden und Unternehmen kann allen Marktteilnehmern zugutekommen. Allerdings muss jeder Eingriff in den freien Markt gerechtfertigt sein und einer strengen Güterabwägung unterliegen. Diese Aspekte werden im folgenden Kapitel detailliert erörtert.

---

44 https://www.boersennews.de/markt/aktien/detail/de000a2nb650/ (letzter Zugriff: 26.10.2024)

§ 2 Leerverkäufe – notwendiges Marktinstrument oder Gefahr für die Finanzstabilität?

2.1 Leerverkäufe als notwendiges Marktinstrument

Leerverkäufe[45] stellen eine spezifische Form des Wertpapierhandels dar, bei der ein Verkäufer Finanzinstrumente veräußert, die sich zum Zeitpunkt des Vertragsabschlusses nicht in seinem Besitz befinden. Diese Strategie basiert auf der Erwartung fallender Kurse bis zum Erfüllungszeitpunkt. Bei Wertpapiergeschäften erfüllt der Verkäufer seine vertraglichen Verpflichtungen zunächst mit geliehenen Wertpapieren, wobei er plant, seine Rückgabeverpflichtung aus dem Leihvertrag später mit günstigen erworbenen Wertpapieren zu erfüllen.

Die EU-Verordnung Nr. 236/2012 definiert Leerverkäufe in Artikel 2 Absatz 1 Buchstabe b als Verkauf von Finanzinstrumenten, die zum Zeitpunkt des Vertragsabschlusses nicht im Eigentum des Verkäufers stehen.

Leerverkäufe spielen eine zentrale Rolle in der Preisfindung und Marktliquidität. Sie ermöglichen es Investoren, auf überbewertete Wertpapiere zu setzen, was zu einer schnelleren Marktkorrektur und effizienteren Preisbildung führt.[46] Verschiedene Studien haben gezeigt, dass Leerverkäufe zu einer verbesserten Markttransparenz beitragen, indem sie Ineffizienzen aufdecken und somit die Risiken spekulativer Blasen minimieren.[47] Diese Funktion wird von vielen als notwendige Ergänzung des Finanzmarkts gesehen, da sie dazu beiträgt, überhöhte Bewertungen zu korrigieren und Anleger vor überteuerten Aktien zu warnen.[48]

Ein klassisches Beispiel für diese marktdisziplinierende Wirkung sind Hedgefonds, die durch gezielte Leerverkäufe auf die Schwächen überbewerteter Unternehmen hinweisen. In einem stabilen und gut regulierten Marktumfeld tragen Leerverkäufe daher zur langfristigen Stabilität und Effizienz des Marktes

45 Weber, Rechtswörterbuch, Leerverkauf, beck-online (letzter Zugriff: 20.10.2024)

46 dazu Karpoff/Lou, 65 Journal of Finance 1879 (2010); Boehmer/Jones/Zhang, 63 Journal of Finance 491, 492 (2008)

47 Dechow/Hutton/Meulbroek/Sloan, Short-Sellers, Fundamental Analysis, and Stock Returns, Journal of Accounting and Economics 33 (2001), 3–42

48 Boehmer/Jones/Zhang, Which Shorts are Informed, Journal of Finance 63 (2008), 491–527

bei.[49] Untersuchungen von Boehmer et al. (2010) haben gezeigt, dass informierte Short-Seller häufig präzise Vorhersagen über künftige Kursentwicklungen treffen und so die Preisfindung auf den Märkten verbessern.[50] Die EU-Verordnung differenziert zwischen gedeckten und ungedeckten Leerverkäufen, wobei letztere nur unter strengen Auflagen erlaubt sind. Für alle Arten von Leerverkäufen gelten spezifische Offenlegungspflichten, die darauf abzielen, Spekulationen einzudämmen und die Stabilität des Finanzsystems zu fördern.

In Deutschland obliegt die Überwachung von Leerverkäufen gemäß § 53 WpHG der Bundesanstalt für Finanzdienstleistungsaufsicht (BaFin) sowie der Börsengeschäftsführung nach § 15 Abs. 7 BörsG. Die BaFin verfügt über die Befugnis, Leerverkäufe unter bestimmten Umständen zu untersagen, wie es beispielsweise 2019 temporär für Aktien der ehemaligen Wirecard AG der Fall war. Ergänzend dazu existiert die Leerverkaufs-Anzeigeverordnung vom 16. April 2014, die weitere regulatorische Details festlegt. § 23 WpHG verpflichtet zur Meldung von Verdachtsfällen bei Verstößen gegen diese Bestimmungen.

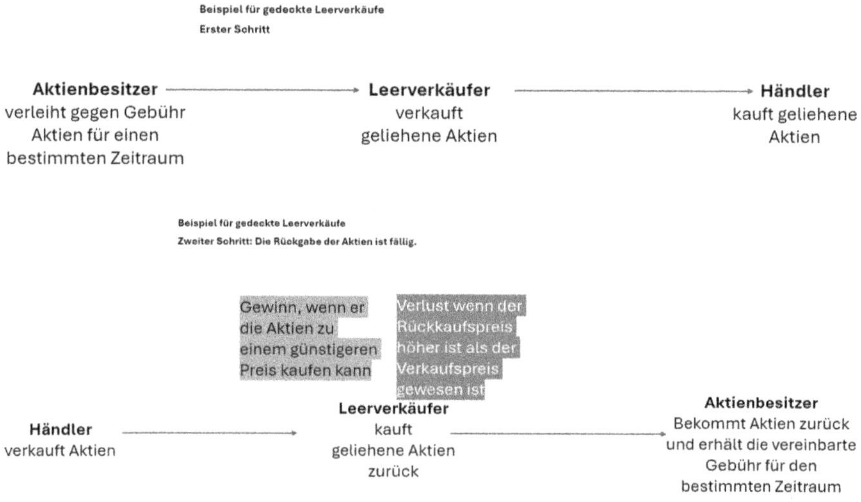

Abbildung 2: Leerverkäufe, eine Wette auf fallende Kurse[51]

---

49 Böhme, Marktmanipulation und ihre strafrechtliche Verfolgung in der EU, Nomos 2017, 15–20

50 Boehmer/Huszar/Jordan, The Good News in Short Interest, Journal of Financial Economics 96 (2010), 80–97

51 eigene Darstellung

2.2 Leerverkäufe als Instrument der Markteffzienz

Eine zentrale These zur Rechtfertigung von Leerverkäufen basiert auf der Efficient Market Hypothesis. Während Leerverkäufe in ruhigen Marktphasen als Instrument zur Verbesserung der Markteffizienz betrachtet werden, können sie in Krisenzeiten zu extremer Volatilität führen und die Finanzstabilität gefährden. Besonders ungedeckte Leerverkäufe (naked short selling) haben das Potenzial, Aktienkurse massiv zu beeinflussen, da der Verkauf von Wertpapieren erfolgt, ohne dass diese tatsächlich ausgeliehen wurden. Dies kann in bestimmten Marktphasen einen verheerenden Abwärtssog verursachen und die Liquidität eines Unternehmens gefährden.[52]

Ein dramatisches Beispiel hierfür ist die Finanzkrise 2007/2008, in der ungedeckte Leerverkäufe eine bedeutende Rolle bei der Destabilisierung von Finanzinstituten spielten.[53] Das Verbot ungedeckter Leerverkäufe in der EU im Jahr 2012 war eine direkte Reaktion auf diese Ereignisse, da diese Praxis die Marktvolatilität in Zeiten wirtschaftlicher Unsicherheit erheblich erhöht hatte.[54]

Ein weiteres Risiko ergibt sich aus koordinierten Leerverkaufsattacken, bei denen Short-Seller gezielt negative Berichte über ein Unternehmen veröffentlichen, um dessen Aktienkurs zu manipulieren und Gewinne aus dem anschließenden Kurssturz zu erzielen. Diese Form des Marktmissbrauchs wurde in Fällen wie Wirecard und Mutares AG besonders deutlich.[55]

2.2.1. Scalping gem. Art. 12 Abs. 2 litt. D. MAR

Ein Verstoß gegen das Verbot des Scalping gemäß Art. 15 und Art. 12 Abs. 2 lit. d MAR liegt vor, wenn die typischen Merkmale dieser Praxis erfüllt sind. Scalping ist ein mehrstufiger Prozess, bei dem zunächst eine Long- oder Shortposition in einem Finanzinstrument eingegangen wird.[56] Anschließend wird eine

---

52 Nabilou, The Law and Economics of Short Selling, 88–92

53 Europäische Kommission, Verordnung (EU) Nr. 236/2012 über Leerverkäufe und bestimmte Aspekte von Credit Default Swaps, Artikel 12

54 Bianchi/Drew, Hedge Fund Regulation and Systemic Risk, Griffith Law Review 19 (2010), 15–19

55 Frömel, Maßnahmen von Unternehmen gegen unberechtigte Short-Sell-Attacken, 80–82

56 s. auch die Schilderungen bei Trüg: Umfang und Grenzen des Scalping als strafbare Marktmanipulation (NStZ 2014, 558, 559); Vogel, Scalping als Kurs- und Marktpreismanipulation, Besprechung von BGH, Urteil vom 6. 11. 2003 – 1 StR 24/03, (NStZ 2004, 252); ders. in Assmann/Schneider, WpHG, § 20 a Rd. 235; aus

Stellungnahme oder Empfehlung zu diesem Finanztitel veröffentlicht, ohne dass der bestehende Interessenkonflikt gegenüber der Öffentlichkeit ordnungsgemäß offengelegt wird.[57] Die Stellungnahme wird dabei über einen regelmäßigen oder gelegentlichen Zugang zu den Medien verbreitet. Im letzten Schritt nutzt der Scalper die dadurch bewirkte Kursbewegung, um seine Position gewinnbringend glattzustellen.[58]

Das Verbot des Scalping, das früher in § 20a Abs. 1 S. 1 Nr. 3 WpHG a.F. in Verbindung mit § 4 Abs. 3 Nr. 2 MaKonV a.F. geregelt war, ist nunmehr in Art. 15 und Art. 12 Abs. 1 lit. b MAR verankert.[59] Diese Bestimmung lässt sich unter anderem aus den Indikatoren im Anhang I Abschnitt B lit. b MAR in Verbindung mit Anhang II Abschnitt 2 Nr. 2 lit. c der delegierten Verordnung (EU) 2016/522 ableiten.

Wesentlich ist, dass der Interessenkonflikt nicht offengelegt wird und der Scalper von der Kursveränderung profitiert. Wenn diese Voraussetzungen erfüllt sind, stellt das Vorgehen einen Verstoß gegen die Marktmanipulationsvorschriften dar, insbesondere gegen das Verbot des Scalping als zwingendes Beispiel der Marktmanipulation im Sinne von Art. 12 Abs. 1 lit. b MAR.

2.3 Kritische Perspektiven und potenzielle Marktverzerrungen

Kritiker argumentieren hingegen, dass aggressive Leerverkaufsattacken destabilisierende Effekte haben können. Sie verweisen auf das Potenzial für selbsterfüllende Prophezeiungen, bei denen der durch Leerverkäufe ausgelöste Kursverfall das Vertrauen in ein Unternehmen untergräbt und reale negative Konsequenzen nach sich zieht. Dies kann zu übermäßiger Volatilität und Marktverzerrungen führen.

US-amerikanischer Sicht Markham, Law Enforcement and the History of Financial Market Manipulation, 2014, 242 f.

57 Die Stellungnahme muss „zu einem Finanzinstrument", etwa einer Aktie, abgegeben werden. Der „Nutzen aus den Auswirkungen der Stellungnahme" kann aber auch aus Derivaten gezogen werden. S. Grundmann, in: Großkomm. HGB, 5A, Bankvertragsrecht Sechster Teil Rd. 467; zu § 4 Abs. 3 Nr. 2 MaKonV a. F. Vogel, in: Assmann/Schneider, WpHG, § 20 a Rd. 234; de Schmidt, in: Just/Voß/Ritz/Becker, WpHG, 2015, § 20 a RdNr. 241.

58 Freilich umfasst Art. 12 Abs. 2 lit. d MAR auch das gemeinschaftliche Vorgehen mehrerer Personen. Etwa bei arbeitsteiligem Vorgehen muss die Person, die die Stellungnahme abgibt, nicht identisch mit derjenigen sein, die von den Kursauswirkungen profitiert. Zu § 4 Abs. 3 Nr. 2 MaKonV a. F. de Schmidt, in: Just/Voß/Ritz/Becker, WpHG, § 20 a RdNr. 244.

59 Art. 25 Abs. 3 des 2. FiMaNoG, BGBl. I 2017, 1693, 1820 f. hebt die MaKonV auf

Ein weiterer Kritikpunkt betrifft die Möglichkeit der Marktmanipulation. Leerverkäufer könnten durch die gezielte Verbreitung negativer Informationen oder Gerüchte versuchen, Kurse zu ihren Gunsten zu beeinflussen. Dies wirft Fragen hinsichtlich der Integrität des Marktes und des Anlegerschutzes auf.

2.4 Regulatorische Herausforderungen und Abwägungen

Die Regulierung von Leerverkäufen steht vor der Herausforderung, eine Balance zwischen den potenziellen Vorteilen für die Markteffzienz und den Risiken für die Finanzstabilität zu finden. Transparenzvorschriften, wie die Offenlegung signifikanter Short-Positionen zielen darauf ab, Marktverzerrungen zu reduzieren und gleichzeitig die informationelle Funktion von Leerverkäufen zu erhalten.[60]

Die temporäre Einschränkung von Leerverkäufen in Krisenzeiten wird als mögliches Instrument diskutiert, um extreme Marktvolatilität zu begrenzen. Allerdings besteht die Gefahr, dass solche Eingriffe die Preisbildungsfunktion des Marktes beeinträchtigen und unbeabsichtigte Nebeneffekte haben können.[61]

In der nachfolgenden Analyse wird zwischen den positiven und potenziell problematischen Aspekten von Leerverkäufen sowie dem daraus resultierenden Regulierungsbedarf differenziert:

a) Sinnvolle Funktion der Leerverkäufe
Leerverkäufe werden als nützliches Instrument betrachtet, um Preisverzerrungen auf den Märkten zu reduzieren und Marktliquidität zu erhöhen. Sie ermöglichen es, dass auch in fallenden Märkten Gewinne erzielt werden können, was dazu beiträgt, Überbewertungen auf den Märkten zu korrigieren. Diese Funktion von Leerverkäufen wird vom Autor als wichtig anerkannt.

b) Regulierungsbedarf
Trotz ihrer positiven Effekte wird hervorgehoben, dass Leerverkäufe, wenn sie unreguliert bleiben, das Potenzial haben, erhebliche Marktturbulenzen auszulösen. Insbesondere Analysehäuser, die hohe Verschuldung (Leverage) und aggressive Leerverkaufsstrategien nutzen, können systemische Risiken schaffen. Eine Regulierung ist notwendig, um die Risiken zu minimieren und

60 Bayram/Meier, Marktmanipulation durch Leerverkaufsattacken, BKR 2018, 55,

61 Die EU-Kommission nahm eine umfangreiche Folgenabschätzung der Regulierungsalternativen vor. Nach dieser hat ein Verbot ungedeckter Leerverkäufe signifikante negative Auswirkungen auf die Liquidität, auf einen effizienten Preisfindungsprozess und führt daher zu hohen ökonomischen und Compliance-Kosten für Finanzinstitute, EU-Kommission, Impact Assessment v. 15. 9. 2010

sicherzustellen, dass Hedgefonds oder Analysehäuser und ihre Leerverkäufe nicht die Stabilität des gesamten Finanzsystems gefährden.

c) Stärkere Kontrolle
Es ist notwendig, eine intensivere Überwachung und Regulierung von Berichten und den damit zusammenhängenden Leerverkäufen herzustellen, insbesondere in Bezug auf ihre Transparenz und ihr Risikomanagement.

2.5 ESG und Leerverkäufe: Eine neue Dimension der Gefahr?

In den letzten Jahren hat die zunehmende Regulierung von ESG (Umwelt, Soziales und Unternehmensführung) eine neue Dimension des Risikos für Unternehmen geschaffen. Unternehmen, die sich nicht an die neuen ESG-Vorgaben halten, riskieren nicht nur Reputationsverluste, sondern werden auch zur Zielscheibe von Leerverkaufsaktivisten. So führten Mängel im Bereich der nachhaltigen Lieferketten bei Adidas und Puma zu erheblichen Kurseinbrüchen, die von Short-Sellern ausgenutzt wurden.[62]

Besonders die Einführung der Corporate Sustainability Due Diligence Directive (CSDD) stellt für viele Unternehmen eine zusätzliche Belastung dar, da sie ihre gesamten Lieferketten auf die Einhaltung von Umwelt- und Sozialstandards überprüfen müssen. Dies erhöht nicht nur den Aufwand für Unternehmen, sondern eröffnet Leerverkäufern auch neue Angriffsflächen, wenn diese ESG-Standards nicht erfüllt werden.

2.6 Erkenntnisse und weitere Forschungsansätze

Um die Chancen und Risiken von Leerverkäufen in einem angemessenen Rahmen zu halten, hat die EU einen umfassenden regulatorischen Rahmen geschaffen, der jedoch in einigen Bereichen noch erweitert werden muss.

62 boerse.de, Historische Kurse der jeweiligen Aktien, abrufbar unter:https://www.boerse.de/historische-kurse/Adidas-Aktie/DE000A1EWWW0, Puma: https://www.boerse.de/historische-kurse/Puma-Aktie/DE0006969603, Hugo Boss: https://www.boerse.de/historische-kurse/Hugo-Boss-Aktie/DE000A1PHFF7 (Letzter Zugriff 28.10.2024)

§ 3 Aktuelle Regulierung (EU-Leerverkaufsverordnung, WpHG, BörsenG)

3.1 Regulatorische Maßnahmen durch das WpHG und die MAR

In der EU ist der rechtliche Rahmen für Leerverkäufe klar reguliert. Während gedeckte Leerverkäufe erlaubt sind, unterliegen sie strengen Melde- und Transparenzpflichten, um Marktmanipulationen zu verhindern. Hingegen ungedeckte Leerverkäufe sind verboten, um die Marktstabilität zu schützen. Diese Regulierungsmaßnahmen tragen dazu bei, exzessive Risiken zu mindern, die durch ungedeckte Leerverkäufe entstehen könnten, insbesondere in Krisenzeiten.

Auf nationaler Ebene wird dieser europäische Regelungsrahmen durch das deutsche Wertpapierhandelsgesetz (WpHG) und das Börsengesetz (BörsG) ergänzt. § 73 WpHG gewährt der Bundesanstalt für Finanzdienstleistungsaufsicht (BaFin) die Befugnis, den Handel mit Finanzinstrumenten zeitweise auszusetzen, wenn erhebliche Zweifel an der ordnungsgemäßen Marktpreisbildung bestehen oder die Markttransparenz gefährdet ist. Diese Vorschrift steht in direktem Zusammenhang mit der Durchsetzung der europäischen Vorgaben und ermöglicht es der BaFin, schnell auf potenzielle Marktstörungen zu reagieren.

§ 25 BörsG ergänzt diese Regelungen, indem es der Geschäftsführung der Börse die Befugnis einräumt, den Handel ebenfalls auszusetzen, um den geordneten Börsenbetrieb aufrechtzuerhalten. Dies gibt den zuständigen Behörden die Möglichkeit, unmittelbar auf extreme Marktbewegungen oder spekulative Angriffe zu reagieren und damit den Schutz der Marktintegrität zu gewährleisten.

Das Wertpapierhandelsgesetz (WpHG) und die Marktmissbrauchsverordnung (MAR) stellen die rechtlichen Rahmenbedingungen für den Umgang mit Leerverkäufen bereit. § 20a WpHG und Art. 12 MAR verbieten Marktmanipulationen und bieten Maßnahmen zur Verhinderung spekulativer Attacken. Die BaFin hat in der Vergangenheit mehrfach Handelsstopps verhängt, um spekulative Marktverwerfungen zu verhindern und die Integrität der Märkte zu schützen.

Die Einführung der Corporate Sustainability Reporting Directive (CSRD) stellt eine wesentliche Erweiterung des regulatorischen Rahmens für Unternehmen dar, insbesondere im Hinblick auf die Berichterstattung nicht-finanzieller Informationen. Diese Regelungen sind im Kontext der bestehenden EU-Leerverkaufsverordnung (Verordnung (EU) Nr. 236/2012) und der Marktmissbrauchsverordnung

(MAR) zu betrachten. Während die Marktmissbrauchsverordnung auf die Verhinderung von Marktmanipulationen abzielt, schafft die CSRD neue Angriffspunkte für Short-Seller, da ESG-Verstöße zunehmend als Grundlage für spekulative Angriffe dienen. Die Pflicht zur umfassenden Offenlegung von ESG-Risiken gemäß der CSRD könnte potenziell Marktverwerfungen verstärken, wenn Unternehmen nicht in der Lage sind, diese Risiken transparent und präzise zu kommunizieren. In diesem Zusammenhang stellt sich die Frage, ob der bestehende Rechtsrahmen ausreichend ist, um die Manipulation von Märkten durch missbräuchliche ESG-Berichterstattung zu verhindern.[63]

3.1.1 EU-Leerverkaufsverordnung (Verordnung (EU) Nr. 236/2012)

Mit dem Inkrafttreten der Verordnung (EU) Nr. 236/2012 über Leerverkäufe und bestimmte Aspekte von Credit Default Swaps (EU-Leerverkaufsverordnung) am 1. November 2012 wurden europaweit einheitliche Regeln zur Transparenz und Regulierung von Leerverkäufen eingeführt.[64] Diese Verordnung hatte das Ziel, spekulative Angriffe auf Unternehmen zu begrenzen und gleichzeitig die Marktstabilität zu wahren.[65]

Die Verordnung unterscheidet klar zwischen gedeckten und ungedeckten Leerverkäufen. Letztere sind seit der Verabschiedung der Verordnung grundsätzlich verboten, da sie als besonders riskant für die Marktstabilität gelten.[66]

Nach Artikel 5 der Verordnung sind Marktteilnehmer verpflichtet, der zuständigen Aufsichtsbehörde mitzuteilen, wenn sie Netto-Leerverkaufspositionen von mehr als 0,2% des ausgegebenen Aktienkapitals eines Unternehmens halten. Diese Transparenzvorschrift soll sicherstellen, dass Aufsichtsbehörden rechtzeitig Kenntnis von potenziell risikoreichen Positionen erhalten, um Marktverwerfungen entgegenzuwirken.[67]

---

63 vgl. Marktmissbrauchsverordnung (EU) Nr. 596/2014, Art. 12 und 15; Regierungsentwurf der Richtlinie (EU) 2022/2464, Erwägungsgründe (10) und (11)]

64 Verordnung (EU) Nr. 236/2012 des Europäischen Parlaments und des Rates vom 14. März 2012 über Leerverkäufe und bestimmte Aspekte von Credit Default Swaps, Amtsblatt der Europäischen Union L 86, 24. März 2012.

65 Schulte, Der Regulierungsrahmen für Leerverkäufe in der EU und die Rolle der BaFin, ZIP 2020, 512–523

66 Verordnung (EU) Nr. 236/2012 des Europäischen Parlaments und des Rates vom 14. März 2012 über Leerverkäufe und bestimmte Aspekte von Credit Default Swaps, Artikel 12.

67 BaFin: „Leerverkaufsverordnung (SSR)“, abrufbar unter: [https://www.bafin.de/DE/Aufsicht/Leerverkauf/Leerverkauf_node.html] (letzter Zugriff: 28.10.2024).

Artikel 23 der Verordnung erlaubt es der Europäischen Wertpapier- und Marktaufsichtsbehörde (ESMA), bei extremen Marktbedingungen den Handel mit bestimmten Wertpapieren auszusetzen, um die Marktstabilität zu wahren. Diese Maßnahmen waren während der Eurokrise und der COVID-19-Pandemie von entscheidender Bedeutung.[68]

Die Verordnung wurde bereits mehrfach angepasst, um den veränderten Marktbedingungen Rechnung zu tragen, jedoch bestehen weiterhin Lücken im Bereich der koordinierten Leerverkaufsattacken, die häufig in Verbindung mit negativer Berichterstattung stehen. Es wird zunehmend gefordert, dass der Handel mit betroffenen Aktien bei Verdacht auf Marktmanipulation schneller ausgesetzt werden kann, um einen massiven Kurseinbruch zu verhindern.

In den folgenden Jahren haben sich jedoch immer wieder Schwächen und Lücken in der praktischen Anwendung dieser Verordnung gezeigt, die durch eine wachsende Anzahl von Leerverkaufsattacken, etwa gegen Unternehmen wie Wirecard oder Grenke, verdeutlicht wurden. Diese Ereignisse haben die Diskussion über die Wirksamkeit der bestehenden Regulierungen erneut entfacht und die Forderung nach stärkeren Kontrollen und umfassenderen Eingriffsmöglichkeiten seitens der Aufsichtsbehörden laut werden lassen. Trotz der bestehenden Offenlegungs- und Transparenzpflichten zeigte sich, dass Unternehmen, insbesondere im Falle spekulativer Short-Seller-Angriffe, oft nicht ausreichend geschützt waren.

Angesichts dieser Entwicklungen wurden in den letzten Jahren verschiedene Reformvorschläge diskutiert, um den regulatorischen Rahmen weiter zu verbessern. Besonders im Hinblick auf die neuen Anforderungen durch das Lieferkettensorgfaltspflichtengesetz (LkSG) sowie die Corporate Sustainability Reporting Directive (CSRD) ergeben sich zusätzliche Risiken, die von Leerverkäufern ausgenutzt werden könnten. Diese Entwicklungen unterstreichen, dass der europäische Regulierungsrahmen in einem sich ständig wandelnden globalen Finanzmarkt kontinuierlich angepasst werden muss, um sowohl die Interessen der Marktteilnehmer als auch die Integrität der Märkte zu schützen. Anhand von zahlreichen praktischen Beispielen wird aufgezeigt, dass das Ziel dieser Verordnung 12 Jahre nach in Krafttreten nicht erreicht wird, obwohl die Verordnung durchaus den Aufsichtsbehörden das Handwerkszeug gegeben hat, diese jedoch davon keinen oder nur unzureichend Gebrauch machen.

Vor dem Hintergrund der beschriebenen Entwicklungen in der Regulierung von Leerverkäufen und der gestiegenen Bedeutung des Schutzes vor spekulativen

68 Europäische Wertpapier- und Marktaufsichtsbehörde (ESMA), Report on Short Selling During the COVID-19 Pandemic, 2021, 12–15

Angriffen auf Finanzmärkte ist eine detaillierte Auseinandersetzung mit den einschlägigen Normen unverzichtbar. Die EU-Leerverkaufsverordnung, insbesondere Art. 20 und Art. 28, sowie die nationalen Vorschriften des deutschen Wertpapierhandelsgesetzes (§ 73 WpHG) und des Börsengesetzes (§ 25 BörsG) schaffen die rechtlichen Rahmenbedingungen, um Leerverkäufe zu regulieren und die Stabilität der Finanzmärkte zu gewährleisten.

Die EU-Leerverkaufsverordnung (Verordnung (EU) Nr. 236/2012) trat mit dem Ziel in Kraft, Transparenz bei Leerverkäufen herzustellen und die potenziell destabilisierenden Auswirkungen auf die Finanzmärkte zu begrenzen. Art. 20 der EU-Leerverkaufsverordnung verleiht den nationalen Aufsichtsbehörden das Recht, unter außergewöhnlichen Marktbedingungen den Handel mit bestimmten Finanzinstrumenten vorübergehend zu untersagen oder einzuschränken, wenn dies notwendig erscheint, um die Marktstabilität zu schützen oder schwere Störungen auf den Finanzmärkten zu verhindern. Diese Bestimmung spielt eine zentrale Rolle im Umgang mit spekulativen Angriffen, wie etwa bei Leerverkaufsattacken, die die Kursentwicklung eines Unternehmens manipulieren könnten.

Art. 28 der EU-Leerverkaufsverordnung ermächtigt die nationalen Aufsichtsbehörden, in Krisensituationen weitere Maßnahmen zu ergreifen, um die Marktstabilität zu sichern. Hierzu gehört insbesondere die Möglichkeit, Leerverkäufe vollständig zu verbieten, wenn Anzeichen für Marktmanipulation oder spekulative Übertreibungen bestehen. Diese Vorschriften sollen den missbräuchlichen Einsatz von Leerverkäufen verhindern und gewährleisten, dass der Marktmechanismus trotz solcher Angriffe intakt bleibt.

Leerverkäufe sind eine bedeutende und gleichzeitig kontroverse Handelsstrategie, bei der Investoren auf fallende Aktienkurse setzen, indem sie Wertpapiere verkaufen, die sie sich zuvor geliehen haben. Dabei unterscheidet das europäische Recht zwischen gedeckten und ungedeckten Leerverkäufen.

3.1.2 Gedeckte Leerverkäufe

Ein gedeckter Leerverkauf (covered short sale) liegt vor, wenn der Leerverkäufer die verkauften Wertpapiere tatsächlich ausgeliehen hat oder diese vor der Abwicklung des Geschäfts leihen kann. Diese Form des Leerverkaufs wird in der EU nach der Short Selling Regulation (EU-Verordnung Nr. 236/2012, „SSR") weitgehend erlaubt, unterliegt jedoch strengen Meldepflichten. So müssen signifikante Netto-Leerverkaufspositionen von Aktien an die zuständige nationale Aufsichtsbehörde gemeldet werden, sobald sie die Schwelle von 0,2% des ausgegebenen

Aktienkapitals eines Unternehmens überschreiten.[69] Diese Transparenzvorschriften sollen die Marktstabilität sichern und Manipulationen vorbeugen.

3.1.3 ESG-Regulierung und ihre Bedeutung für Leerverkäufe

Eine der zentralen Herausforderungen, denen sich Unternehmen heute gegenübersehen, ist die zunehmende Regulierung im Bereich ESG (Umwelt, Soziales und Unternehmensführung). Während ESG-Kriterien ursprünglich als freiwillige Standards galten, sind sie durch neue Gesetzesinitiativen, wie die Corporate Sustainability Due Diligence Directive (CSDD), zunehmend verpflichtend geworden.[70] Diese Richtlinie fordert Unternehmen auf, entlang ihrer gesamten Lieferkette strenge Sorgfaltspflichten hinsichtlich Umwelt- und Menschenrechtsthemen zu erfüllen. Unternehmen, die diesen Anforderungen nicht nachkommen, riskieren sowohl rechtliche Sanktionen als auch erhebliche Reputationsverluste. In Deutschland wurde dies im LSkG, welches am 01.01.2023 in Kraft trat, umgesetzt, wobei die Bestrebungen der EU darüber hinaus gehen.

Ein Beispiel für die Auswirkungen von ESG-Versäumnissen sind Unternehmen wie Adidas und Puma, deren Aktienkurse unter Druck gerieten, als Vorwürfe zu menschenrechtlichen Verstößen in ihren Lieferketten öffentlich wurden.[71] Solche Ereignisse bieten Leerverkäufern, insbesondere Short-Seller-Aktivisten, eine Gelegenheit, die Schwächen eines Unternehmens auszunutzen und den Aktienkurs durch gezielte Berichterstattung weiter zu drücken.

Die ESG-Regulierung stellt daher eine doppelte Herausforderung dar: Zum einen müssen Unternehmen ihre internen Prozesse so gestalten, dass sie den strengen ESG-Anforderungen gerecht werden. Zum anderen stehen sie unter ständigem Beobachtungsdruck, da jede Verfehlung oder jeder Mangel an Transparenz schnell zu einem Ziel für Leerverkaufsaktivisten werden kann.[72]

---

69 Verordnung (EU) Nr. 236/2012 des Europäischen Parlaments und des Rates vom 14. März 2012 über Leerverkäufe und bestimmte Aspekte von Credit Default Swaps, Artikel 5 und 6.

70 Europäische Kommission, Corporate Sustainability Due Diligence Directive (CSDD), Vorschlag zur Corporate Due Diligence and Accountability Directive, 2022

71 siehe die Fallstudien zu Adidas und Puma, ESG-Berichte und Marktreaktionen, zitierter Quellen.

72 Nabilou, The Law and Economics of Short Selling, 97–102

3.1.4 Verbot ungedeckter Leerverkäufe

Ungedeckte Leerverkäufe (naked short sales), bei denen der Verkäufer keine Zusicherung zur Lieferung der verkauften Wertpapiere getroffen hat und diese auch nicht geliehen hat, sind in der EU seit Inkrafttreten der SSR im Jahr 2012 grundsätzlich verboten.[73] Der Hauptgrund für dieses Verbot liegt in der Sorge, dass ungedeckte Leerverkäufe während volatiler Marktphasen die Marktvolatilität erhöhen und zu Liquiditätsengpässen führen könnten.[74] So wurde während der europäischen Schuldenkrise beobachtet, dass ungedeckte Leerverkäufe zu starken Kursverlusten bei Staatsanleihen führten, was das Vertrauen in die Märkte weiter unterminierte.[75]

Gemäß Artikel 12 der SSR dürfen Marktteilnehmer Aktien oder Staatsanleihen nur dann leerverkaufen, wenn sie bereits über eine hinreichende Deckung verfügen oder diese bis zum Zeitpunkt der Abwicklung beschaffen können. Verstöße gegen dieses Verbot können zu erheblichen Sanktionen führen, da ungedeckte Leerverkäufe als Marktrisiko und potenzielle Marktmanipulation eingestuft werden.[76]

3.1.5 Ausnahmen und nationale Regelungen

Keine Regel ohne Ausnahmen. Die EU-Leerverkaufsverordnung lässt den Mitgliedstaaten jedoch Spielraum, in Krisenzeiten zusätzliche Maßnahmen zu ergreifen. So können nationale Aufsichtsbehörden kurzfristige Leerverkaufsverbote verhängen, um Marktpaniken zu verhindern. Ein prominentes Beispiel dafür war das temporäre Verbot von Leerverkäufen auf Finanzaktien in verschiedenen EU-Ländern während der Covid-19-Pandemie im Jahr 2020.[77] Diese Maßnahmen wurden ergriffen, um extreme Marktvolatilitäten zu vermeiden und das Vertrauen in den Finanzmarkt aufrechtzuerhalten.

3.1.6 Wertpapierhandelsgesetz (WpHG)

Das Wertpapierhandelsgesetz (WpHG) regelt den Insiderhandel und die Marktmanipulation im Zusammenhang mit Wertpapiergeschäften in Deutschland. Es spielt eine zentrale Rolle im Kampf gegen Marktmanipulationen und setzt die

---

73 ebd. Artikel 12
74 Nabilou, The Law and Economics of Short Selling. 80–85.
75 Bianchi/Drew, Griffith Law Review 19 (2010), 17
76 ESMA, Short Selling in the EU – Annual Report 2020, 5–10
77 ESMA, COVID-19: Impacts and Regulatory Responses, Bericht vom Juli 2020, 8–12

Marktmissbrauchsverordnung (MAR) auf nationaler Ebene um.[78] Das WpHG enthält spezielle Bestimmungen zu Leerverkäufen, die in Verbindung mit Insiderhandel oder Marktmanipulation stehen, und legt dabei besonderen Wert auf die Transparenzpflichten der Marktteilnehmer.

Ähnlich wie die EU-Leerverkaufsverordnung sieht auch das WpHG Meldepflichten für signifikante Leerverkaufspositionen vor. Unternehmen müssen ihre Leerverkaufspositionen öffentlich melden, sobald sie die festgelegten Schwellenwerte überschreiten. Die SSR sieht gem. Art. 5 eine Meldepflicht ab 0,2% vor, die Offenlegungspflicht ist gem. Art. 6 jedoch erst bei 0,5% der ausgegebenen Aktien. Das WpHG vereint gem. § 30i WpHG die Melde- und Offenlegungspflicht erst ab 0,5% und verweist auf die SSR, wobei die Bafin gem. § 30j WpHG zusätzliche Meldepflichten für Netto-Leerverkaufspositionen anordnen kann. Dies soll sicherstellen, dass sowohl die Marktteilnehmer als auch die Aufsichtsbehörden frühzeitig über mögliche Gefahren für die Marktstabilität informiert werden.

Verstöße gegen die Meldepflichten oder das Verbot ungedeckter Leerverkäufe können nach dem WpHG mit hohen Geldstrafen geahndet werden. Diese Sanktionen sind ein wichtiges Instrument zur Abschreckung und zur Aufrechterhaltung der Marktintegrität.[79]

3.1.7 Börsengesetz (BörsenG)

Das Börsengesetz (BörsenG) regelt den Betrieb der Wertpapierbörsen in Deutschland und enthält Vorschriften zur Transparenz und Marktaufsicht. Es setzt Maßstäbe für die Veröffentlichung von Informationen und zielt darauf ab, das Vertrauen der Anleger in die Finanzmärkte zu stärken.[80] Für Leerverkäufe enthält das Börsengesetz keine direkten Regelungen, doch es gibt Bestimmungen, die sicherstellen, dass die Börsenaufsicht in Zusammenarbeit mit der BaFin und der ESMA überwacht wird, um Marktverwerfungen rechtzeitig zu erkennen und zu verhindern.

Eine der wesentlichen Aufgaben der Börsenaufsicht besteht darin, unfaire Handelspraktiken, einschließlich manipulativer Leerverkäufe, zu identifizieren und zu unterbinden. In Zusammenarbeit mit der BaFin und der ESMA können bei Verdacht auf Marktmanipulationen Handelsaussetzungen oder andere Maßnahmen getroffen werden, um die Marktintegrität zu schützen.[81]

78 Wertpapierhandelsgesetz (WpHG), Artikel 26
79 Wertpapierhandelsgesetz (WpHG), Artikel 38–42
80 Börsengesetz (BörsenG), Artikel 4
81 Börsengesetz (BörsenG), Artikel 10

3.1.8 Kritische Bewertung der Regulierung: Reichen die aktuellen Vorschriften aus?

Die nachfolgende Normprüfung wird sich mit der konkreten Ausgestaltung dieser Vorschriften sowie ihrer praktischen Anwendung im Kontext spekulativer Leerverkaufsattacken befassen. Dabei wird untersucht, ob die bestehenden Regelungen ausreichen, um den Markt und die Marktteilnehmer effektiv vor den Risiken solcher Angriffe zu schützen oder ob zusätzliche Anpassungen erforderlich sind, um die Wirksamkeit dieser Bestimmungen zu verbessern. Angesichts des unterschiedlichen Anwendungsbereichs und Auslegungsspielraums bei unbestimmten Rechtsbegriffen gewinnt die kapitalmarktrechtliche Missbrauchsaufsicht besondere Bedeutung.

Obwohl die derzeitigen EU- und nationalen Regelungen klare Vorschriften für den Umgang mit Leerverkäufen vorsehen, zeigt die Praxis, dass koordinierte Leerverkaufsattacken und der Missbrauch von ESG-Kriterien durch Leerverkäufer weiterhin eine erhebliche Bedrohung darstellen. Die bestehenden Vorschriften reichen in vielen Fällen nicht aus, um Unternehmen und den Markt vor gezielten Angriffen zu schützen. Es wird daher zunehmend gefordert, dass weitere Maßnahmen ergriffen werden, um die Aufsichtsbehörden in die Lage zu versetzen, bei Verdacht auf Marktmanipulationen schneller zu reagieren und präventiv einzugreifen.[82]

Erweiterungsvorschläge:

a) Erweiterung der EU-Leerverkaufsverordnung um explizite Regelungen für Leerverkaufsattacken, bei denen der Handel vorübergehend ausgesetzt wird, sobald negative Berichte in Verbindung mit signifikanten Leerverkaufspositionen veröffentlicht werden.
b) Stärkere Zusammenarbeit zwischen den nationalen und europäischen Aufsichtsbehörden, um schneller auf marktmanipulative Aktivitäten reagieren zu können.
c) Erweiterte Meldepflichten bei der Veröffentlichung von Berichten über Unternehmen, die im Zusammenhang mit ESG-Kriterien stehen, um möglichen Missbrauch durch Short-Seller vorzubeugen.

---

82 Frömel,L. 115–120

3.2 Maßnahmen der BaFin zur Verhinderung von Marktmissbrauch

Die BaFin überwacht die Einhaltung der Marktregeln und kann im Falle von Marktmanipulationen sofortige Maßnahmen ergreifen. Dazu gehört auch die Verhängung von Handelsstopps, um spekulative Aktivitäten einzudämmen. Diese Eingriffe sind erforderlich, um Marktstabilität und Anlegerschutz zu gewährleisten.

§ 4 Der Rechtsrahmen der Marktmanipulation in der Europäischen Union

Marktmanipulation stellt eine ernsthafte Bedrohung für die Integrität der Finanzmärkte dar und untergräbt das Vertrauen der Anleger in eine faire und transparente Preisbildung. Der europäische Rechtsrahmen zur Bekämpfung von Marktmanipulation ist in der Marktmissbrauchsverordnung (EU-Verordnung Nr. 596/2014, „MAR") festgelegt, die in den letzten Jahren erheblich verschärft wurde, um den Herausforderungen moderner Finanzmärkte gerecht zu werden.

4.1 Definition der Marktmanipulation

Laut Artikel 12 MAR umfasst Marktmanipulation eine Vielzahl von Handlungen, die entweder darauf abzielen, falsche oder irreführende Signale über das Angebot, die Nachfrage oder den Preis von Finanzinstrumenten zu geben, oder den Marktpreis von Finanzinstrumenten auf einem anormalen oder künstlichen Niveau zu halten. Dazu gehören auch Geschäfte oder Aufträge, die Scheintransaktionen darstellen, sowie die Verbreitung falscher oder irreführender Informationen über den Markt oder einzelne Finanzinstrumente.[83]

Ein klassisches Beispiel für Marktmanipulation ist das sogenannte „Pump and Dump"-Schema, bei dem der Preis eines Wertpapiers durch falsche Informationen oder Insiderhandel künstlich nach oben getrieben wird, nur um danach zu überhöhten Preisen verkauft zu werden, was letztlich zu einem Preisverfall führt, sobald die Manipulatoren ihre Positionen liquidieren.[84] Ein weiteres häufiges Szenario ist das Spoofing, bei dem Händler falsche Aufträge in den Markt einbringen, um den Preis zu beeinflussen, ohne die Absicht, diese Aufträge auszuführen.

4.1.1 Regulatorische Maßnahmen und Sanktionen

Die MAR sieht strenge Vorschriften vor, um Marktmanipulation zu verhindern. Artikel 15 MAR verbietet ausdrücklich jegliche Form von Marktmanipulation, während Artikel 16 die Verpflichtung zur Meldung verdächtiger Aktivitäten (Suspicious Transaction and Order Reports, STORs) bei den Aufsichtsbehörden

---

83 Verordnung (EU) Nr. 596/2014 des Europäischen Parlaments und des Rates vom 16. April 2014 über Marktmissbrauch (Marktmissbrauchsverordnung), Artikel 12.

84 Böhme, Marktmanipulation und ihre strafrechtliche Verfolgung in der EU, 75–80

festlegt[85].Finanzinstitute und andere Marktteilnehmer sind gesetzlich verpflichtet, verdächtige Transaktionen, die auf Marktmanipulation hinweisen könnten, unverzüglich zu melden. Diese Meldungen sind ein zentrales Instrument zur Identifikation und Verfolgung von Marktmissbrauch.

Verstöße gegen die MAR können schwerwiegende rechtliche Konsequenzen nach sich ziehen. Die Verordnung sieht sowohl zivilrechtliche Sanktionen als auch strafrechtliche Verfolgung bei schweren Fällen von Marktmanipulation vor. Gemäß Artikel 30 MAR können Geldstrafen verhängt werden, die bis zu 15% des Jahresumsatzes eines Unternehmens oder 15 Millionen Euro betragen können, je nachdem, welcher Betrag höher ist[86]. Außerdem besteht die Möglichkeit, strafrechtlicher Sanktionen nach nationalem Recht, die je nach Mitgliedstaat unterschiedlich ausgestaltet sind. Dies betont die Notwendigkeit eines strikten Compliance-Managements innerhalb von Unternehmen, um Verstöße gegen die Marktmissbrauchsvorschriften zu verhindern.

4.1.2 Europäische Aufsichtsbehörden und ihre Rolle

Die Überwachung und Durchsetzung der Vorschriften zur Marktmanipulation obliegen in erster Linie den nationalen Aufsichtsbehörden der Mitgliedstaaten. Auf europäischer Ebene spielt die Europäische Wertpapier- und Marktaufsichtsbehörde (ESMA) eine zentrale Rolle bei der Koordinierung und Harmonisierung der Aufsichtspraxis. Die ESMA hat in den letzten Jahren eine Reihe von Leitlinien und technischen Regulierungsstandards veröffentlicht, um die Umsetzung der MAR in den einzelnen Mitgliedstaaten zu erleichtern[87].

Ein bedeutendes Instrument der ESMA ist das „Market Abuse Directive and Regulation Implementation Program" (MADIP), das nationale Aufsichtsbehörden unterstützt und eine einheitliche Auslegung der Marktmissbrauchsvorschriften sicherstellt. Die ESMA kann außerdem Dringlichkeitsmaßnahmen ergreifen, wie das temporäre Verbot bestimmter Handelspraktiken in Krisenzeiten, um die Marktstabilität zu wahren.[88]

4.1.3 Tatbestand der informationsgestützten Marktmanipulation

Der Tatbestand der informationsgestützten Marktmanipulation nach Art. 12 Abs. 1 lit. a der Marktmissbrauchsverordnung (MAR) untersagt das Verbreiten

85 Verordnung (EU) Nr. 596/2014, Artikel 15–16
86 ebd. Art. 30
87 ESMA, Guidelines on the Market Abuse Regulation, 2020, 12–15
88 ESMA, MADIP: Implementing Market Abuse Regulation, Bericht 2021, 18–22

von „falschen oder irreführenden Signalen". Ebenso verboten ist die Veröffentlichung von Informationen über Medienkanäle, wenn die Möglichkeit besteht, dass der Verbreitende die Unrichtigkeit oder Irreführung dieser Informationen erkennen konnte (Art. 12 Abs. 1 lit. c MAR). Darüber hinaus stellt auch das sogenannte Scalping, d.h. der Erwerb von Aktien mit anschließender Empfehlung dieser Wertpapiere ohne Angabe bestehender Interessenkonflikte, eine verbotene Handlung dar (Art. 12 Abs. 2 lit. d MAR). Ferner kann die Zurückhaltung wesentlicher Informationen als Verbreitung irreführender Informationen gewertet werden.[89]

Wann genau ein „falsches oder irreführendes Signal" im konkreten Fall vorliegt, bleibt unbestimmt. Zwar bietet Anhang I der Marktmissbrauchsverordnung (MAR) durch sogenannte Indikatoren weitere Konkretisierungen, jedoch betreffen diese ausschließlich Handelsaufträge und beziehen sich somit auf die handelsgestützte Marktmanipulation. Die Delegierte Verordnung (EU) 2016/522 führt zwar die „trash and cash"-Strategie als Beispiel für Marktmanipulation an, lässt jedoch offen, unter welchen Umständen eine „negative Information" als „falsches oder irreführendes Signal" im Sinne der Marktmanipulation zu werten ist. 25 Art. 20 Abs. 1 MAR schreibt vor, dass Anlegeempfehlungen „objektiv dargestellt" werden müssen, um zu verhindern, dass Marktteilnehmer in die Irre geführt werden.[90] Ergänzende Regelungen hierzu finden sich in der Delegierten Verordnung (EU) 2016/958, die im Rahmen des Lamfalussy-Verfahrens auf zweiter Ebene erlassen wurde. Nach Art. 2 Abs. 1 dieser Verordnung ist die Person, die eine Empfehlung erstellt, verpflichtet, ihre Identität offen zu legen. Art. 3 Abs. 1 stellt zudem klar, dass Tatsachen von Meinungen zu trennen sind, wesentliche Informationsquellen anzugeben sind und etwaige Zweifel an den dargestellten Informationen kenntlich gemacht werden müssen. Unklar bleibt jedoch, unter welchen konkreten Voraussetzungen der Vorwurf einer Bilanzfälschung als nicht objektiv und somit rechtswidrig angesehen werden kann oder ob weitere Pflichten, wie beispielsweise die Pflicht zur Recherche, bestehen.[91]

---

89 Market Abuse Regulation 596/2014/(EU) v. 16.4.2014, ABl. 2014 Nr. L 173, S. 3, Erwägungsgrund 47

90 Delegierte VO (EU) 2016/958 v. 9.3.2016, ABl. 2015 Nr. L 160, S. 15, Erwägungsgrund 1: „Vor allem zur Gewährleistung hoher Standards im Hinblick auf Fairness, Redlichkeit und Markttransparenz sind Empfehlungen objektiv und in einer Weise darzustellen, durch die die Marktteilnehmer oder die Öffentlichkeit nicht in die Irre geführt werden.

91 Delegierte VO (EU) 2016/958 v. 9.3.2016, ABl. 2016 Nr. L 160, S. 15

Die Situation wird zusätzlich dadurch erschwert, dass sowohl Art. 12 Abs. 1 lit. c MAR als auch Art. 20 MAR durch die Grundrechte auf Presse- und Meinungsfreiheit begrenzt werden. Diese Einschränkungen ergeben sich allgemein aus Art. 11 der Charta der Grundrechte der Europäischen Union (GRCh) und spezifisch, als lex specialis, aus Art. 21 MAR[92], der vorschreibt, dass journalistische Berufs- und Standesregeln grundsätzlich zu beachten sind.[93]

Die frühere Marktmanipulations-Konkretisierungsverordnung (MaKonV)[94] erwähnte in § 4 Abs. 2 Nr. 2 bereits ausdrücklich als Täuschungshandlung „unrichtige, fehlerhafte, verzerrende oder von wirtschaftlichen Interessen beeinflusste Finanzanalysen", die als Grundlage informationsgetriebener Manipulationen dienen konnten.[95] Nach deutschem Recht waren wesentliche Begriffe bereits definiert:

Verboten war die Verbreitung falscher, das heißt objektiv unwahrer Informationen.[96] Auch unrichtige Tatsachenbehauptungen fielen nicht unter den Schutz der Meinungsfreiheit.[97] Ebenso konnten Werturteile oder Prognosen unzutreffend sein, wenn sie „ins Blaue hinein" abgegeben wurden und gleichzeitig den Eindruck vermittelten, dass die zugrunde liegenden Tatsachen sorgfältig geprüft worden seien. Reine Werturteile galten ebenfalls als unzutreffend, wenn sie oder die zugrunde liegende Prognose bei vernünftiger Betrachtung offensichtlich nicht vertretbar waren.[98] Zudem waren irreführende Informationen unzulässig, das heißt Informationen, die zwar inhaltlich korrekt waren, jedoch durch ihre Darstellung beim Empfänger ein falsches Bild des geschilderten Sachverhalts hervorriefen.[99] Auch Gerüchte fielen unter diese Bestimmungen. Maßgeblich war dabei der durchschnittlich informierte und verständige Anleger.[100]

Die früher geltenden nationalen Vorschriften zu Finanzanalysen gingen über die heute gültigen Regelungen hinaus. Während im aktuellen Recht oft allgemein

---

92 nach Klöhn, WM 2016, 2241 (2242) soll Art. 21 MAR nur klarstellender Natur sein

93 https://www.welt.de/wirtschaft/gallery13541497/So-funktionieren-Leerverkaeufe.html (26.10.2024)

94 Verordnung zur Konkretisierung des Verbots der Marktmanipulation (MaKonV) v. 1.3.2005, BGBl. I 2005, 1162

95 Fuchs/Fleischer, WpHG, § 20 a Rn. 63

96 Fuchs/Fleischer, WpHG, § 20 a Rn. 21 f. mwN; KölnKomm-WpHG/Stoll, § 20 a Rn. 182 mwN

97 BVerfGE 99, 185 (197) = NJW 1999, 1322; Fuchs/Fleischer, WpHG, § 20 a Rn. 145

98 KölnKomm-WpHG/Stoll, § 20 a Rn. 181 mwN; ähnlich Fuchs/Fleischer, WpHG, § 20 a Rn. 21

99 KölnKomm-WpHG/Stoll, § 20 a Rn. 181

100 Grundmann in Staub, HGB, Bankvertragsrecht, Investment Banking Teil 1, Rn. 447

von einer „objektiven Darstellung“ gesprochen wird, verpflichtete § 34b Abs. 1 WpHG a.F. Finanzanalysten dazu, ihre Arbeit mit der erforderlichen Sachkenntnis, Sorgfalt und Gewissenhaftigkeit[101] zu leisten. Zur Sorgfaltspflicht gehörte dabei insbesondere, dass die Analyse wahrheitsgemäß, korrekt und vollständig erstellt werden musste. Auch die formalen Anforderungen der Finanzanalyse, wie das Trennungsgebot zwischen Analyse und Empfehlungen sowie die Recherchepflicht, waren präzise definiert. Im Vergleich zu den Vorgaben der Delegierten Verordnung (EU) 2016/958[102] war der Wortlaut des früheren deutschen Rechts klarer und detaillierter. So sah § 3 Abs. 2 Satz 1 FinAnV vor, dass „die Zuverlässigkeit der Informationsquellen mit vertretbarem Aufwand sicherzustellen“ ist.

Ein Vergleich mit der Rechtsprechung zur Stiftung Warentest[103] zeigt, dass auch dort die Abwägung zwischen dem Eingriff in den eingerichteten und ausgeübten Gewerbebetrieb gemäß § 823 Abs. 1 BGB und dem Grundrecht der Meinungsfreiheit aus Art. 5 Abs. 1 GG eine zentrale Rolle spielt. Für Warentests wurde ein prozeduraler Sorgfaltsmaßstab entwickelt, nach dem neutral, objektiv, unabhängig und sachkundig recherchiert und berichtet werden muss.

4.1.4 Anforderungen an Finanzanalysen

Auch die materiellen Anforderungen an Finanzanalysen waren im früheren deutschen Recht präziser gefasst als im heutigen europäischen Recht. § 5 Abs. 1 FinAnV schrieb vor, dass Finanzanalysen „unvoreingenommen“ erstellt werden mussten, wobei die Grundsätze der Objektivität und Neutralität zu beachten waren.[104] Dies entsprach auch den Verhaltenskodizes der Finanzanalysten.[105] Darüber hinaus forderte § 4 Abs. 1 Nr. 3 FinAnV, dass die Bewertungsparameter hinreichend erläutert werden mussten, sodass sowohl positive als auch negative Umstände berücksichtigt werden sollten. Finanzanalysten waren außerdem verpflichtet, gegenüber der Bundesanstalt für Finanzdienstleistungsaufsicht (BaFin) die „sachgerechte Erstellung“ der Analyse nachvollziehbar darzulegen, wie § 3 Abs. 3 FinAnV festlegte.

101 Ausführlich KölnKomm-WpHG/Möllers, § 34 b Rn. 125 ff

102 Verordnung über die Analyse von Finanzinstrumenten (FinAnV) v. 17.12.2004, BGBl. I 2004, 3522

103 BGH, Urteil vom 15. November 2007, Az. I ZR 88/05

104 Möllers/Lebherz, Fehlerhafte Finanzanalysen – Die Konkretisierung inhaltlicher Standards, BKR 2007, 349 (352); Zagouras in Ellenberger/Bunte, Bankrecht-Handbuch, § 109 Rn. 88; Fuchs/Fuchs, WpHG, § 34b Rn. 34

105 DVFA-Kodex v. Mai 2007, Nrn. 2 f.; abrufbar unter http://www.dvfa.de/fileadmin/downloads/Verband/Mitgliedschaft/DVFA_Verhaltenskodex.pdf. (letzter Zugriff 20.10.2024)

Damit waren Angaben „ins Blaue hinein" unzulässig.[106] Diese Anforderungen finden sich auch im österreichischen und US-amerikanischen Recht wieder. Beispielsweise verlangt das österreichische Recht, dass eine Empfehlung auf Verlangen der Finanzmarktaufsicht (FMA) als vernünftig substanziiert wird,[107] während im US-amerikanischen Recht[108] gefordert wird, dass Informationen hinreichend fundiert sein müssen, um vernünftige Investorenentscheidungen zu ermöglichen.[109] Diese Prinzipien finden sich auch in der deutschen Rechtsprechung zur Stiftung Warentest, die die Grenze zur Unzulässigkeit dann überschritten sieht, wenn die gezogenen Schlüsse als nicht mehr vertretbar gelten.[110]

In den Fällen Wirecard,[111] Grenke[112] und Mutares[113] wurden solche irreführenden Finanzanalysen zur Grundlage spekulativer Angriffe. Wirecard sah sich insbesondere durch den Zatarra Research Report[114] mit Behauptungen konfrontiert, die nicht nur sachlich unzutreffend waren, sondern auch den Börsenwert von Wirecard auf 0 Euro festsetzten – eine Einstufung, die in keiner Weise, trotz unlauterer Machenschaften, nachvollziehbar war und somit gegen die Grundsätze einer sachgerechten Finanzanalyse verstieß.[115] Auch Grenke sah sich mit Vorwürfen aus einem Bericht[116] von Viceroy Research konfrontiert, in dem behauptet wurde,

---

106 KölnKomm-WpHG/Möllers, § 34 b Rn. 141

107 Früher § 48 f. III BörsG (Österreich), BGBl Nr. 555/1989; hierzu Kalss/Oppitz/Zollner, Kapitalmarktrecht, 2. Aufl. 2015, § 8 Rn. 29

108 CFA-Institute, Code of Ethics and Standards of Professional Conduct, 2014, Grundsatz V. A. sowie Financial Industry Regulatory Authority, FINRA Rules, Rule No. 2241, abrufbar unter http://finra.complinet.com/en/display/display_main.html?rbid = 2403&element_id = 11946

109 15 U. S. C. § 78o-6 (2012); SEC, 17 CFR PART 242, Release Nos. 33–8193; NYSE Rule 472, Definitions 10 (2) (2016)

110 BGH, Urteil vom 15. November 2007, Az. I ZR 88/05

111 s. die Wirecard Stellungnahme v. 16.3.2016, abrufbar unter https://www.wirecard.de/wirecard-stellungnahme-maerz2016/, https://viceroyresearch.org/wirecard-research/

112 https://viceroyresearch.org/grenke-research/

113 https://mutares.com/detaillierte-stellungnahme-von-mutares-zum-research-bericht-von-gotham-city-und-der-shortattacke-sowie-den-dort-erhobenen-vorwurfen/

114 https://viceroyresearch.org/wp-content/uploads/2020/07/final-main-report-zatarra-edited-3.pdf

115 Zatarra Research & Investigations v. Februar 2016, 1, abrufbar unter http://www.heibel-ticker.de/downloads/FINALMainreportZatarra.pdf (letzter Zugriff: 29.10.2024)

116 https://viceroyresearch.org/wp-content/uploads/2020/10/Wolfgang-Grenke-%E2%80%93-Lurking-in-the-Shadows.pdf (Letzter Zugriff: 29.10.2024)

das Unternehmen sei in Geldwäsche und Bilanzfälschungen verwickelt, obwohl wesentliche Teile dieser Vorwürfe später widerlegt wurden.[117] Die Behauptungen wurden ohne ausreichende Recherche aufgestellt, obwohl eine genaue Überprüfung der Fakten nahegelegen hätte. Mutares schließlich wurde im September 2024 von Gotham City Research mit Vorwürfen konfrontiert,[118] die unter anderem auf vermeintlich fehlerhaften Bilanzierungsmethoden basierten. Auch in diesem Fall hatte Gotham City Research es versäumt, die betroffenen Tatsachen ausreichend zu recherchieren, bevor massive Vorwürfe erhoben wurden.

Diese Fälle zeigen, dass Finanzanalysen, die irreführende oder unzureichend recherchierte Informationen verbreiten, erhebliche Schäden durch Kursverluste und Reputationsschäden bei den betroffenen Unternehmen anrichten können. Die Unternehmen Wirecard, Grenke und Mutares haben diese Vorwürfe jeweils zurückgewiesen und darauf hingewiesen, dass die Analysen nicht den Standards der Sorgfalt und Objektivität entsprachen. In allen Fällen hatten sich die Aktienkurse der betroffenen Unternehmen nach den spekulativen Angriffen zumindest teilweise wieder erholt, was die Haltlosigkeit der Analysen weiter unterstreicht.

Art. 12 Abs. 1 lit. d MAR untersagt ausdrücklich das sogenannte Scalping, wenn dabei kein Hinweis auf den bestehenden Interessenkonflikt gegeben wird. Dies betrifft insbesondere Fälle, in denen der Analyst vor der positiven oder negativen Empfehlung bereits auf steigende oder fallende Kurse gesetzt hat.[119] Allgemeine Hinweise ohne konkrete Benennung des Interessenkonflikts genügen jedoch nicht.[120] Daher ist es mittlerweile gängige Praxis, mittels eines Disclaimers auf solche Interessenkonflikte hinzuweisen, um den gesetzlichen Anforderungen zu entsprechen.[121]

Die Auffassung, dass eine Finanzanalyse – nach der Terminologie der MAR eine Anlageempfehlung – dann nicht vorliege, wenn es dem Ersteller an Objektivität

---

117 https://www.grenke.com/de/grenke-aktuell/news-meldungen/2020/18.09.2020---grenke-ag-widerlegt-anschuldigungen-von-viceroy-research/ (letzter Zugriff: 29.10.2024)

118 https://www.gothamcityresearch.com/post/mutares-se-co-kgaa-research-report (letzter Zugriff: 29.10.2024)

119 zum gleichlautenden früheren Recht s. Fuchs/Fleischer, WpHG, § 20 a Rn. 67 ff.

120 BGHSt 59, 105 = NZG 2014, 590 Rn. 40; Fuchs/Fleischer, WpHG, § 20 a Rn. 67; Bayram/Meier, BKR 2018, 55 (58)

121 so ausdrücklich die obigen Reports von Muddy Waters, S. 1, abrufbar unter https://www.dropbox.com/s/d6y5xa4pk1tcwvi/2017-04-05-Aurelius%20Equity%20Opportunities%20SE-%26%20Co%20KGa. A.-AR4-Do%20Aurelius%20Swedish%20Subsidiaries%20Exist.pdf?dl = 0, (Letzter Zugriff: 29.10.2024) (NZG 2018, 649, beck-online)

fehle, ist abzulehnen.[122] Bereits der Wortlaut von Art. 20 Abs. 1 MAR legt fest, dass eine objektive Darstellung zwingend ist und daher nicht abbedungen werden kann. Die Objektivität der Analyse ist nach objektiven und nicht nach subjektiven Kriterien zu beurteilen. Andernfalls hätte der Ersteller die Möglichkeit, die Pflichten des Kapitalmarktrechts zu umgehen. Maßgeblich ist der objektive Empfängerhorizont, der dem durchschnittlich informierten Anleger entspricht.[123]

4.2 Ökonomische Betrachtung von Leerverkäufen

Leerverkäufe, insbesondere ungedeckte Leerverkäufe, werden kontrovers diskutiert und spielen eine ambivalente Rolle in den Finanzmärkten. Einerseits tragen sie zur Markteffizienz bei, indem sie Ineffizienzen aufdecken und zur Preisfindung beitragen. Short-Seller nehmen oft konträre Positionen ein und können dadurch überbewertete Vermögenswerte identifizieren und spekulative Blasen verhindern. Diese disziplinierende Funktion auf die Märkte wird von zahlreichen Studien bestätigt.[124] So argumentieren Bianchi und Drew, dass Leerverkäufe eine disziplinierende Wirkung auf Unternehmen haben, indem sie auf Schwächen und überhöhte Bewertungen hinweisen, was letztlich zu einer effizienteren Preisbildung führt[125]. Auch Roach betont, dass Short-Seller durch ihre Aktivitäten dazu beitragen, Ineffizienzen im Markt zu beseitigen[126].

Neben der Effizienzsteigerung leisten Leerverkäufe auch einen wesentlichen Beitrag zur Marktliquidität. Indem Short-Seller Vermögenswerte verkaufen, die sie nicht besitzen, schaffen sie zusätzliche Liquidität und fördern den Handel, insbesondere in weniger liquiden Märkten, wie denen für Kreditderivate und umwandelbare Anleihen. In diesem Zusammenhang argumentieren Franzoni und Plazzi, dass Hedgefonds und andere Akteure, die Leerverkäufe tätigen, durch ihre Handelsaktivitäten das Marktvolumen erhöhen und damit die Liquidität in diesen Nischenmärkten stärken[127].

---

122 Schockenhoff/Culmann, Rechtsschutz gegen Leerverkäufer?, AG 2016, 517 (523)

123 KölnKomm-WpHG/Möllers, § 34 b Rn. 80

124 Dechow/Hutton/Meulbroek/Sloan, Short-Sellers, Fundamental Analysis, and Stock Returns, Journal of Accounting and Economics 33 (2001), 3–42; Boehmer/Jones/Zhang, Which Shorts are Informed?, Journal of Finance 63 (2008), 491–527

125 Bianchi/Drew, Griffith Law Review 19 (2010), 14

126 Roach, Hedge Fund Regulation: “What Side of the Hedges are You on?”, The University of Memphis Law Review 40 (2010), 166

127 Franzoni/Plazzi, Hedge Funds’ Liquidity Provision and Trading Activity, Review of Financial Studies 25 (2012), 2278–2321

Allerdings haben Leerverkäufe auch potenziell negative Auswirkungen auf die Finanzmärkte. Eine wesentliche Sorge besteht in der Marktvolatilität, die durch übermäßige Leerverkäufe verstärkt werden kann. In Krisenzeiten, wie der Finanzkrise 2007/2008, haben einige Studien darauf hingewiesen, dass Leerverkäufe zu raschen und starken Kursverlusten führten, was die Marktinstabilität weiter verschärfte.[128] Dieser Effekt wurde vor allem in Situationen beobachtet, in denen ungedeckte Leerverkäufe auf ohnehin angeschlagene Unternehmen abzielten und dadurch eine Selbstverstärkung der Abwärtsspirale auslösten, da immer mehr Marktteilnehmer ihre Positionen liquidierten, was den Kursverfall zusätzlich beschleunigte[129].

Ein weiterer negativer Aspekt ist das Risiko von Marktmanipulationen. Short-Seller können, insbesondere in Kombination mit der Verbreitung falscher Informationen (sogenannten „Short-Attacken"), zu Marktmanipulationen beitragen. Dies war insbesondere im Fall von Grenke sichtbar, wo Short-Seller teils auf Basis fehlerhafter Berichte agierten, und den Kursverfall beschleunigten, obwohl die tatsächlichen Unregelmäßigkeiten im Unternehmen keine wirtschaftliche Substanz aufdeckten.[130] Dies wirft die Frage auf, inwieweit Regulierungsmaßnahmen notwendig sind, um Missbrauch durch Leerverkäufe zu verhindern. Nabilou zeigt in seiner Analyse, dass unzureichende regulatorische Rahmenbedingungen Leerverkäufer ermutigen könnten, solche Strategien zu nutzen, was wiederum das Vertrauen der Anleger in die Finanzmärkte untergräbt.[131]

Zusammenfassend lässt sich feststellen, dass Leerverkäufe sowohl positive als auch negative Effekte auf die Finanzmärkte haben können. Ihre disziplinierende Funktion und die Förderung der Liquidität sind wichtige Argumente für die Beibehaltung dieser Praxis, gleichzeitig bedarf es jedoch effektiver Regulierungsmechanismen, um den Missbrauch dieser Handelsstrategie zu verhindern und die potenziell destabilisierten Effekte, insbesondere in Krisenzeiten, zu mindern[132].

Die Gefahr besteht hier insbesondere in sogenannten Short-Selling-Aktivisten, die durch gezielte Kampagnen den Aktienkurs von Unternehmen massiv unter Druck setzen können, selbst wenn die Unternehmensfundamente stabil sind.

---

128 Nabilou, The Law and Economics of Short Selling. 88–92

129 Bianchi/Drew, Griffith Law Review 19 (2010), 18

130 Frömel, L. 198–205

131 Nabilou, H. 97–102

132 Nabilou, H. 105–110

§ 5 Vergleich des Rechtsschutzes in der EU mit den USA

5.1 Staat und Unternehmen

5.1.1 Die Bundesanstalt für Finanzdienstleistungsaufsicht

Es wird von allen beteiligten Parteien anerkannt, dass es sich bei den beschriebenen Praktiken um Aktivitäten des „schwarzen Marktes“ und teilweise sogar um organisierte Kriminalität handelt. Die Bundesanstalt für Finanzdienstleistungsaufsicht (BaFin) hat wiederholt vor solchen Vorgehensweisen gewarnt und Anleger zur Vorsicht ermahnt.[133] Zwar betont die BaFin, dass sie den Sachverhalt ermittelt und das Verfahren anschließend an die Staatsanwaltschaft weiterleitet, doch bis zu diesem Zeitpunkt haben die Short Seller oftmals bereits ihre Gewinne auf Kosten der Marktteilnehmer realisiert und sich abgesetzt. Dies führt zu zwei wesentlichen Problemen: Zum einen dauert das Eingreifen der Aufsichts- und Ermittlungsbehörden in der Regel zu lange,[134] sodass Ermittlungsverfahren oft erst Jahre später eingeleitet werden, wenn die Täter bereits nicht mehr greifbar sind.[135] Zum anderen gestaltet sich die Strafverfolgung besonders schwierig, wenn die Täter aus dem Ausland agieren, was ihre Erreichbarkeit zusätzlich erschwert.

5.1.2 Die Staatsanwaltschaft

Die Anzahl der von der BaFin an die Staatsanwaltschaften weitergeleiteten Fälle von Marktmanipulation und Insiderhandel ist in den vergangenen Jahren gestiegen. Im Jahr 2020 gab es insgesamt 206 Marktmanipulationsverfahren[136], wovon 126 Einstellungen nach § 153a StPO und 14 Verurteilungen im Strafbefehlsverfahren

133 BaFin, BaFin rät Anlegern zur Informationsrecherche bei Researchberichten, Publikation v. 9.5.2016; BaFin, BaFin rät Anlegern erneut zur Informationsrecherche bei Researchberichten, Publikation v. 6.4.2017; https://www.bafin.de/SharedDocs/Veroeffentlichungen/DE/Verbrauchermitteilung/weitere/2016/vm_160509_warnung_researchberichte.html (letzter Zugriff: 29.10.2024)

134 Im Verfahren Porsche – Volkswagen brauchte die Staatsanwaltschaft drei Jahre, bevor sie Anklage erhob.

135 so auch der Befund von Kocher, DB 2016, 2887 (2892)

136 https://www.bafin.de/SharedDocs/Downloads/DE/Jahresbericht/dl_jb_2023.html Ältere Ausgaben (Abrufdatum 03.10.2024)

resultierten. 2021 wurden 157 Verfahren abgeschlossen, wobei 106 davon eingestellt wurden. 2022 blieb die Zahl mit 191 eingeleiteten Verfahren ebenfalls hoch.

Auch 2023 setzte sich dieser Trend fort, wobei die BaFin 1.694 Marktmissbrauchsanalysen durchführte, von denen 990 auf Marktmanipulation und 704 auf Insiderhandel überprüft wurden. Insgesamt stellte die BaFin in 14 Fällen hinreichende Anhaltspunkte für Marktmanipulation fest und leitete entsprechende Strafanzeigen ein. Diese Zunahme der Verfahren im Vergleich zu den Vorjahren verdeutlicht, dass die Aufsichtsbehörde weiterhin intensiv gegen Marktmanipulation vorgeht, jedoch bleibt die Zahl der tatsächlichen Verurteilungen im Verhältnis zur Anzahl der eingeleiteten Verfahren weiterhin niedrig. Im Jahresbericht 2020 wurde berichtet, dass der Schwerpunkt auf schwerwiegendere Verstöße gelegt wurde, was zu einer Reduzierung der Gesamtzahl der neu eingeleiteten Ermittlungen führte.[137] Im Jahr 2020 wurden 291 Verfahren an die Staatsanwaltschaft abgegeben, während insgesamt 206 Ermittlungen abgeschlossen und 126 Fälle eingestellt wurden.[138] Zudem wurden mehr als 50 neue Fälle an die Staatsanwaltschaft weitergeleitet. Im Jahr 2023 wurden 990 Marktmanipulationsanalysen[139] durchgeführt, von denen in 14 Fällen hinreichende Anhaltspunkte für Marktmanipulation vorlagen.[140] Von diesen Fällen wurden 10 an die Staatsanwaltschaft weitergeleitet, jedoch führte dies nur zu einer rechtskräftigen Verurteilung im Strafbefehlsverfahren. Auffällig bleibt, dass von den vielen eingeleiteten Verfahren nur ein geringer Prozentsatz zu Verurteilungen führt. In Deutschland ist die Staatsanwaltschaft des Tatorts, Wohnsitzes oder Aufenthaltsortes des Täters zuständig[141] (§ 143 GVG i.V.m. §§ 7 ff. StPO), wobei es nach wie vor an der nötigen Expertise in vielen Staatsanwaltschaften mangelt. Dies führt dazu, dass oft auf die Expertise der BaFin zurückgegriffen werden muss.[142] Darüber hinaus besteht in Deutschland kein Unternehmensstrafrecht,[143] sodass es schwierig bleibt,

---

137 Jahresbericht 2020 der BaFin auf Seite 85ff. (https://www.bafin.de/SharedDocs/Downloads/DE/Jahresbericht/dl_jb_2023.html Ältere Ausgaben (Abrufdatum 03.10.2024))

138 Jahresbericht der BaFin 2020, Seite 86, (https://www.bafin.de/SharedDocs/Downloads/DE/Jahresbericht/dl_jb_2023.html Ältere Ausgaben (Abrufdatum 03.10.2024))

139 https://www.bafin.de/SharedDocs/Downloads/DE/Jahresbericht/dl_jb_2023.html

140 Jahresbericht BaFin 2023, Seite 24 Tabelle 10 (https://www.bafin.de/SharedDocs/Downloads/DE/Jahresbericht/dl_jb_2023.html (Abrufdatum 03.10.2024))

141 Kritisch bereits Maume, ZHR 180 (2016), 358, 392

142 Möllers, NZG 2018, 649, 654

143 Zur Diskussion Gesetzesantrag des Landes NRW, Gesetz zur Einführung der strafrechtlichen Verantwortlichkeit von Unternehmen und sonstigen Verbänden, abrufbar unter https://www.landtag.nrw.de/portal/WWW/dokumentenarchiv/Dokument/MMI16-127.pdf (letzter Zugriff: 29.10.2024); Kempf/Lüderssen/Volk,

Unternehmen strafrechtlich zu belangen, wenn kein konkreter Täter identifiziert werden kann.

In Deutschland gibt es gemäß § 7 BörsG sechs Wertpapierbörsen in München, Frankfurt am Main, Hamburg, Düsseldorf, Berlin und Stuttgart. Es wurde bereits mehrfach gefordert, dass die Zusammenarbeit zwischen den Staatsanwaltschaften, den Handelsüberwachungsstellen der lokalen Börsen und den betroffenen Unternehmen verbessert werden sollte,[144] um Marktmanipulationen effektiver zu bekämpfen. Eine mögliche Lösung könnte in der Einrichtung einer speziellen Eingreifgruppe[145] nach dem Vorbild der Microcap Fraud Working Group der US-amerikanischen Securities and Exchange Commission (SEC) liegen. Eine solche Gruppe könnte die Bekämpfung des sogenannten Short-Aktivismus beschleunigen und vereinheitlichen, indem effektive Strategien zur frühzeitigen Aufdeckung und Verfolgung von Marktmanipulationen an den deutschen Finanzmärkten entwickelt werden.[146]

5.1.3 Das betroffene Unternehmen

Ein weiterer Aspekt ist der mangelnde zivilrechtliche Rechtsschutz. Die herrschende Meinung lehnt die Anerkennung der Schutzgesetzqualität des früheren § 20a WpHG a.F. im Rahmen des § 823 Abs. 2 BGB ab[147]. Hoch umstritten ist derzeit die Frage, ob Art. 12 MAR als Schutzgesetz im Sinne des § 823 Abs. 2 BGB anzuerkennen ist.[148] Diese Entscheidung wird letztlich dem EuGH vorbehalten bleiben.[149] Zudem sind die Voraussetzungen des § 826 BGB sehr streng, da

Unternehmensstrafrecht, 2012; Pieth/Ivory, Corporate Criminal Liability, 2011; Schmitt-Leonardy, Unternehmenskriminalität ohne Strafrecht?, 2013; Tschierschke, Die Sanktionierung des Unternehmensverbundes; Bosch, Organisationsverschulden in Unternehmen, 2002

144 Möllers, NZG 2018, 649, 655 so auch Frömel, L. 126

145 Möllers, NZG 2018, 649, 655

146 hierzu kritisch Frömmel, 128.

147 BGHZ 160, 134 (139 f.) = NZG 2004, 816 – Infomatec; BGHZ 192, 90 = NZG 2012, 263 Rn. 21 – IKB; Assmann/Schneider/Mülbert, WpHG § 20 a WpHG Rn. 31

148 Bejahend Hellgardt, AG 2012, 154 (158); Schockenhoff/Culmann, AG 2016, 517 (520); aA aber Klöhn in Kalss/Fleischer/Vogt, Gesellschafts- und Kapitalmarktrecht in Deutschland, Österreich und der Schweiz, 229, 248 f.

149 Deutlich Grundmann in Staub, HGB, Bankvertragsrecht, Investment Banking Teil 1, Rn. 436: „Sicherheit (…) erst eine Vorlage an den EuGH.“

neben der Sittenwidrigkeit[150] auch der kausal entstandene Schaden nachgewiesen werden muss.

In der Rechtsliteratur werden alternative Maßnahmen gegen Leerverkaufsattacken vorgeschlagen, die Unternehmen selbst ergreifen können.[151] Dazu zählen die Einrichtung eines Notfallteams, gezielte Public-Relations-Aktivitäten und die direkte Kontaktaufnahme mit dem sogenannten „aktivistischen Aktionär".[152] Dennoch fühlen sich viele Unternehmen häufig von den zuständigen Behörden, insbesondere der BaFin und der Staatsanwaltschaft, im Stich gelassen.

5.1.4 Höchst unbefriedigender Rechtszustand

Teilweise wird behauptet, im Bereich der Marktmanipulation bestehe bereits ein „Overenforcement".[153] Die hier dargestellten Fälle zeigen jedoch das Gegenteil auf: Es gibt ein erhebliches Defizit in der Normenkonkretisierung und Durchsetzung.[154] Die Bilanz ist äußerst unbefriedigend: Im Bereich der Marktmanipulation, die jährlich wiederholt Millionenwerte vernichtet, bleiben die Opfer in Deutschland weitgehend (rechts-)schutzlos. Obwohl durch die Marktmissbrauchsverordnung (MAR), die Marktmissbrauchsrichtlinie (MAD)[155] sowie die entsprechenden Durchführungsverordnungen auf zweiter und dritter Ebene das einschlägige Regelwerk erheblich erweitert wurde, finden sich keine klaren Antworten im Gesetz. Die früheren nationalen Vorschriften boten eine höhere Präzision als das neue europäische Recht.[156]

Dies verdeutlicht auch einen Nachteil der Verordnung als Regelungsinstrument: Verordnungen sind autonom auszulegen, ohne auf nationales Recht zurückzugreifen.[157] Die Harmonisierung des Rechtsrahmens hat formal zu einer Vielzahl neuer Vorschriften geführt, die inhaltlich jedoch als Rückschritt zu bewerten sind. Auch die Reaktionen der BaFin bleiben bisher weitgehend

---

150 Allgemein KölnKomm-WpHG/Möllers/Leisch, §§ 37b, c Rn. 426ff.

151 Frömmel, L. 208 ff.

152 Frömmel, L. 216

153 so Meyer in Gebauer/Teichmann, § 7 Rn. 142.

154 so auch die Einschätzung von Kocher, DB 2016, 2887 (2982); generell auch Maume, ZHR 180 (2016), 358, 378ff., 391ff; a. A. aber Mülbert, ZHR 182 (2018), 105, 106, 108, 111, 112, der ohne Analyse den obigen Fällen unterstellt, die Research Reports und Short Sell Arttacken seien rechtlich zulässig.

155 Marktmissbrauchs-RiL (MAD) 2014/57/EU v. 16.4.2014, ABl. 2014 Nr. L 173, S. 179.

156 Kritisch hierzu Mülbert, ZHR 176 (2012), 369ff.; Möllers, ZEuP 2016, 325 (330ff.)

157 Möllers, ZEuP 2016, 325 (352f.).

wirkungslos.[158] Obwohl zahlreiche Research-Berichte den Anforderungen an objektive Anlageempfehlungen nicht entsprechen, kam es bis heute in den genannten Fällen zu keiner Verurteilung. Erhebliche Marktmanipulationen bleiben damit ungeahndet.

Die Lage in Deutschland wird im Internet nüchtern beschrieben:

„In all three cases of short selling activism, the German Market and its participants did not seem very well prepared and the short selling activist maybe had too easy game."[159]

5.2 Die Rechtslage in den USA und ihre Gründe

Ein Vergleich zum US-amerikanischen Recht ist an dieser Stelle naheliegend. Nach den Bestimmungen von Section 9(a)(4) und Section 10(b) des Securities Exchange Act sind irreführende Informationen,[160] die zu Marktmanipulationen führen, rechtswidrig.[161] Verstöße können sowohl zu öffentlich-rechtlichen als auch zu zivilrechtlichen Sanktionen führen. Allerdings ist auch in den USA die Rechtsdurchsetzung nicht immer einfach,[162] da die Presse- und Meinungsfreiheit dort zum Teil weiter gefasst ist als in Europa. Unwahre Informationen sind nur dann rechtswidrig, wenn dem Täter nachgewiesen wird, dass er „willfully and maliciously"[163] gehandelt hat. Dennoch kam es in den USA in den letzten Jahren zu mehreren Verurteilungen und Vergleichen mit der Securities and Exchange Commission (SEC). Häufig wurden gleichzeitig strafrechtliche, zivilrechtliche und öffentlich-rechtliche Verfahren angestrebt, wie dies etwa in den Fällen von

---

158 In der Rechtsliteratur spricht man von „Kampf mit stumpfen Waffen" und „Dornröschenschlaf der Rechtspraxis, s. Voss, Das US-Amerikanische Insiderkonzept, 4; Villeda, Prävention und Repression von Insiderhandel, 364.

159 Barbato, Germany: Short Selling Activism & The Financial Watchdog, abrufbar unter: https://www.linkedin.com/pulse/germany-short-selling-activism-sandro-barbato. (letzter Zugriff: 29.10.2024)

160 Securities Exchange Act of 1934, Section 9 (a) (4) reported in 15 U.S.C. § 78i, Section 10 (b) reported in 15 U.S.C. § 78j und 17 CFR 240.10b-5. Hierzu etwa Loss/Seligman, Fundamentals of Securities Regulation, 5th ed. 2003, Chap. 10; Hazen, The Law of Securities Regulation, 6th ed. 2009, Chap. 12.

161 Ljungqvist/Qian, 29 Rev. of Fin. Studies 1975, 1978 (2016); s. auch Malcher, Die Jäger, brand eins online 6/2016.

162 zu den Problemen Bartz/Weidig: Aktuelle Entwicklungen in den USA – Zweite Auflage des FCPA-Guide, CCZ 2020, 359.

163 Damit scheitern Klagen, wenn die unwahre Information „in good faith" und „fairly represented" wurden.

Barry Minkow, Paul Berliner und Mark Jacob der Fall war.[164] Darüber hinaus schränkte in der Vergangenheit die sogenannte Uptick Rule den Gewinn von Short-Sellern auf ein Achtel ein.[165] Rechtspolitisch wird in den USA die Wiedereinführung dieser Regelung oder vergleichbarer Maßnahmen gefordert.[166]

Warum scheint es in den USA einfacher zu sein, informationsgesteuerten Marktmissbrauch zu sanktionieren als in Europa? Drei Erklärungsansätze[167] bieten sich hier an: Erstens ist die US-amerikanische Jurisdiktion deutlich größer. Die SEC ist landesweit zuständig und nicht nur für einzelne Bundesstaaten, was den Vorteil hat, dass keine zeitraubenden Rechtshilfeersuchen zwischen Bundesstaaten notwendig sind. Zweitens verfügt die USA über das älteste Kapitalmarktrecht der Welt, und der SEC stehen weitreichende Sanktionsmöglichkeiten zur Verfügung, wie etwa der zivilrechtliche Schadensersatzanspruch oder die Möglichkeit, Vergleiche zu schließen. Drittens kennt das angloamerikanische Recht keinen so strengen Verhältnismäßigkeitsgrundsatz wie im deutschen oder europäischen Recht.[168] In den USA sind Sammelklagen und „punitive damages"[169] häufige Mittel, um Vergleiche zu erzielen, manchmal sogar zu „erzwingen", wie dies beispielsweise der VW-Dieselskandal verdeutlicht.[170]

Im Rahmen des VW-Dieselskandals wurden innerhalb weniger Monate 23 Milliarden US-Dollar[171] an Entschädigungen und Strafen gezahlt. Zudem hatten mehrere deutsche Manager, die in den Skandal verwickelt waren, erhebliche rechtliche Konsequenzen zu tragen. Bei der Einreise in die USA wurden einige von ihnen verhaftet und angeklagt, darunter auch Oliver Schmidt, ein ehemaliger VW-Manager, der wegen seiner Rolle in der Abgasaffäre zu einer mehrjährigen

---

164 Zu den Fällen s. Walker/Forbes, 68 Bus. Law. 687, 700 ff. (2013).

165 Diese SEC Rule 10a-1 wurde von der SEC im Jahre 1938 eingeführt, allerdings 2007 gestrichen, s. etwa Branson, 65 Bus. Law. 67 ff. (2009); Macey/Mitchell/Netter, 74 Cornell L. Rev. 799 ff. (1989).

166 Zur Diskussion s. Branson, 65 Bus. Law. 67, 86 ff. (2009); Ramirez, 2 U.Puerto Rico Bus. L. J. 76, 102 (2011); kritisch aber Macey/Mitchell/Netter, 74 Cornell L. Rev. 799, 835 (1989).

167 Möllers, NZG 2018, 649, 655

168 Hierzu etwa Möllers, Juristische Methodenlehre, § 12 Rn. 23 ff., 93 ff.

169 Zu den Grenzen der Unverhältnismäßigkeit (das 1000-fache des materiellen Schadens), s. BMW of North America v. Ira Gore, Jr., (Supreme Court), 517 U.S., 64 U.S. L.W. 4335 (1996) = JZ 1997, 156.

170 s. etwa In the Matter of Paul S. Berliner Respondent, Release No. 57774 (2008)

171 N-tv, VW zahlt weitere Mio.-Entschädigung, abrufbar unter https://www.n-tv.de/wirtschaft/VW-zahlt-weitere-Mio.-Entschaedigung-article19773526.html. (letzter Zugriff: 29.10.2024)

Haftstrafe verurteilt wurde.[172] Diese Vorfälle verdeutlichen die strengeren Maßnahmen und die weitreichenden Befugnisse der US-Behörden im Vergleich zu europäischen Ländern. Während in Europa oftmals der Grundsatz der Verhältnismäßigkeit und die Rechtsdurchsetzung langsamer greifen, zeigt der Fall VW, dass in den USA strafrechtliche Konsequenzen und hohe Entschädigungen innerhalb relativ kurzer Zeit durchgesetzt werden können.

172 https://www.deutschlandfunk.de/dieselgate-prozess-in-detroit-hoechststrafe-fuer-vw-manager-100.html (Abruf: 29.10.2024)

§ 6 Überblick über Compliance-Management-System (CMS), Risiko-Management-System (RMS) und Internes Kontrollsystem (IKS)

In einer zunehmend komplexen und regulierten Unternehmenslandschaft sind Compliance-Management-Systeme (CMS)[173], Risiko-Management-Systeme (RMS)[174] und Interne Kontrollsysteme (IKS)[175] wesentliche Bestandteile einer effektiven Unternehmensführung. Die Anforderungen an Unternehmen und deren Leitungsorgane im Hinblick auf die Einrichtung effektiver Überwachungs- und Kontrollsysteme haben in den letzten Jahren erheblich zugenommen. Nicht zuletzt seit dem Inkrafttreten des Finanzmarktintegritätsstärkungsgesetzes (FISG) im Jahr 2021, wo börsennotierte Unternehmen verpflichtet wurden, Risikomanagementsysteme (RMS) und Interne Kontrollsysteme (IKS) zu implementieren, um bestandsgefährdende Risiken frühzeitig zu erkennen und zu steuern. Börsennotierte Unternehmen stehen zudem vor umfassenden Anforderungen in Bezug auf Finanzberichterstattung und Meldepflichten, die nach MAR, WpHG und Börsenordnung geregelt sind. Diese Systeme spielen eine entscheidende Rolle bei der Sicherstellung der Markttransparenz und der Integrität des Kapitalmarktes.[176]

Die Meldepflichten der Unternehmen, insbesondere im Zusammenhang mit Insiderinformationen, die in Form von Ad-hoc-Mitteilungen unverzüglich veröffentlicht werden müssen, sind zentrale Mechanismen zur Gewährleistung der Marktintegrität. Diese Verpflichtungen sollen sicherstellen, dass Informationen, die den Aktienkurs beeinflussen könnten, gleichmäßig und transparent an den Markt weitergegeben werden, um Marktmanipulationen vorzubeugen. Aber auch verschiedene Gesetzesinitiativen auf nationaler und europäischer Ebene – wie die Corporate Sustainability Reporting Directive (CSRD) und die Corporate Sustainability Due Diligence Directive (CSDDD) – setzen neue Standards und setzen damit Unternehmen, insbesondere in den Bereichen Compliance, Risikomanagement und interne Kontrolle vor große Herausforderungen.

---

173 Zur Bedeutung von Compliance-Management für KMU s. WSG Compliance-Management-HdB/Grüninger/Butscher, S. 125 ff. sowie Schulz CB 2015, 309 mwN

174 Heinz in: Schüppen/Schaub, Münchener Anwalts Handbuch Aktienrecht, 2010, § 22 Rn. 48

175 Beck Bil-Komm/Kliem/Lewe, 14. Aufl. 2024, HGB § 239, Rn. 43, 44

176 Krause, CCZ 2014, 248

Diese Entwicklungen zwingen Unternehmen, umfassende Systeme zur Sicherstellung der Rechtstreue und Risikosteuerung zu etablieren. Dabei stehen die Anforderungen an Compliance Management Systeme (CMS), Risikomanagementsysteme (RMS) und Interne Kontrollsysteme (IKS) im Vordergrund. Das Kapitel beleuchtet die rechtlichen Grundlagen und die Prüfungsanforderungen, die sich aus den Standards des Instituts der Wirtschaftsprüfer in Deutschland e.V. (IDW) ableiten lassen, und zeigt die Bedeutung dieser Systeme für die Haftungsvermeidung der Unternehmensleitung auf.

6.1 Definitionen und Abgrenzung von CMS, RMS und IKS

Ein Compliance-Management-System (CMS) dient der Sicherstellung, dass ein Unternehmen alle rechtlichen Vorgaben einhält, insbesondere im Bereich von Finanz-, Umwelt- und Sozialvorschriften. Es umfasst interne Richtlinien, Schulungen und Überwachungsmechanismen, die sicherstellen, dass alle Mitarbeiter und Abteilungen diese Vorgaben befolgen.

Ein Risikomanagementsystem (RMS) ist darauf ausgelegt, Risiken für das Unternehmen systematisch zu identifizieren, zu bewerten und zu steuern. Diese Risiken können aus finanziellen, operativen, strategischen oder regulatorischen Unsicherheiten resultieren. Das RMS arbeitet eng mit dem CMS zusammen, um sicherzustellen, dass nicht nur rechtliche, sondern auch wirtschaftliche Risiken frühzeitig erkannt und minimiert werden.

Das Interne Kontrollsystem (IKS) zielt darauf ab, die Ordnungsmäßigkeit und Effizienz interner Prozesse zu gewährleisten. Es fokussiert sich insbesondere auf die Sicherstellung einer korrekten Buchführung, Finanzberichterstattung und Überwachung von Geschäftsprozessen.

6.1.1 Compliance-Management-System (CMS):

Traditionelle Funktionen von CMS dienen vornehmlich der Erfüllung der Organisationspflichten von Unternehmen und deren Leitungsorganen. Nach § 130 OWiG sind Inhaber eines Betriebes oder Unternehmens verpflichtet, Aufsichtsmaßnahmen zu treffen, um Zuwiderhandlungen gegen Pflichten zu verhindern, die den Inhaber treffen. Ein funktionierendes CMS kann dabei als Nachweis dienen, dass die erforderlichen Aufsichtsmaßnahmen getroffen wurden.[177]

Auch im Aktienrecht spielt das CMS eine wichtige Rolle. Nach § 91 Abs. 2 AktG hat der Vorstand geeignete Maßnahmen zu treffen, insbesondere ein

177 Moosmayer, Compliance, 3. Aufl. 2015, Rn. 74 ff.

Überwachungssystem einzurichten, damit den Fortbestand der Gesellschaft gefährdende Entwicklungen früh erkannt werden. Ein CMS kann als Teil dieses Überwachungssystems verstanden werden und zur Erfüllung der Sorgfaltspflichten des Vorstands nach § 93 AktG beitragen[178].

Die Implementierung eines erweiterten Compliance-Management-Systems (CMS), das ESG-Risiken in den Fokus rückt, kann Unternehmen nicht nur vor rechtlichen Konsequenzen, sondern auch vor spekulativen Angriffen schützen. Die neuen Pflichten der CSRD erhöhen den Druck auf Unternehmen, umfassend über ihre Nachhaltigkeitsbemühungen zu berichten. Fehlen solche Berichte oder sind sie unvollständig, öffnet dies die Tür für Short-Seller, die solche Mängel gezielt ausnutzen, um Unternehmen zu destabilisieren. Ein systematisch aufgebautes CMS, das die ESG-Anforderungen integriert, wirkt präventiv, indem es Transparenz fördert und potenzielle Angriffspunkte minimiert.[179]

Ein CMS ist ein System, das Unternehmen dabei unterstützt, die Einhaltung gesetzlicher Vorschriften, regulatorischer Anforderungen und interner Richtlinien sicherzustellen.[180] Es soll verhindern, dass Unternehmen gegen Gesetze oder Vorschriften verstoßen, indem es klare Regeln, Prozesse und Überwachungsmechanismen etabliert.[181] Ein CMS umfasst Maßnahmen wie Schulungen, Richtlinien, Kontrollen und ein Berichtsmanagement, um Verstöße zu erkennen und zu vermeiden.[182] Das CMS ist ein internes System, das darauf abzielt, die Einhaltung externer rechtlicher Vorschriften sowie interner Richtlinien sicherzustellen. Es umfasst eine systematische Erfassung, Bewertung und Steuerung der Regelkonformität und zielt darauf ab, Gesetzesverstöße zu verhindern. Wesentliche Bestandteile eines CMS sind Richtlinien, Verfahren, Schulungsmaßnahmen sowie die Überwachung der Einhaltung durch Audits und Berichte.

---

178 Hüffer/Koch, AktG, 15. Aufl. 2021, § 91 Rn. 9

179 vgl. Regierungsentwurf der Richtlinie (EU) 2022/2464, Art. 19b Abs. 3

180 vgl. CMS Definition im DICO CMS Standard, Glossar

181 Umnuß Compliance-Checklisten, § 4. Compliance Management Systeme Rn. 7,

182 IDW Prüfungsstandard: Grundsätze ordnungsgemäßer Prüfung von Compliance Management Systemen, IDW PS 980 n. F. (im Folgenden: PS 980), Stand: 1. Januar 2023, Ziff. 1 Rn. 13 Buchst. b, Ziff. 2 Rn. 27. Eine gesonderte Betrachtung der Empfehlungen des ISO 19 600 bzw. deren inhaltgleichen Nachfolgenorm ISO 37301 kann hier außen vor Bleiben, da die im Folgenden beschriebene Vorgehensweise zur Festlegung von Compliance-Zielen auch angewendet werden kann, wenn den Leitlinien der ISO 19 600 bzw. 37301 gefolgt wird. Zu den Anwendungsbereichen von PS 980 und ISO 19 600 Schmidt/Wermelt/Eibelshäuser CCZ 2015, 18.

Ein Compliance-Management-System (CMS) ist ein strukturiertes und umfassendes System, das Unternehmen dabei unterstützt, die Einhaltung von Rechtsvorschriften, regulatorischen Anforderungen sowie internen Richtlinien sicherzustellen. Ein CMS umfasst die Einführung von Richtlinien, Prozessen und Überwachungsmechanismen, die darauf abzielen, Gesetzesverstöße und Regelverletzungen zu verhindern. Es ist ein wesentliches Element der Governance und wird von der Unternehmensführung eingeführt, um eine Kultur der Rechtstreue und Integrität zu fördern.

Richtlinien und Verfahrensanweisungen:

Unternehmen entwickeln klare interne Richtlinien, die spezifische Verhaltensweisen und Prozesse regeln. Diese Richtlinien zielen darauf ab, sicherzustellen, dass die Mitarbeiter ihre Pflichten im Einklang mit den geltenden rechtlichen und regulatorischen Anforderungen erfüllen.

Schulung und Sensibilisierung:

Regelmäßige Schulungen der Mitarbeiter sind ein wesentlicher Bestandteil eines CMS.[183] Sie tragen dazu bei, das Bewusstsein für gesetzliche Anforderungen und ethisches Verhalten zu schärfen und sicherzustellen, dass alle Mitarbeiter die Bedeutung von Compliance verstehen.

Überwachung und Kontrolle:

Ein CMS sieht interne Kontroll- und Überwachungsmechanismen vor, um Verstöße zu verhindern und Regelkonformität sicherzustellen. Audits und regelmäßige Prüfungen sind essenziell, um mögliche Schwachstellen im System zu identifizieren und entsprechende Maßnahmen zu ergreifen.[184]

Ein wesentlicher Bestandteil eines effektiven Compliance-Management-Systems (CMS) ist die Implementierung eines Hinweisgeber-Meldeprozesses, der es Mitarbeitern und externen Stakeholdern ermöglicht, potenzielle Verstöße anonym und sicher zu melden.[185] Dieses System ist entscheidend, um frühzeitig auf Missstände reagieren zu können, bevor diese zu größeren Risiken führen. Unternehmen, die über einen gut funktionierenden Hinweisgeber-Meldeprozess ver-

---

183 Moosmayer/Lösler Corporate Compliance, § 13 Rn. 62,

184 Hauschka in: Hadding/Hopt/Schimansky, Verbraucherschutz im Kreditgeschäft – Compliance in der Kreditwirtschaft, 2008, 103 (109);

185 *Maties, Martin/Koops, Christian*, NZA 2024, 287 Klopp, Der Compliance-Beauftragte, 2012, S. 57 f.

fügen, können Verstöße in Bereichen wie Korruption, Datenschutzverletzungen oder Missachtung von Umweltauflagen effizient aufdecken und so regulatorischen Sanktionen vorbeugen. Die Ausgestaltung eines solchen Systems sollte sich an den Vorgaben des EU-Richtlinienvorschlags zum Hinweisgeberschutz orientieren, um den rechtlichen Anforderungen gerecht zu werden.[186]

Berichterstattung und Sanktionen:

Ein funktionierendes CMS enthält klare Regelungen zur Meldung von Verstößen. Whistleblower-Systeme oder Hinweisgebersysteme können helfen, Verstöße frühzeitig zu identifizieren. Gleichzeitig muss das Unternehmen Sanktionen für Verstöße festlegen und durchsetzen.[187]

6.1.2 Risikomanagementsystem (RMS):

Das RMS ist ein umfassendes System, das darauf abzielt, potenzielle Risiken für das Unternehmen frühzeitig zu identifizieren, zu bewerten und geeignete Maßnahmen zur Risikosteuerung zu ergreifen. Weder das Gesetz noch die Begründung zum Regierungsentwurf erläutern den Begriff des Risikomanagementsystems näher. In der Begründung der BT-Drucksache 19/26966, S. 115, wird lediglich die Abgrenzung zum Überwachungssystem gemäß § 91 Abs. 2 AktG hervorgehoben, wobei diese ausschließlich negativ erfolgt.[188] Kritisch dazu äußern sich Gros/Velte, die eine präzisere Definition im Konzernrecht anmahnen.[189] Genaue Vorgaben zum Risikomanagement finden sich hingegen in spezialgesetzlichen Vorschriften, etwa in § 25a KWG und § 26 VAG, die als Orientierung auch für andere Anwendungsbereiche dienen können, allerdings stets unter Berücksichtigung der Besonderheiten des Aufsichtsrechts.[190] Zudem bieten private Prüfungsstandards, wie jene des IDW, weitere Anhaltspunkte, dürfen jedoch nicht unreflektiert übernommen werden.[191]

Risiken können finanzieller, operationeller oder strategischer Natur sein. Ziel des RMS ist es, den Fortbestand des Unternehmens durch eine proaktive Steuerung und Minimierung von Risiken zu sichern. Das Risikomanagementsystem

186 BGBl. 2023 I Nr. 140 v. 2.6.2023

187 BeckOGK/Benecke, 1.12.2023, AGG § 12 Rn. 4; Göpfert/Siegrist ZIP 2006, 1710 (1711).

188 BT-Drs. 19/26966, S. 115.

189 Gros/Velte, Konzern, 2021, 68, 73.

190 § 25a KWG; § 26 VAG.

191 IDW PS 981, Fischer/Schuck, NZG 2021, 534, 539 f.; Fleischer, AG 2022, 379 Rn. 12.

kann zudem auf Erkenntnisse aus § 107 Abs. 3 Satz 2 AktG, § 171 Abs. 1 Satz 2 AktG, § 289 Abs. 4 HGB und G.4 DCGK aufbauen. Ein RMS stellt einen strukturierten Ansatz zur Identifikation, Bewertung und Steuerung von Risiken dar, die das Erreichen der Unternehmensziele gefährden könnten.[192] Risiken umfassen hierbei potenzielle Gefahren, die aus internen oder externen Faktoren resultieren, wie zum Beispiel finanzielle, operationelle, strategische oder rechtliche Risiken. Das RMS verfolgt das Ziel, durch proaktive Maßnahmen Risiken zu minimieren oder deren Auswirkungen zu verringern.[193]

Das Risikomanagementsystem (RMS) ist ein strukturiertes Verfahren, das darauf abzielt, potenzielle Risiken, die den Geschäftsbetrieb eines Unternehmens gefährden könnten, frühzeitig zu identifizieren, zu bewerten und geeignete Maßnahmen zur Risikosteuerung zu ergreifen. Risiken umfassen dabei sämtliche Unsicherheiten und potenzielle negative Einflüsse, die aus internen oder externen Quellen entstehen. Die Identifikation und Steuerung dieser Risiken ist entscheidend, um Unternehmensziele zu erreichen und langfristig wettbewerbsfähig zu bleiben.

Frühzeitige Identifikation von Risiken:

Unternehmen müssen in der Lage sein, potenzielle Gefahren für den Geschäftserfolg frühzeitig zu erkennen. Dazu zählen finanzielle Risiken, operationelle Risiken, strategische Risiken, regulatorische Risiken sowie externe Risiken wie Naturkatastrophen oder Marktveränderungen.[194]

Bewertung der Risiken:

Nach der Identifikation müssen Risiken hinsichtlich ihrer Eintrittswahrscheinlichkeit und potenziellen Auswirkungen auf das Unternehmen bewertet werden. Dies ermöglicht eine Priorisierung der Risiken.

Durch die Einführung geeigneter Maßnahmen sollen die Risiken minimiert, vermieden oder auf externe Dritte übertragen werden (z.B. durch Versicherungen). In einigen Fällen kann auch die bewusste Akzeptanz von Risiken eine angemessene Strategie sein.

Risiken müssen kontinuierlich überwacht werden, um auf veränderte Bedingungen reagieren zu können. Zudem sind regelmäßige Berichte an die Geschäftsleitung erforderlich, um die Wirksamkeit der Risikosteuerung zu überprüfen.

---

192 S/L/Drygala, § 107 Rn. 66; GK-AktG/Hopt/Roth, § 107 Rn. 531; Fischer/Schuck, NZG 2021, 534, 537; Fleischer, AG 2022, 379 Rn. 7 ff.

193 KBFW/Bachmann, DCGK GS 4, Rn. 10.

194 Koch, AktG § 91, Rn. 32.

Ausgehend von der Definition des Risikos wird der Unterschied zum Compliance-Management-System deutlich. Während das Compliance-Management-System in erster Linie die Einhaltung rechtlicher Vorgaben sicherstellen soll, befasst sich das Risikomanagementsystem primär mit wirtschaftlichen Risiken.[195] Da jedoch auch Verstöße gegen rechtliche Vorgaben wirtschaftlich nachteilige Folgen haben können, werden diese ebenfalls vom Risikomanagementsystem erfasst, was zu einer teilweisen Überschneidung der beiden Systeme führt.[196] Das Hauptziel des Risikomanagementsystems liegt in der Vermeidung und Bewältigung von Risiken.[197]

Ähnlich wie beim internen Kontrollsystem müssen auch beim Risikomanagementsystem die Ziele von den Mitteln zur Zielerreichung unterschieden werden.[198] Auch nach dem FISG existiert kein einheitliches Modell eines Risikomanagementsystems, das allgemeingültige Organisationsstrukturen vorgibt.[199] Entscheidend sind stets das Geschäftsmodell des Unternehmens sowie die Art und der Umfang der damit verbundenen Risiken.[200] Dies zeigt sich insbesondere bei der Umsetzung verschiedener betriebswirtschaftlicher Standards, wie sie beispielsweise in DCGK G.4 diskutiert werden.[201]

6.1.3 Internes Kontrollsystem (IKS):

Unter einem internen Kontrollsystem (IKS) verstehen die Gesetzesmaterialien des FISG – in Anlehnung an die Regierungsbegründung zum BilMoG – die Gesamtheit der Grundsätze, Verfahren und Maßnahmen, die der Sicherstellung der Wirksamkeit und Wirtschaftlichkeit der Geschäftstätigkeit, der Ordnungsmäßigkeit der Rechnungslegung sowie der Einhaltung der maßgeblichen rechtlichen Vorschriften dienen.[202]

Das IKS umfasst alle organisatorischen Maßnahmen und Kontrollen, die sicherstellen, dass betriebliche Abläufe und Finanzberichterstattung korrekt, effizient und regelkonform ablaufen. Die Untersuchung der Angemessenheit und

195 Fischer/Schuck, NZG 2021, 534.

196 Wundenberg, Compliance und die prinzipiengeleitete Aufsicht über Bankengruppen, 2012, 8.

197 Dreher/Hoffmann, ZGR 2016, 445, 483

198 Dreher/Hoffmann, ZGR 2016, 445, 482 f.

199 Fischer/Schuck, NZG 2021, 534, 539; Gros/Velte, DK 2021, 68, 73.

200 Dreher/Hoffmann, ZGR 2016, 445 (483)

201 JIG/Ghassemi-Tabar, DCGK G.4 Rn. 41.

202 Begr. RegE FISG, BT-Drs. 19/26966, 115 unter Berufung auf Begr. RegE BilMoG, BT-Drs. 16/10067, 76; dazu auch Fischer/Schuck NZG 2021, 534 (537)

Implementierung des rechnungslegungsbezogenen Internen Kontrollsystems (IKS) ist ein wesentlicher Schritt in der Jahresabschlussprüfung gem. § 316 HGB zur Identifikation von Risiken wesentlicher falscher Darstellungen in der Rechnungslegung durch den Abschlussprüfer (AP). Dies gilt ebenso für die Vorkehrungen und Maßnahmen, die für die Erstellung des (Konzern-) Lageberichts relevant sind.[203] Es dient insbesondere dazu, Fehler, Unregelmäßigkeiten und Betrug zu verhindern und eine verlässliche Finanzberichterstattung sicherzustellen. Ein wirksames IKS sorgt für eine hohe Integrität der Unternehmensdaten und stärkt das Vertrauen von Investoren und Stakeholdern. Ein IKS umfasst die Gesamtheit aller durch das Unternehmen implementierten organisatorischen Maßnahmen und Kontrollen, die sicherstellen sollen, dass betriebliche Abläufe effizient und korrekt ablaufen. Im Fokus eines IKS steht vor allem die Vermeidung von Fehlern, Unregelmäßigkeiten und betrügerischen Handlungen. Ein funktionierendes IKS trägt zur Sicherstellung der Verlässlichkeit der Finanzberichterstattung und der Einhaltung von Gesetzen und Richtlinien bei. Ein Internes Kontrollsystem (IKS) ist eine systematische Anordnung von Regeln, Prozessen und Überwachungsmechanismen, die sicherstellen sollen, dass ein Unternehmen seine finanziellen, operativen und regulatorischen Ziele auf effiziente und ordnungsgemäße Weise erreicht. Nach herrschender Auffassung ist das IKS ein Prozess, der auf die Wirksamkeit und Wirtschaftlichkeit des Geschäftsbetriebs in Übereinstimmung mit den Vorgaben der Unternehmensleitung, die Einhaltung der rechtlichen Bestimmungen sowie die Ordnungsmäßigkeit der Rechnungslegung abzielt.[204]

Die Hauptziele eines IKS lassen sich wie folgt zusammenfassen:

Sicherstellung der Verlässlichkeit der Finanzberichterstattung:

Ein IKS trägt dazu bei, die Genauigkeit und Vollständigkeit der Finanzinformationen zu gewährleisten, die für interne und externe Berichterstattungszwecke verwendet werden.

Schutz des Unternehmensvermögen:

Interne Kontrollen sollen den Missbrauch von Vermögenswerten verhindern, sei es durch Betrug, Diebstahl oder Misswirtschaft.

---

203 IDW PS 350 nF (10.2021), Tz. 39 ff.

204 ISA [DE] 315 (Rev 2019), Tz. 12(m)

Effizienz und Ordnungsmäßigkeit der betrieblichen Abläufe:

Das IKS stellt sicher, dass betriebliche Prozesse effizient und effektiv ablaufen, wobei klare Verantwortlichkeiten und Abläufe festgelegt werden.

Einhaltung von Gesetzen und Vorschriften:

Durch ein IKS wird gewährleistet, dass gesetzliche Vorgaben und interne Unternehmensrichtlinien eingehalten werden.

Ein IKS ist ein dynamisches System, das ständig überprüft und an neue Risiken und Anforderungen angepasst werden muss. Es ist ein integraler Bestandteil des umfassenderen Governance-Systems eines Unternehmens und unterstützt sowohl die Unternehmensleitung als auch die operative Ebene bei der Erreichung der Unternehmensziele.

6.2 Zusammenspiel der Systeme

In modernen Unternehmen arbeiten diese drei Systeme Hand in Hand: Während das CMS den rechtlichen Rahmen überwacht, sorgt das RMS für die präventive Steuerung von Unternehmensrisiken, und das IKS stellt sicher, dass interne Prozesse reibungslos und korrekt ablaufen. Diese Verzahnung ist besonders wichtig im Kontext von ESG-Risiken und spekulativen Marktangriffen. Die Implementierung von CMS, RMS und IKS in Unternehmen ist nicht nur im Rahmen der gesetzlichen Vorgaben relevant, sondern stellt auch einen wesentlichen Bestandteil einer robusten Unternehmensführung dar. Die Systematisierung sowie die zugrunde liegenden Begrifflichkeiten wurden ursprünglich in der Betriebswirtschaftslehre entwickelt und erst im Laufe der Zeit in den juristischen Sprachgebrauch übernommen. Mittlerweile finden sich jedoch auch in rechtlichen Regelwerken, wie dem Aktienrecht, dem Handelsrecht und im Deutschen Corporate Governance Kodex (DCGK), ausdrückliche Erwähnungen einzelner Corporate Governance-Systeme.[205] Trotz dieser Entwicklungen existiert bislang keine Legaldefinition der jeweiligen Systeme, wodurch eine präzise Umschreibung nur schwer möglich ist. Insbesondere die Abgrenzung und das Verhältnis der verschiedenen Systeme zueinander sind nicht abschließend geklärt.[206] Die zunehmende Komplexität der Geschäftstätigkeit sowie strengere regulatorische Anforderungen machen es erforderlich, dass Unternehmen geeignete Maßnahmen ergreifen, um sich rechtlich

---

205 *Fischer/Schuck*, Neue Zeitschrift für Gesellschaftsrecht (NZG) 2021, 534.

206 *Mülbert*, Zeitschrift für das gesamte Handels-und Wirtschaftsrecht (ZHR) 2012, 369.

abzusichern und Risiken systematisch zu steuern. Dabei greifen die einzelnen Systeme ineinander über.

Rechtskonformität und Haftungsvermeidung:

Die Einhaltung gesetzlicher Vorschriften ist für Unternehmen von zentraler Bedeutung, um rechtliche Risiken zu minimieren. Gesetzesverstöße können zu erheblichen Sanktionen führen, die von Bußgeldern bis hin zu strafrechtlichen Konsequenzen reichen. Ein CMS dient dazu, die Einhaltung von Vorschriften zu gewährleisten und mögliche Haftungsrisiken zu minimieren. Dies ist insbesondere für die Geschäftsleitung relevant, die gemäß § 130 OWiG verpflichtet ist, Aufsichtsmaßnahmen zu implementieren, um Gesetzesverstöße zu verhindern.

Risikominimierung und Unternehmenssicherung:

Ein RMS trägt zur Identifikation und Steuerung potenzieller Risiken bei, die den Fortbestand eines Unternehmens gefährden können. Durch die systematische Erfassung und Bewertung von Risiken können frühzeitig Maßnahmen ergriffen werden, um deren Eintrittswahrscheinlichkeit zu verringern oder deren Auswirkungen zu minimieren.[207] Dies ist besonders relevant in Branchen mit hoher Volatilität oder strengen regulatorischen Anforderungen.

Effizienzsteigerung und Transparenz:

Ein funktionierendes IKS unterstützt die Effizienz betrieblicher Abläufe und trägt zur Vermeidung von Fehlern und betrügerischen Handlungen bei. Durch eine transparente und zuverlässige Finanzberichterstattung wird zudem das Vertrauen von Investoren und anderen Stakeholdern gestärkt. Unternehmen mit einem effektiven IKS profitieren von gesteigerter Effizienz, da manuelle Kontrollen reduziert und potenzielle Fehlerquellen frühzeitig erkannt werden.[208]

6.3 Interaktion und Synergien zwischen CMS, RMS und IKS

Obwohl CMS, RMS und IKS jeweils unterschiedliche Schwerpunkte haben, arbeiten diese Systeme in der Praxis eng zusammen und verstärken sich gegenseitig.[209] Durch die Verzahnung dieser Systeme kann ein ganzheitlicher Ansatz

207 *Eulerich*, Zeitschrift Interne Revision (ZIR) 2020, 208.
208 *Boecker/Zwirner*, Zeitschrift für Internationale Rechnungslegung (IRZ) 2014, 135.
209 *Eulerich*, Zeitschrift Interne Revision (ZIR) 2020, 208.

zur Unternehmensführung erreicht werden, der sowohl rechtliche als auch operationelle Risiken abdeckt und gleichzeitig die Unternehmensprozesse effizient gestaltet.[210]

Integration von CMS und RMS:

Compliance-Risiken sind eine Unterkategorie der Unternehmensrisiken und stellen ein wesentliches Element des RMS dar. Ein CMS trägt durch die Implementierung von Maßnahmen zur Einhaltung von Gesetzen und Vorschriften zur Minderung dieser Risiken bei. Gleichzeitig ermöglicht das RMS eine übergeordnete Betrachtung und Bewertung aller Risiken, einschließlich rechtlicher Risiken.

Zusammenspiel von RMS und IKS:

Das IKS bildet häufig einen integralen Bestandteil des RMS, insbesondere im Hinblick auf die Sicherstellung der Verlässlichkeit der Finanzberichterstattung und der Kontrolle von Unternehmensprozessen. Durch ein IKS können operationelle und finanzielle Risiken systematisch überwacht und gesteuert werden, was wiederum das Risikomanagement stärkt.

Ganzheitlicher Ansatz:

Unternehmen, die CMS, RMS und IKS als integrierte Systeme betrachten, profitieren von einem umfassenden Risikomanagementansatz, der nicht nur gesetzliche Vorschriften erfüllt, sondern auch zur langfristigen Sicherung des Unternehmens beiträgt. Die Implementierung dieser Systeme stärkt zudem die Governance-Struktur und fördert eine Kultur der Transparenz und Verantwortung im Unternehmen.

6.4 Zentrale Komponente eines CMS

Richtlinien und Verfahrensanweisungen:

Unternehmen entwickeln klare interne Richtlinien, die spezifische Verhaltensweisen und Prozesse regeln. Diese Richtlinien zielen darauf ab, sicherzustellen, dass die Mitarbeiter ihre Pflichten im Einklang mit den geltenden rechtlichen und regulatorischen Anforderungen erfüllen.

210 *Fischer/Schuck*, Neue Zeitschrift für Gesellschaftsrecht (NZG) 2021, 534.

Schulung und Sensibilisierung:

Regelmäßige Schulungen der Mitarbeiter sind ein wesentlicher Bestandteil eines CMS. Sie tragen dazu bei, das Bewusstsein für gesetzliche Anforderungen und ethisches Verhalten zu schärfen und sicherzustellen, dass alle Mitarbeiter die Bedeutung von Compliance verstehen.

Überwachung und Kontrolle:

Ein CMS sieht interne Kontroll- und Überwachungsmechanismen vor, um Verstöße zu verhindern und Regelkonformität sicherzustellen. Audits und regelmäßige Prüfungen sind essenziell, um mögliche Schwachstellen im System zu identifizieren und entsprechende Maßnahmen zu ergreifen.

Berichterstattung und Sanktionen:

Ein funktionierendes CMS enthält klare Regelungen zur Meldung von Verstößen. Whistleblower-Systeme oder Hinweisgebersysteme können helfen, Verstöße frühzeitig zu identifizieren. Gleichzeitig muss das Unternehmen Sanktionen für Verstöße festlegen und durchsetzen.

6.5 Aufbau eines CMS im Unternehmen

Die Implementierung eines CMS erfordert einen strukturierten Ansatz und die aktive Unterstützung durch die Unternehmensleitung.[211] Ein CMS muss auf die spezifischen Anforderungen des Unternehmens zugeschnitten werden und sollte alle relevanten Geschäftsbereiche abdecken. Folgende Schritte sind bei der Einführung eines CMS von Bedeutung:[212]

Commitment der Unternehmensleitung:

Die Implementierung eines CMS muss von der obersten Führungsebene aktiv unterstützt und vorangetrieben werden.[213] Die Unternehmensleitung ist dafür verantwortlich, eine Kultur der Compliance im Unternehmen zu fördern und sicherzustellen, dass alle Mitarbeitenden die Bedeutung der Einhaltung von Gesetzen und Vorschriften verstehen.[214]

---

211 IDW PS 980 Tz 23

212 vgl. Graumann, Kap. III, 4.2, 235

213 Goette/Barring, Compliance-Management-Systeme und Compliance Due Diligence, DStR 2021, 1238, beck-online (letzter Zugriff 27.10.2024)

214 vgl. IDW PS 980 Tz. A5

Risikoanalyse und Bedarfsbewertung:

Jedes Unternehmen muss zunächst eine umfassende Risikoanalyse durchführen, um festzustellen,[215] welche rechtlichen und regulatorischen Risiken bestehen. Die Risiken variieren je nach Branche, Geschäftsmodell und Marktumfeld. Auf Basis dieser Analyse können die Anforderungen an das CMS definiert werden.

Entwicklung von Richtlinien und Verfahren:

Im nächsten Schritt müssen klare und verständliche Richtlinien sowie Verfahrensanweisungen entwickelt werden.[216] Diese sollten den Mitarbeitenden die geltenden Vorschriften und die zu beachtenden internen Verhaltensstandards vermitteln.

Schulung und Kommunikation:

Ein wesentlicher Bestandteil des CMS ist die Schulung der Mitarbeitenden. Schulungen sollten regelmäßig durchgeführt werden und auf die spezifischen Compliance-Risiken des Unternehmens zugeschnitten sein. Die Schulungsmaßnahmen sollten dokumentiert und regelmäßig überprüft werden.[217]

Überwachung und Reporting:

Ein CMS erfordert die Einführung von Mechanismen zur Überwachung der Einhaltung von Richtlinien und Vorschriften.[218] Dies umfasst die Durchführung interner Audits sowie die Einrichtung von Hinweisgebersystemen, die es Mitarbeitenden ermöglichen, Verstöße anonym zu melden.

Kontinuierliche Verbesserung:

Ein CMS ist kein statisches System, sondern muss regelmäßig überprüft und weiterentwickelt werden. Neue rechtliche Rahmenbedingungen, technologische Entwicklungen und sich ändernde Marktrisiken erfordern eine fortlaufende Anpassung des Systems.

---

215 Krieger/Schneider Managerhaftung-HdB/Kremer/Klahold Rn. 27–29; vgl. auch Nietsch ZHR 178 (2016), 733; eingehend und mit Praxishinweisen Moosmayer, Compliance-Risiko- analyse, 2015; Kark, Compliance-Risikomanagement; Ghassemi-Tabar/Ghassemi-Tabar Rn. 32 ff.

216 Schreiber: Implementierung von Compliance-Richtlinien(NZA-RR 2010, 617)

217 Moosmayer/Lösler Corporate Compliance, § 13. Compliance Organisation Rn. 62

218 BGHZ 127, 336 (347) = NJW 1995, 326

6.6 Aufbau eines Risikomanagementsystems im Unternehmen

Die Implementierung eines Risikomanagementsystems erfordert einen systematischen Ansatz, der auf die spezifischen Gegebenheiten des Unternehmens abgestimmt ist. Durch die Einführung des Gesetzes zur Kontrolle und Transparenz im Unternehmensbereich (KonTraG) ist wohl die einschneidendste Änderung die Einführung des § 91 II AktG gewesen, die die rechtliche Pflicht zur Etablierung eines Risikomanagementsystems zur Folge hatte.[219]

Ein RMS besteht in der Regel aus folgenden Schritten:

Risikoidentifikation:

Im ersten Schritt müssen sämtliche Risiken identifiziert werden, die potenziell den Geschäftsbetrieb beeinflussen können. Dies umfasst sowohl interne Risiken (z.B. technische Defekte, IT-Ausfälle, Personalrisiken) als auch externe Risiken (z.B. Marktveränderungen, regulatorische Eingriffe).[220] Methoden wie Workshops, Interviews, Risiko-Scans und historische Datenanalysen können genutzt werden, um mögliche Risiken systematisch zu erfassen.

Risikobewertung:

Die erkannten Risiken werden anschließend hinsichtlich ihrer Eintrittswahrscheinlichkeit und ihres Schadenspotenzials bewertet. Diese Bewertung erfolgt häufig anhand einer Risikomatrix, die eine Einordnung in verschiedene Risikokategorien ermöglicht. Hierbei sollten sowohl quantitative als auch qualitative Faktoren berücksichtigt werden.[221]

Risikosteuerung:

Nach der Bewertung der Risiken müssen geeignete Maßnahmen zur Steuerung der identifizierten Risiken entwickelt werden.[222]

---

219 *Pauli/Albrecht*, Corporate Compliance Zeitschriften (CCZ) 2014, 17.

220 Institut der Wirtschaftsprüfer, IDW PS 340 n.F. zur Prüfung des Risikofrüherkennungssystems, IDW PS 340 Rn. 17 in Verbindung mit Rn. A14-A16.

221 Offerhaus, in: Schüppen/Schaub (Hrsg.), Schüppen/Schaub, Münchener Anwaltshandbuch Aktienrecht.

222 Institut der Wirtschaftsprüfer, IDW PS 340 n.F. zur Prüfung des Risikofrüherkennungssystems, IDW PS 340 Rn. 19 in Verbindung mit Rn. A20.

Zu den gängigen Risikostrategien zählen:

Risikovermeidung:
Maßnahmen, die darauf abzielen, die Eintrittswahrscheinlichkeit eines Risikos vollständig zu eliminieren (z.B. durch Abbruch bestimmter riskanter Projekte).

Risikominimierung:
Maßnahmen zur Reduktion der Eintrittswahrscheinlichkeit oder der potenziellen Schadenshöhe (z.B. durch zusätzliche Sicherheitsvorkehrungen).

Risikotransfer:
Übertragung von Risiken auf Dritte, etwa durch Versicherungen oder Outsourcing.

Risikotoleranz:
Die bewusste Akzeptanz von Risiken, wenn deren Eintrittswahrscheinlichkeit oder Schadenshöhe als vertretbar angesehen wird.

Überwachung und Reporting:
Risiken und die damit verbundenen Maßnahmen müssen kontinuierlich überwacht werden. Veränderungen im Umfeld des Unternehmens oder interne Entwicklungen können die Risikolage verändern, weshalb regelmäßige Überprüfungen notwendig sind. Die Ergebnisse der Risikoüberwachung sollten an die Unternehmensleitung und den Aufsichtsrat berichtet werden, um die Effektivität der getroffenen Maßnahmen zu gewährleisten. Mit dem BilMoG werden durch § 107 Abs. 3 S. 2 AktG alle Aktiengesellschaften ermächtigt, einen Prüfungsausschuss einzurichten und ihm die Überwachung u.a. des Risikomanagement-Systems der Gesellschaft übertragen. Allerdings ist die Überwachung der Geschäftsführung des Vorstandes und damit zumindest des Risikofrüherkennungssystems, wenn nicht eines umfassenderen Risikomanagement-Systems durch § 111 Abs. 1 AktG ohnehin Aufgabe des Gesamtaufsichtsrates.[223]

Dokumentation:
Ein wirksames RMS erfordert eine vollständige und transparente Dokumentation aller Risikomanagementmaßnahmen. Diese Dokumentation dient nicht

223 Offerhaus, in: Schüppen/Schaub (Hrsg.), Münchner Anwalts Handbuch Aktienrecht, § 18 Rn. 47.

nur der internen Nachvollziehbarkeit, sondern auch der Erfüllung gesetzlicher Nachweispflichten.[224]

6.7 Aufbau eines internen Kontrollsystems im Unternehmen

Ein Internes Kontrollsystem muss auf die spezifischen Anforderungen und Strukturen eines Unternehmens zugeschnitten werden. Ein effektives IKS besteht aus verschiedenen Elementen, die miteinander verzahnt sind, um sicherzustellen, dass betriebliche Prozesse effizient, regelkonform und sicher ablaufen. Das IKS setzt sich nach der ISA [DE] 315 (Rev 2019), Tz. 12(m) wie folgt zusammen:

Kontrollumfeld:

Das Kontrollumfeld bildet die Grundlage eines wirksamen IKS. Es umfasst die Werte und Einstellungen des Managements in Bezug auf interne Kontrollen sowie die Organisationsstruktur des Unternehmens. Klare Zuständigkeiten und Verantwortlichkeiten sind hier entscheidend. Eine starke „Tone at the Top"-Kultur ist notwendig, um sicherzustellen, dass das Management die Bedeutung von internen Kontrollen anerkennt und aktiv unterstützt.

Risikobewertung:

Die Risikobewertung ist ein wesentlicher Bestandteil eines IKS. Unternehmen müssen potenzielle Risiken identifizieren, die ihre Ziele beeinträchtigen könnten. Die Risikobewertung dient dazu, Schwachstellen in den Unternehmensprozessen zu identifizieren und festzustellen, wo interne Kontrollen erforderlich sind. Risiken sollten nach ihrer Eintrittswahrscheinlichkeit und möglichen Auswirkungen bewertet werden.

Kontrollmaßnahmen:

Dies sind die eigentlichen internen Kontrollen, die implementiert werden, um die identifizierten Risiken zu minimieren oder zu eliminieren. Beispiele für Kontrollmaßnahmen sind die Trennung von Aufgaben, Genehmigungsprozesse, physische Sicherheitsvorkehrungen (z.B. Zugangskontrollen zu sensiblen Bereichen) und Überwachungsmechanismen wie regelmäßige Soll-Ist-Vergleiche oder IT-basierte Kontrollen.

224 IDW PS 981 RZ 31.

Informations- und Kommunikationssysteme:

Ein wirksames IKS erfordert den Einsatz von Informations- und Kommunikationssystemen, die sicherstellen, dass alle relevanten Daten zeitnah und genau erfasst werden. Diese Systeme müssen sicherstellen, dass relevante Informationen an die richtigen Personen weitergeleitet werden, um Entscheidungen auf fundierter Basis zu treffen. Dies umfasst auch das Berichtswesen, das es der Unternehmensleitung ermöglicht, die Wirksamkeit der internen Kontrollen zu überwachen.

Überwachung der Kontrollen:

Interne Kontrollen müssen regelmäßig überprüft und überwacht werden, um ihre Wirksamkeit zu gewährleisten. Dies kann durch interne Audits, kontinuierliches Monitoring oder periodische Überprüfungen geschehen. Die Überwachung soll sicherstellen, dass die implementierten Kontrollmechanismen wirksam sind und mögliche Schwächen frühzeitig erkannt und behoben werden können.

§ 7 Rechtliche Grundlagen für die Systeme

7.1 Rechtliche Grundlagen für Compliance-Management-Systeme

Ein Compliance Management System (CMS) ist erforderlich, um die Einhaltung der gesetzlichen Vorgaben sicherzustellen und die Marktposition des Unternehmens zu schützen. § 93 Abs. 1 AktG verpflichtet Vorstände börsennotierter Unternehmen zur sorgfältigen Geschäftsführung.[225]

Diese Norm stellt hohe Anforderungen an die Geschäftsführung, die dazu verpflichtet ist, ein wirksames Compliance-Überwachungssystem einzurichten.[226] Fehlt ein solches System oder ist es mangelhaft, kann dies zu persönlicher Haftung des Vorstands führen.[227]

Unternehmen müssen ihre Compliance-Risiken systematisch steuern, um Verstöße gegen regulatorische Vorgaben zu vermeiden, insbesondere in Bezug auf die ESG-Vorgaben des Lieferkettensorgfaltspflichtengesetzes (LkSG) und der CSDDD.[228]

Die Corporate Sustainability Reporting Directive (CSRD) führt für Unternehmen erweiterte Pflichten ein, insbesondere im Hinblick auf die Berichterstattung nicht-finanzieller Informationen. Diese Entwicklungen betreffen das Compliance-Management-System (CMS) unmittelbar. CMS haben nicht nur die Einhaltung gesetzlicher Bestimmungen zu gewährleisten, sondern müssen auch

---

225 Kremer/Bachmann/Favoccia/v. Werder/Kremer, DCGK Abs. Grds5 Grundsatz 5 Rn. 55

226 BGBl. 2021 I 1534

227 VG Frankfurt a. M. WM 2004, 2157; GroßkommAktG/Kort Rn. 192; BeckOGK/Fleischer Rn. 47; Fleischer VorstandsR-HdB/Spindler § 19 Rn. 63; Säcker NJW 2008, 3313 (3315); Louven/Raapke VersR 2012, 257 (263); Schäfer/Zeller BB 2009, 1706 (1708 ff.); auf die schlechte Durchsetzbarkeit der Ansprüche bei Versäumnissen in der Compliance-Organisation hinweisend Schaefer/Baumann NJW 2011, 3601 (3604); zur Haftung des Aufsichtsrats nach § 116 AktG s. Pahlke NJW 2002, 1680 ff.; Fleischer VorstandsR-HdB/Spindler § 19 Rn. 65. Zu möglichen strafrechtlichen Konsequenzen (§ 266 StGB) Windolph NStZ 2000, 522 ff.

228 Schulz/Renz BB 2012, 2511 (2514 f.). Zur Risikoerfassung als Basis von Compliance Management; vgl. ferner Schulz Compliance Management/Schulz S. 1 (32 ff.) sowie im Zusammenhang mit Korruptionsprävention Kutschelis, Korruptionsprävention und Geschäftsleiterpflichten im nationalen und internationalen Unternehmensverbund, 2014, S. 111 ff. mwN

die neuen Anforderungen der ESG-Berichterstattung systematisch integrieren. Fehlende Compliance in ESG-Bereichen könnte von Short-Sellern ausgenutzt werden, wie die Fälle von Adidas und Puma zeigen, die aufgrund vermeintlicher Menschenrechtsverletzungen in der Lieferkette signifikante Kursverluste erlitten. Eine Erweiterung des CMS, das auf die neuen Berichterstattungspflichten gemäß der CSRD reagiert, ist daher essenziell, um Risiken nicht nur rechtlicher, sondern auch finanzieller Natur zu minimieren und den Schutz vor spekulativen Angriffen zu gewährleisten.[229]

Auch die Rechtsprechung des Bundesgerichtshofs (BGH) hat die Bedeutung eines wirksamen CMS für die Haftungsvermeidung wiederholt unterstrichen.[230]

Ein umfassendes Compliance Management System (CMS) ist nicht nur notwendig, um die gesetzlichen Anforderungen zu erfüllen, sondern auch, um die organisatorische Haftung des Unternehmens und seiner Leitung zu reduzieren. Die Implementierung eines CMS, das sich an den Grundsätzen des IDW PS 980 orientiert, ist dabei essenziell, da dieser Standard klare Vorgaben zur Organisation und Prüfung eines wirksamen Compliance-Systems macht.[231]

Nach den Vorgaben des IDW PS 980 umfasst ein wirksames CMS sieben Grundelemente, darunter die Compliance-Kultur, das Compliance-Programm und die Risikoanalyse.[232] Diese Strukturen gewährleisten, dass alle für das Unternehmen relevanten Rechtsvorschriften eingehalten werden, einschließlich der Vorgaben zur Rechnungslegung (z.B. HGB, IFRS, etc..) und der branchenspezifischen Anforderungen.[233]

Regelmäßige Audits und externe Prüfungen: Die regelmäßige Überprüfung der Wirksamkeit des CMS ist unerlässlich. Die Prüfung nach den Grundsätzen des IDW PS 980 sowie externen Standards wie der ISO 37301 schafft Vertrauen bei Stakeholdern und minimiert das Risiko von Verstößen.[234] Zudem dienen solche Audits als Nachweis für die Pflichtgemäßheit der Geschäftsleitung und können bußgeldmindernd wirken, wie der BGH betont hat.[235]

---

229 vgl. Regierungsentwurf der Richtlinie (EU) 2022/2464, Erwägungsgründe (18) und (19)

230 BGH, Urteil vom 09. Mai 2017 – 1 StR 265/16, ZIP 2018, 36

231 Institut der Wirtschaftsprüfer, IDW PS 980 – Grundsätze ordnungsmäßiger Prüfung von Compliance Management Systemen, Stand: 28.09.2022.

232 IDW PS 980 und ISO 37301

233 *Knierim*, in: Wabnitz/Janovsky/Schmitt (Hrsg.), Wabnitz/Janovsky/Schmitt, Handbuch Wirtschafts- und Steuerstrafrecht, Rn. 58ff. Rn. 58–62.

234 Kremer/Bachmann/Favoccia/v. Werder/Kremer, DCGK Abs. Grds5 Rn. 55

235 BGH, Urteil vom 09. Mai 2017 – 1 StR 265/16, ZIP 2018, 36

Die Haftung der Geschäftsleitung, insbesondere in Bezug auf die Einrichtung eines CMS, ist im deutschen Recht umfassend geregelt. § 91 Abs. 2 AktG verlangt von Vorständen die Einrichtung eines Risikomanagementsystems, das die Überwachung des Unternehmens in Bezug auf bestandsgefährdende Entwicklungen sicherstellt.[236] Ein Versäumnis, ein solches System ordnungsgemäß zu implementieren, kann sowohl zu zivilrechtlichen als auch zu strafrechtlichen Haftungsansprüchen führen.[237]

Neben den aktienrechtlichen Anforderungen besteht für Geschäftsführer auch die Gefahr eines Bußgeldes nach § 130 OWiG und eine persönliche Haftung aus § 823 II i. V. m. § 130 OWIG, wenn sie es unterlassen, geeignete organisatorische Maßnahmen zu ergreifen, um Rechtsverstöße im Unternehmen zu verhindern.[238]

Dies wird als „Aufsichtspflichtverletzung" bezeichnet. Unternehmen müssen geeignete organisatorische Vorkehrungen treffen, um sicherzustellen, dass Verstöße verhindert oder zumindest erschwert werden. Ein CMS stellt ein zentrales Instrument dar, um dieser Aufsichtspflicht nachzukommen.

Lieferkettensorgfaltspflichtengesetz (LkSG):

Seit dem 1. Januar 2023 sind Unternehmen in Deutschland mit mehr als 3.000 Mitarbeitern (ab 2024 mit mehr als 1.000 Mitarbeitern) verpflichtet, menschenrechtliche und umweltbezogene Sorgfaltspflichten in ihren Lieferketten einzuhalten. Ein CMS kann helfen, diese Sorgfaltspflichten zu überwachen und Verstöße entlang der Lieferkette zu verhindern.[239]

Geldwäschegesetz (GwG):

Unternehmen in bestimmten Branchen, wie z.B. Finanzdienstleistungen, Immobilien oder Glücksspiel, sind nach dem Geldwäschegesetz verpflichtet, Maßnahmen zur Prävention von Geldwäsche und Terrorismusfinanzierung zu implementieren. Aber auch Unternehmen anderer Branchen müssen zudem die sich rasch wandelnden rechtlichen Rahmenbedingungen rechtzeitig in ihre Prozesse integrieren – hierzu zählen etwa die Regelungen des deutschen Geldwäschegesetzes, die auch für Güterhändler relevant geworden sind, kapitalmarktrechtliche Vorschriften wie die EU-Marktmissbrauchsverordnung oder das zunehmend thematisierte

---

236 BeckOGK/Fleischer, AktG § 91 Rn. 89, beck-online Stand: 1.2.2024

237 MüKoAktG/Spindler, 6. Aufl. 2023, AktG § 91 Rn. 91, beck-online

238 OLG Nürnberg, Urteil vom 30. März 2022 – 12 U 1520/19, NZG 2022, 1058

239 *Gehling/Ott/Lüneborg*, Corporate Compliance Zeitschriften (CCZ) 2021, 230.

Gebiet der Menschenrechte.[240] Ein CMS dient dazu, interne Kontrollmechanismen einzuführen, die verdächtige Transaktionen erkennen und melden.

Gesetz gegen Wettbewerbsbeschränkungen (GWB) und Kartellrecht:

Unternehmen sind verpflichtet, kartellrechtliche Vorschriften einzuhalten, um den fairen Wettbewerb sicherzustellen. Ein CMS hilft, Verstöße gegen das Kartellrecht zu verhindern, indem es klare Richtlinien und Schulungen bereitstellt und den Mitarbeitenden das Risiko von Kartellverstößen verdeutlicht.[241]

Börsennotierte Unternehmen sehen sich aufgrund ihrer öffentlichen Stellung und ihrer regulatorischen Verpflichtungen strengeren Anforderungen gegenüber, insbesondere im Hinblick auf Compliance (CMS), Risikomanagement (RMS) und Interne Kontrollsysteme (IKS). Diese Unternehmen müssen nicht nur die regulatorischen Rahmenbedingungen beachten, sondern auch die Erwartungen von Investoren, Aufsichtsbehörden und anderen Stakeholdern erfüllen, die auf Transparenz, Integrität und Verantwortlichkeit drängen. In diesem Kapitel werden die spezifischen Anforderungen an börsennotierte Unternehmen sowie die besonderen Herausforderungen und Chancen vertieft betrachtet.

7.2 Rechtliche Grundlagen für Risikomanagementsysteme

Für viele Unternehmen, insbesondere in bestimmten Branchen und Unternehmensgrößen, ist die Implementierung eines Risikomanagementsystems gesetzlich vorgeschrieben.[242] Diese Vorschriften zielen darauf ab, Unternehmen vor existenzbedrohenden Risiken zu schützen und sicherzustellen, dass Risiken systematisch überwacht und gesteuert werden. Zu den wichtigsten gesetzlichen Grundlagen für RMS in Deutschland zählen:

§ 91 Abs. 2 Aktiengesetz (AktG):

Das deutsche Aktiengesetz verpflichtet den Vorstand von Aktiengesellschaften dazu, ein Überwachungssystem einzuführen, das bestandsgefährdende Risiken frühzeitig erkennt. Diese Vorschrift stellt eine zentrale rechtliche Grundlage für die Einführung eines RMS dar und betont die Verantwortung der Unternehmensführung für ein funktionierendes Risikomanagement. Diese Regelung

240 *Hoffmann/Schieffer*, Neue Zeitschrift für Gesellschaftsrecht (NZG) 2017, 401.
241 *Paha/Ullmann/Köppel*, Corporate Compliance Zeitschriften (CCZ) 2016, 274.
242 *Fischer/Schuck*, Neue Zeitschrift für Gesellschaftsrecht (NZG) 2021, 534.

betrifft insbesondere börsennotierte Unternehmen, kann jedoch auch für größere GmbHs als Best Practice herangezogen werden.

KonTraG (Gesetz zur Kontrolle und Transparenz im Unternehmensbereich):
Das KonTraG von 1998 erweiterte die Vorschriften des Aktiengesetzes, um die Unternehmensführung zu einer verbesserten Risikokontrolle und -überwachung zu verpflichten. Es stärkt die Verantwortung der Geschäftsführung, ein funktionierendes Risikomanagementsystem zu etablieren, das auch auf potenzielle Unternehmenskrisen ausgerichtet ist.

Finanzmarktintegritätsstärkungsgesetz (FISG):
Das FISG von 2021 wurde nach dem Wirecard-Skandal eingeführt, um die Integrität und Transparenz des Finanzmarktes zu stärken. Es verschärfte die Anforderungen an börsennotierte Unternehmen, ein wirksames RMS zu betreiben. Das FISG betont die Verantwortung von Vorständen und Aufsichtsräten, ein adäquates Risikomanagement- und Kontrollsystem zu implementieren und zu überwachen.[243]

Unternehmensstabilisierungs- und -restrukturierungsgesetz (StaRUG):
Das StaRUG verpflichtet Unternehmen, Krisen frühzeitig zu erkennen und geeignete Gegenmaßnahmen zu ergreifen. Ein funktionierendes RMS spielt eine zentrale Rolle bei der Früherkennung von Bestandsrisiken. Unternehmen müssen Mechanismen zur Krisenprävention einführen, um finanzielle Schieflagen und drohende Insolvenzen rechtzeitig abwenden zu können.

Branchenbezogene Regularien:
In bestimmten Sektoren, insbesondere im Finanz- und Versicherungswesen, bestehen zusätzliche Anforderungen an das Risikomanagement, die aus dem Kreditwesengesetz (KWG), dem Versicherungsaufsichtsgesetz (VAG) sowie internationalen Regularien wie Basel III und Solvency II resultieren.

7.3 Rechtliche Grundlagen für interne Kontrollsysteme

Die Einrichtung eines internen Kontrollsystems ist für bestimmte Unternehmen gesetzlich vorgeschrieben, insbesondere in Hinblick auf die Sicherstellung der ordnungsgemäßen Finanzberichterstattung. Versicherungsunternehmen haben

243 *Fischer/Schuck*, Neue Zeitschrift für Gesellschaftsrecht (NZG) 2021, 534.

ein Internes Kontrollsystem gem. § 29 VAG einzurichten. Für kapitalmarktorientierte Unternehmen sowie Unternehmen, die der öffentlichen Berichterstattungspflicht unterliegen, sind IKS-Standards nicht nur aus rechtlicher, sondern auch aus strategischer Perspektive unverzichtbar.

Handelsgesetzbuch (HGB) und Bilanzrechtsmodernisierungsgesetz (BilMoG):
Das HGB fordert Kapitalgesellschaften auf, in ihren Lageberichten über wesentliche Risiken zu informieren, die die Geschäftstätigkeit beeinflussen könnten. Das BilMoG hat die Anforderungen an die interne Kontrolle in Bezug auf die Finanzberichterstattung verstärkt. Unternehmen müssen Systeme implementieren, die sicherstellen, dass die Abschlüsse korrekt und fehlerfrei erstellt werden.

Sarbanes-Oxley Act (SOX):
Unternehmen, die an US-amerikanischen Börsen gelistet sind, müssen die Anforderungen des Sarbanes-Oxley Acts von 2002 erfüllen. Dieses Gesetz verpflichtet Unternehmen, ein wirksames Internes Kontrollsystem zu implementieren, das die Integrität und Transparenz der Finanzberichterstattung sicherstellt. Unternehmen müssen regelmäßige Berichte über die Wirksamkeit ihrer internen Kontrollen abgeben, die von externen Prüfern verifiziert werden.

Finanzmarktintegritätsstärkungsgesetz (FISG):
In Deutschland verschärfte das FISG die Anforderungen an die interne Kontrolle börsennotierter Unternehmen. Vorstände und Aufsichtsräte sind nun stärker in der Pflicht, die Funktionsfähigkeit der internen Kontrollen zu überprüfen. Das FISG zielt darauf ab, die Finanzberichterstattung zu verbessern und die Transparenz auf den Finanzmärkten zu erhöhen.

EU-Abschlussprüferrichtlinie (Richtlinie 2014/56/EU):
Diese Richtlinie betont die Bedeutung von internen Kontrollen im Zusammenhang mit der Abschlussprüfung. Unternehmen müssen angemessene Kontrollen einrichten, um sicherzustellen, dass die Abschlussprüfer Zugang zu allen relevanten Informationen haben und die Richtigkeit der Berichterstattung gewährleistet ist.

Durch die Einführung der CSRD werden Unternehmen verpflichtet, umfassende nicht-finanzielle Informationen zu berichten und diese extern prüfen zu lassen. Ein effektives Internes Kontrollsystem (IKS) ist dabei von zentraler Bedeutung, um sicherzustellen, dass alle Berichte präzise und vollständig sind. Die Integration von ESG-Kriterien in das IKS erfordert spezifische Kontrollmechanismen, die potenzielle Schwachstellen identifizieren und Maßnahmen zur Risikominderung implementieren. Dies schützt nicht nur vor Reputationsschäden, sondern dient auch als präventives Mittel gegen Short-Seller-Angriffe, die gezielt auf mangelhafte Nachhaltigkeitsberichterstattung abzielen könnten.[244]

7.4 Regulatorische und operative Besonderheiten bei börsennotierten Unternehmen

7.4.1 Besonderheiten bei CMS

Börsennotierte Unternehmen unterliegen einem besonders hohen Maß an Regulierung und Überwachung. Neben den allgemeinen gesetzlichen Vorschriften müssen sie zusätzlich spezielle Börsenrichtlinien, die Regeln für die Corporate Governance sowie Anforderungen an die Berichterstattung einhalten. Das Compliance-Management-System (CMS) ist in börsennotierten Unternehmen besonders komplex, da es nicht nur die Einhaltung nationaler und internationaler Gesetze, sondern auch branchenspezifischer und börsenspezifischer Vorschriften sicherstellen muss. Zudem müssen börsennotierte Unternehmen hohe Standards in Bezug auf Corporate Governance und Transparenz erfüllen. Börsennotierte Unternehmen sind häufig international tätig und müssen daher verschiedene regionale und internationale Compliance-Anforderungen berücksichtigen:

Sarbanes-Oxley Act (SOX):

Unternehmen, die an US-Börsen notiert sind oder dort tätig sind, müssen die strengen Anforderungen des SOX erfüllen. Diese beinhalten u.a. die Einrichtung strikter interner Kontrollen und die regelmäßige Überprüfung der Finanzberichterstattung. Der SOX sieht auch persönliche Haftungen von Vorstandsmitgliedern bei Verstößen gegen die Compliance- und Finanzberichterstattungspflichten vor.

FATCA und Anti-Korruptionsvorschriften:

Viele börsennotierte Unternehmen müssen zudem Vorschriften wie das Foreign Account Tax Compliance Act (FATCA) oder Anti-Korruptionsgesetze wie den Foreign Corrupt Practices Act (FCPA) in den USA oder das UK Bribery Act einhalten. Diese Gesetze verlangen strikte Compliance-Maßnahmen, insbesondere in Bezug auf internationale Geschäftstätigkeiten und Finanztransaktionen.

244 vgl. Regierungsentwurf der Richtlinie (EU) 2022/2464, Art. 19b Abs. 1 und 3

Strengere Berichterstattungspflichten:

Börsennotierte Unternehmen müssen regelmäßige und umfassende Finanz- und Tätigkeitsberichte erstellen, die Investoren und der Öffentlichkeit zur Verfügung gestellt werden. Diese Berichte umfassen Quartalsberichte, Halbjahresberichte und Jahresabschlüsse sowie Ad-hoc-Mitteilungen, die kursrelevante Informationen beinhalten. Die Anforderungen an die Berichterstattung unterliegen strengen formalen Vorgaben:

Verlässlichkeit der Finanzdaten:

Finanzberichte müssen den gesetzlichen und regulatorischen Vorschriften entsprechen und durch externe Prüfer zertifiziert werden. Fehler oder Unregelmäßigkeiten können nicht nur zu Sanktionen führen, sondern auch das Vertrauen der Investoren stark beeinträchtigen.

Pflicht zur Offenlegung von Risiken:

Unternehmen sind verpflichtet, detaillierte Informationen über Risiken offenzulegen, die ihre finanzielle und operative Leistung beeinträchtigen könnten. Diese Offenlegungspflicht erhöht den Druck auf das Risikomanagementsystem (RMS), potenzielle Risiken präzise zu erfassen, zu bewerten und transparent darzustellen.

Aufsichtsratsfunktion und Corporate Governance:

Der Aufsichtsrat hat in börsennotierten Unternehmen eine besonders starke Rolle, da er neben der Überwachung des Vorstands auch für die ordnungsgemäße Führung der Geschäfte verantwortlich ist. Er muss die Implementierung und Funktionsweise von CMS, RMS und IKS sicherstellen und kontrollieren.

Unabhängigkeit und Integrität des Aufsichtsrats:

Die Corporate Governance-Vorschriften, wie z.B. der Deutsche Corporate Governance Kodex, verlangen, dass Mitglieder des Aufsichtsrats unabhängig und frei von Interessenkonflikten handeln. Die Überwachung von Compliance- und Risikomanagementsystemen gehört zu den zentralen Aufgaben des Aufsichtsrats.

Überwachung der Risikosteuerung:

Der Aufsichtsrat muss sicherstellen, dass die im Risikomanagementsystem festgelegten Maßnahmen wirksam sind und regelmäßig überprüft werden. Er ist auch verantwortlich für die regelmäßige Berichterstattung an Aktionäre und andere Stakeholder über die Risikolage des Unternehmens.

Das Compliance-Management-System (CMS) ist in börsennotierten Unternehmen besonders komplex, da es nicht nur die Einhaltung nationaler und internationaler Gesetze, sondern auch branchenspezifischer und börsenspezifischer Vorschriften sicherstellen muss. Zudem müssen börsennotierte Unternehmen hohe Standards in Bezug auf Corporate Governance und Transparenz erfüllen.

Compliance-Risiken und Transparenz:

In börsennotierten Unternehmen wird erwartet, dass Compliance-Risiken nicht nur intern überwacht, sondern auch nach außen transparent gemacht werden. Dies führt zu einer doppelten Herausforderung: Einerseits müssen alle Compliance-Vorgaben eingehalten werden, andererseits müssen Unternehmen proaktiv über potenzielle Verstöße berichten, um Sanktionen zu vermeiden.

Whistleblower-Systeme:

Börsennotierte Unternehmen sind häufig verpflichtet, Whistleblower-Systeme einzurichten, die es Mitarbeitenden ermöglichen, potenzielle Compliance-Verstöße anonym zu melden. Dies dient der frühzeitigen Identifikation von Regelverstößen und verbessert die Unternehmensführung.

Berichterstattung zu ESG-Kriterien:

Im Zuge der steigenden Relevanz von ESG (Environment, Social, Governance) müssen börsennotierte Unternehmen auch über ihre Nachhaltigkeitsbemühungen berichten. Dies erfordert eine Anpassung des CMS, um sicherzustellen, dass ESG-Risiken und -Chancen systematisch erfasst und offengelegt werden. Die CSRD verpflichtet börsennotierte Unternehmen, ihre Nachhaltigkeitsbemühungen transparent und umfassend offenzulegen. Diese erweiterte Berichterstattung über ESG-Kriterien schafft neue Herausforderungen, insbesondere im Hinblick auf die Prüfung und Verlässlichkeit der Berichte. Ein robustes Compliance- und Kontrollsystem ist unerlässlich, um sicherzustellen, dass alle Anforderungen eingehalten werden. Versäumnisse in der ESG-Berichterstattung könnten das Unternehmen anfällig für Leerverkaufsattacken machen, wie es bereits in den Fällen von Grenke und Wirecard beobachtet wurde. Daher ist es erforderlich, die Prüfungsstandards zu erweitern, um sicherzustellen, dass ESG-Daten ebenso streng geprüft werden wie finanzielle Kennzahlen.[245]

---

245 Vgl. Regierungsentwurf der Richtlinie (EU) 2022/2464, Art. 26b

7.4.2 Erweiterte Anforderungen an das Risikomanagementsystem (RMS) in börsennotierten Unternehmen

Das Risikomanagementsystem (RMS) in börsennotierten Unternehmen ist von zentraler Bedeutung, um nicht nur operationelle, sondern auch strategische und regulatorische Risiken zu steuern.

Risikoidentifikation und Berichterstattung:

Börsennotierte Unternehmen müssen regelmäßig detaillierte Informationen über ihre Risikolage veröffentlichen. Das RMS muss daher in der Lage sein, sämtliche Unternehmensrisiken genau zu identifizieren, zu bewerten und darüber zu berichten.

Bestandsgefährdende Risiken:

Nach § 91 Abs. 2 Aktiengesetz (AktG) müssen börsennotierte Unternehmen über ein Überwachungssystem verfügen, das bestandsgefährdende Risiken frühzeitig erkennt. Die Implementierung eines wirksamen RMS stellt sicher, dass potenzielle Risiken, wie z.B. Marktveränderungen, rechtliche Risiken oder geopolitische Entwicklungen, rechtzeitig erkannt und entsprechende Gegenmaßnahmen ergriffen werden.

Risikomanagement als Teil der Unternehmensstrategie:

In börsennotierten Unternehmen muss das RMS eng mit der strategischen Planung verknüpft sein. Risiken, die die langfristige Geschäftsstrategie beeinträchtigen könnten, müssen in die strategischen Entscheidungsprozesse integriert werden. Dies erfordert eine kontinuierliche Abstimmung zwischen der Geschäftsführung, dem Aufsichtsrat und den Risikomanagern.

Umgang mit finanziellen Risiken:

Finanzielle Risiken, wie z.B. Liquiditätsrisiken, Währungsrisiken und Marktschwankungen, sind besonders relevant für börsennotierte Unternehmen. Ein robustes RMS muss Instrumente und Prozesse bereitstellen, um diese Risiken zu identifizieren und zu steuern.

Finanzmarktregulierung:

Börsennotierte Unternehmen sind besonderen Finanzmarktregulierungen unterworfen, wie z.B. den Anforderungen von Basel III oder Solvency II im Finanz- und Versicherungssektor. Diese Regelwerke erfordern eine strengere Kapital- und Liquiditätsplanung sowie die Einhaltung spezifischer Risikokapitalvorgaben.

Währungs- und Zinsschwankungen:

Viele börsennotierte Unternehmen sind international tätig und daher Währungs- und Zinsschwankungen ausgesetzt. Das RMS muss in der Lage sein, diese Risiken durch Absicherungsinstrumente (Hedging) oder andere Risikominimierungsmaßnahmen zu steuern.

7.4.3 Stärkere Anforderungen an das Interne Kontrollsystem (IKS) in börsennotierten Unternehmen

Das Interne Kontrollsystem (IKS) ist in börsennotierten Unternehmen ein wesentlicher Bestandteil zur Sicherstellung der Transparenz und Verlässlichkeit der Finanzberichterstattung.

Interne Kontrollen und Transparenz:

Ein wirksames Internes Kontrollsystem (IKS) muss sicherstellen, dass alle internen Abläufe, insbesondere in der Finanzberichterstattung, korrekt, effizient und regelkonform durchgeführt werden. Dies betrifft insbesondere die Prozesse der Finanzplanung, Buchhaltung und Rechnungslegung. Börsennotierte Unternehmen müssen höhere Anforderungen an die Transparenz und Verlässlichkeit ihrer Berichterstattung erfüllen, um das Vertrauen der Investoren und der Öffentlichkeit zu wahren.

Kontrollmechanismen zur Sicherung der Finanzberichterstattung:

Eine der zentralen Funktionen des IKS besteht darin, Fehler und Manipulationen in der Finanzberichterstattung zu verhindern. Dies erfordert eine klare Trennung von Verantwortlichkeiten innerhalb der Finanzabteilung, das Vier-Augen-Prinzip sowie eine umfassende Audit-Trail-Dokumentation, die sämtliche Änderungen in den Finanzdaten nachvollziehbar macht.

Technologische Unterstützung:

Börsennotierte Unternehmen sollten verstärkt auf technologische Lösungen setzen, um ihre internen Kontrollmechanismen zu automatisieren und zu überwachen. ERP-Systeme (Enterprise Resource Planning) und spezialisierte Kontrollsoftware können verwendet werden, um die Finanzprozesse zu standardisieren und Echtzeit-Berichte zu erstellen, die der Geschäftsleitung und dem Aufsichtsrat zur Verfügung stehen.

Anforderungen durch externe Audits:

Börsennotierte Unternehmen sind verpflichtet, ihre Finanzberichte regelmäßig durch externe Prüfer überprüfen zu lassen. Die externe Prüfung dient dazu, die Korrektheit der Finanzberichte sicherzustellen und die Funktionsfähigkeit des IKS zu bewerten. Es ist jedoch nicht nur wichtig, dass Unternehmen den externen Prüfern vollständigen Zugang zu den relevanten Daten gewähren, sondern auch, dass das IKS so gestaltet ist, dass es eine effiziente Zusammenarbeit mit den Prüfern ermöglicht.

Effektive Zusammenarbeit mit externen Prüfern:

Ein gut strukturiertes IKS sollte sicherstellen, dass alle notwendigen Daten und Dokumentationen zeitnah und in übersichtlicher Form für die externe Prüfung bereitgestellt werden können. Dies erleichtert nicht nur den Prüfprozess, sondern reduziert auch potenzielle Risiken, die durch Verzögerungen oder fehlende Informationen entstehen könnten.

Fortlaufende interne Audits:

Neben der externen Prüfung sollten Unternehmen regelmäßige interne Audits durchführen, um die Funktionsfähigkeit ihres IKS zu überprüfen. Diese Audits können Schwachstellen aufdecken, die behoben werden müssen, bevor sie bei externen Prüfungen zu Problemen führen.

Sarbanes-Oxley Act (SOX) und die Verantwortung des Managements:

Für Unternehmen, die an US-Börsen notiert sind oder in den USA tätig sind, stellt der Sarbanes-Oxley Act (SOX) besondere Anforderungen an die Wirksamkeit des IKS. Der SOX schreibt vor, dass die Vorstandsmitglieder eines Unternehmens persönlich dafür verantwortlich sind, dass die Finanzberichte korrekt und frei von Manipulationen sind. Dies erfordert nicht nur eine strikte Einhaltung der internen Kontrollstandards, sondern auch eine regelmäßige Bestätigung der Wirksamkeit der Kontrollen durch das Management.

Persönliche Haftung:

Eine der wesentlichen Neuerungen des SOX ist die persönliche Haftung der Vorstandsmitglieder. Das bedeutet, dass Vorstandsmitglieder persönlich haftbar gemacht werden können, wenn falsche oder irreführende Finanzberichte veröffentlicht werden. Dies erhöht den Druck auf das Unternehmen, ein starkes und gut funktionierendes IKS zu etablieren.

Test der internen Kontrollen:

Jährlich müssen Unternehmen, die dem SOX unterliegen, die Wirksamkeit ihrer internen Kontrollen im Rahmen des Section 404 nachweisen. Dies erfordert einen systematischen Test der bestehenden Kontrollmechanismen und die Vorlage eines Prüfberichts. Ein starkes IKS minimiert die Risiken und erleichtert diesen Nachweis.

7.5 Erweiterung des IKS durch ESG-Kriterien

Börsennotierte Unternehmen stehen zunehmend unter Druck, nicht nur finanzielle Risiken zu managen, sondern auch ESG-Risiken (Umwelt, Soziales, Unternehmensführung) zu berücksichtigen. Dies hat Auswirkungen auf die Gestaltung des internen Kontrollsystems (IKS), da ESG-Kriterien in die Unternehmensprozesse und Kontrollmechanismen integriert werden müssen.

Integration von ESG-Kennzahlen in das IKS:

Die Bedeutung von ESG-Kennzahlen nimmt stetig zu, und Investoren legen zunehmend Wert auf transparente Informationen über die Nachhaltigkeitsleistung von Unternehmen. Dies erfordert die Erweiterung des IKS um ESG-Kennzahlen, die regelmäßig erfasst und berichtet werden müssen.

Automatisierung der Datenerfassung:

Um die ESG-Leistungskennzahlen präzise zu erfassen und zu überwachen, sollten Unternehmen digitale Lösungen nutzen, die es ermöglichen, ESG-Daten automatisiert zu erfassen und in den bestehenden Berichtssystemen zu integrieren.

Verlässlichkeit und Prüfung der ESG-Daten:

Wie bei den finanziellen Kennzahlen müssen auch ESG-Daten auf ihre Verlässlichkeit überprüft werden. Unternehmen sollten daher interne Prüfungsmechanismen einführen, die sicherstellen, dass die erfassten ESG-Kennzahlen genau und konsistent sind.

Berichterstattung über ESG-Risiken:

Neben der Integration in das IKS spielt auch die Berichterstattung über ESG-Risiken eine zentrale Rolle in börsennotierten Unternehmen. Diese Risiken können sich sowohl auf die Reputation als auch auf die finanzielle Performance des Unternehmens auswirken.

Verpflichtende Berichterstattung:

Börsennotierte Unternehmen sind zunehmend verpflichtet, über ESG-Risiken zu berichten, insbesondere in Europa im Rahmen der EU-Richtlinie zur Nachhaltigkeitsberichterstattung (CSRD). Dies erfordert eine enge Verzahnung von CMS, RMS und IKS, um sicherzustellen, dass ESG-Risiken frühzeitig identifiziert, bewertet und transparent an die Stakeholder berichtet werden.

Langfristige Risikosteuerung:

Die Berücksichtigung von ESG-Risiken erfordert eine langfristige Risikostrategie. Unternehmen müssen sicherstellen, dass ESG-Risiken nicht nur in die kurz- und mittelfristige Risikoplanung einfließen, sondern auch in die langfristigen Unternehmensziele integriert werden.

7.6 Chancen und Herausforderungen für börsennotierte Unternehmen

Die Anforderungen an börsennotierte Unternehmen in Bezug auf Compliance-, Risiko- und Kontrollsysteme sind höher und komplexer als bei nicht börsennotierten Unternehmen. Die hohe Transparenzanforderung und die Verpflichtung zur regelmäßigen Berichterstattung erhöhen den Druck auf das Management und den Aufsichtsrat, robuste Systeme zu implementieren und zu überwachen.

Erhöhte Rechenschaftspflicht: Vorstandsmitglieder und Aufsichtsräte tragen eine erhöhte Verantwortung für die Funktionsfähigkeit und Transparenz der Unternehmensführung. Die Integration von CMS, RMS und IKS in die Geschäftsprozesse ist daher nicht nur eine rechtliche Pflicht, sondern ein wesentlicher Faktor für den langfristigen Unternehmenserfolg.

Nutzung technologischer Innovationen: Der Einsatz digitaler Technologien zur Automatisierung und Überwachung von Compliance-, Risiko- und Kontrollprozessen wird für börsennotierte Unternehmen immer wichtiger. Unternehmen, die moderne Softwarelösungen und Datenanalysen einsetzen, können effizienter arbeiten und den regulatorischen Anforderungen besser gerecht werden.

Wettbewerbsvorteile durch ESG-Integration: Die frühzeitige und umfassende Integration von ESG-Kriterien in die Unternehmensführung kann sich für börsennotierte Unternehmen als bedeutender Wettbewerbsvorteil erweisen. Unternehmen, die transparent über ihre Nachhaltigkeitsbemühungen berichten und ESG-Risiken aktiv steuern, stärken das Vertrauen von Investoren und Stakeholdern und sichern langfristig ihre Marktposition.

7.7 Vertiefte Herausforderungen bei der Implementierung von ESG und CSDDD

7.7.1 Komplexität der Lieferketten

Eine der größten Herausforderungen bei der Implementierung von ESG-Standards und der Erfüllung der Anforderungen der CSDDD ist die Komplexität der

Lieferketten. Viele Unternehmen, insbesondere global tätige Konzerne, sind auf weit verzweigte und mehrstufige Lieferketten angewiesen, die oft schwer vollständig zu überblicken sind.

Die zunehmende globale Vernetzung der Märkte und der Lieferketten bedeutet, dass Unternehmen häufig auf zahlreiche Zulieferer angewiesen sind, die ihrerseits wieder zahlreiche Vorlieferanten haben. Die Kontrolle über jeden dieser Partner ist äußerst schwierig. Die Identifizierung von Risiken und potenziellen Verstößen gegen Menschenrechte oder Umweltstandards wird dadurch komplexer und erfordert mehr Ressourcen.

Das CSR-Richtlinie-Umsetzungsgesetz (CSR-RUG) verpflichtet seit 2017 große kapitalmarktorientierte Unternehmen mit mehr als 500 Mitarbeitern zur nichtfinanziellen Berichterstattung über Umwelt-, Sozial- und Arbeitnehmerbelange, Achtung der Menschenrechte und Bekämpfung von Korruption[246]. Mit der neuen Corporate Sustainability Reporting Directive (CSRD) der EU wird diese Berichtspflicht ab 2024 schrittweise auf alle großen Unternehmen sowie kapitalmarktorientierte KMU ausgeweitet. Die Berichte müssen dann auch extern geprüft werden[247]. Das 2023 in Kraft getretene Lieferkettensorgfaltspflichtengesetz (LkSG) verpflichtet große Unternehmen zur Einhaltung menschenrechtlicher und umweltbezogener Sorgfaltspflichten in ihren Lieferketten[248].

Auf EU-Ebene schafft die Taxonomie-Verordnung einheitliche Kriterien zur Bewertung der ökologischen Nachhaltigkeit von Wirtschaftsaktivitäten[249].

Diese rechtlichen Vorgaben erhöhen den Druck auf Unternehmen, ESG-Aspekte systematisch zu berücksichtigen und transparent darüber zu berichten. Für Investoren werden dadurch ESG-Informationen besser verfügbar und vergleichbar.

Die Beurteilung der Eignung von Nachhaltigkeits- und ESG-Zielen zur Sicherung des Unternehmensbestands und der langfristigen Rentabilität fällt in den Ermessensspielraum des Vorstands[250], geschützt durch die Business Judgment Rule nach § 93 Abs. 1 Satz 2 AktG. Diese Regel setzt voraus, dass Entscheidungen auf einer angemessenen Informationsgrundlage getroffen werden. Aktuelle Rechtsprechung fordert eine umfassende Nutzung aller verfügbaren Informationsquel-

246 CSR-Richtlinie-Umsetzungsgesetz (CSR-RUG): BGBl. I 2017, S. 802 ff.

247 BT-Drucksache 18/9982 vom 17.10.2016 zur Begründung des CSR-RUG

248 Lieferkettensorgfaltspflichtengesetz (LkSG): BGBl. I 2021, S. 2959 ff.

249 Corporate Sustainability Reporting Directive (CSRD): Richtlinie (EU) 2022/2464 des Europäischen Parlaments und des Rates vom 14. Dezember 2022

250 Dörrwächter NZG 2022, 1083 [1092]

len, sowohl tatsächlicher als auch rechtlicher Art[251]. Zudem müssen Vor- und Nachteile der Handlungsoptionen sorgfältig abgewogen und erkennbare Risiken berücksichtigt werden.[252]

Der Vorstand ist verpflichtet, sich eingehend mit den spezifischen Auswirkungen der ESG-Ziele auf das Unternehmen, den betroffenen ESG-Belangen und den Details der implementierten Maßnahmen auseinanderzusetzen.[253] Es wird erwartet, dass nichtfinanzielle Leistungsindikatoren gemäß § 289c Abs. 3 Nr. 5 HGB, die für die Geschäftstätigkeit relevant sind, in die unternehmerische Entscheidungsfindung einbezogen werden.

Im Bereich der Umweltbelange umfassen diese nichtfinanziellen Leistungsindikatoren unter anderem Energieverbrauch, Gesamtenergieeffizienz, Nutzung erneuerbarer und nicht erneuerbarer Energien, Emissionswerte (einschließlich Treibhausgase und andere Schadstoffe), Wasserverbrauch, Abfallaufkommen und Recyclingquoten.[254]

Diese Überlegungen beschränken sich nicht nur auf Maßnahmen, die direkt den Unternehmensgegenstand betreffen, sondern erstrecken sich auch auf Investitionen in zukunftsweisende Technologien zur CO2-Reduktion, beispielsweise im Bereich der Stromversorgung des Unternehmens.[255]

De lege lata stellt sich die zentrale Frage, in welchem Umfang die gesetzlich normierten Leitungspflichten des Vorstands – insbesondere die Planungs- und Steuerungsverantwortung, Organisationsverantwortung, Finanzverantwortung sowie Informationsverantwortung[256] – Nachhaltigkeitsaspekte als Interessen der Stakeholder in Unternehmensentscheidungen einbeziehen dürfen. Darüber hinaus ist zu untersuchen, inwiefern auch die Überwachungs-[257] und Treuepflichten des Vorstands[258] diesbezüglich relevant sind. Diese Fragestellung gewinnt insbesondere vor dem Hintergrund der zunehmenden wirtschaftlichen Bedeutung von ESG-Kriterien (Environmental, Social, Governance) für den Unternehmenserfolg an Gewicht. Im Kontext von Unternehmenskäufen und M&A-Transaktionen spielen ESG-Faktoren eine immer wichtigere Rolle[259]. Einerseits kann die Integrati-

---

251 BeckOGK/Fleischer AktG § 93 Rn. 94
252 *Weitnauer*, Gesellschafts- und Wirtschaftsrecht (GWR) 2023, 239.
253 ebd.
254 BeckOGK/Kleindiek HGB § 289c Rn. 137
255 Wietnauer GWR 2023,239 (241)
256 BeckOGK/Fleischer, AktG, § 93 Rn. 68–78
257 BeckOGK/Fleischer, AktG, § 93 Rn. 128–146
258 BeckOGK/Fleischer, AktG, § 93 Rn. 147–217
259 Bünning, BB 2021, 235 [237]

on eines Unternehmens mit einem starken ESG-Profil nach einem Kaufvorgang langfristig zur Verbesserung der Ertragslage des Käufers beitragen. Andererseits haben Unternehmen, die ESG-Aspekte vernachlässigen, oftmals einen erschwerten Zugang zu Fremdkapital[260]. Für die Unternehmensführung ergibt sich daraus zunehmend eine wirtschaftliche Notwendigkeit, ESG-Kriterien in die strategischen Entscheidungen einzubeziehen.

Die Frage, ob Vorstände und Geschäftsführer ESG-Kriterien bzw. Nachhaltigkeitsaspekte bei unternehmerischen Entscheidungen berücksichtigen dürfen, ist de lege lata positiv zu beantworten. Dies wird durch die Rechtsprechung gestützt, die anerkennt, dass ein Geschäft, das kurzfristig wirtschaftlich nachteilig erscheint, zulässig ist, sofern langfristig wirtschaftliche Vorteile zu erwarten sind[261]. In diesem Zusammenhang wird auch die Berücksichtigung von Gemeinwohlbelangen als legitimes Kriterium für unternehmerische Entscheidungen befürwortet[262].

Über die Frage hinaus, ob die Geschäftsleitung rechtlich befugt ist, Nachhaltigkeitskriterien im Rahmen der Unternehmensführung zu berücksichtigen, normiert Art. 25 I der vorgeschlagenen EU-Richtlinie zur Corporate Sustainability Due Diligence (CSDDD-E) eine explizite Pflicht für Unternehmensleiter, bei Entscheidungen im Unternehmensinteresse auch Nachhaltigkeitsaspekte, insbesondere die Auswirkungen auf Menschenrechte und Umwelt, in Betracht zu ziehen[263]. Auch wenn diese Vorgabe durch die geplante Umsetzung in nationales Recht vermutlich bereits der herrschenden Meinung im deutschen Unternehmensrecht entsprechen dürfte[264], wirft sie dennoch für die Geschäftsführung der betroffenen Unternehmen zusätzliche Folgeprobleme auf.

Die Einführung dieser Verpflichtung bedeutet, dass Geschäftsleiter künftig nicht nur wirtschaftliche Interessen im engen Sinne, sondern auch Nachhaltigkeitsaspekte systematisch in ihre Entscheidungen integrieren müssen. Dies könnte zu Konflikten zwischen kurzfristigen ökonomischen Interessen und langfristigen Nachhaltigkeitszielen führen. Insbesondere stellt sich die Frage, in welchem Maße und in welcher Form diese Kriterien in die unternehmerische Entscheidungsfindung einfließen sollen, um sowohl den gesetzlichen Anforderungen gerecht zu werden als auch den wirtschaftlichen Erfolg des Unternehmens zu sichern.

Ein zentrales Problem in der Praxis ist die Frage, ob der Vorstand soziale und ökologische Belange auch dann priorisieren darf, wenn daraus weder kurz- noch

260 ebd.

261 Walden, NZG 2020, 50 [58]; BGH, NZG 2018, 1189 [1195] Rn. 54

262 vgl. BGH, ebd

263 Burchardi, NZG 2022, 1467 [1472]; Hübner/Habrich/Weller, NZG 2022, 644 [650]

264 Burchardi, ebd.

langfristig wirtschaftliche Vorteile für das Unternehmen resultieren[265]. Ein Argument hierfür ist, dass nur so der Begriff der „nachhaltigen Entwicklung“ im Sinne des § 87 I 2 AktG eine eigenständige Bedeutung erhält, während das Verfolgen langfristig rentabler ökologischer und sozialer Ziele (win-win-Situation) bereits unter den Begriff der „langfristigen Entwicklung“ subsumiert werden kann[266].

Ein weiteres praktisches Problem besteht darin, dass Nachhaltigkeitsberichte oft unklar lassen, ob und in welchem Umfang die berichteten Nachhaltigkeitsmaßnahmen die Rentabilität des Unternehmens beeinträchtigen oder ob sie langfristig zu einer Verbesserung der wirtschaftlichen Situation führen[267].

Da ESG- und CSR-Ziele sich nicht ausschließlich anhand ökonomischer oder renditeorientierter Kriterien bewerten lassen, stellt sich zudem die Frage nach der konkreten Bemessung solcher Ziele. Hierbei stellt sich die Herausforderung, welche quantitativen oder qualitativen Kriterien zur Bestimmung der Nachhaltigkeit dieser Ziele herangezogen werden sollten. Eine Referenz hierfür bieten die nichtfinanziellen Leistungsindikatoren gemäß § 289c III Nr. 5 HGB, die für die Geschäftstätigkeit der Kapitalgesellschaft von Bedeutung sind[268].

Jedoch kann das Risiko von irreführenden Angaben bezüglich der ökologischen Werthaltigkeit von Investitionen (sog. „Greenwashing“) entstehen. Dabei könnten Investoren über den tatsächlichen ökologischen Wert von Investments getäuscht werden[269]. Wird eine Kapitalanlageentscheidung auf Grundlage von Greenwashing getroffen, könnten strafrechtliche Konsequenzen nach § 264a StGB oder zivilrechtliche Prospekthaftung folgen[270]. Verantwortlich sind dabei sowohl der Emittent als auch der Prospektverantwortliche, und unter Umständen auch Akteure im Kapitalanlagevertrieb, sofern sie wissentlich beteiligt waren[271]. In diesem Zusammenhang ist zu beachten, dass die EU-Kommission bereits Kriterien gegen irreführende Umweltaussagen vorgeschlagen hat, wobei die „Green Claims“-Richtlinie noch vom EU-Parlament und dem Rat verabschiedet werden muss[272].

Des Weiteren können zwischen verschiedenen ESG-Zielen Konflikte auftreten. Der Vorstand hat die Pflicht, solche divergierenden Interessen sorgfältig

---

265 sog. lose-win-Situation; vgl. Walden, NZG 2020, 50 [57/58]
266 Walden, NZG 2020, 50 [58]
267 Schön, ZfPW 2022, 207 [249]
268 Walden, NZG 2020, 50 [58]
269 Schön, ZfPW 2022, 207 [221]
270 Mosbacher, NJW 2023, 14 [17]
271 ebd. [8]
272 becklink 2026566, 23. März 2023

gegeneinander abzuwägen und im Sinne einer „praktischen Konkordanz" zu einem Ausgleich zu bringen[273]. Die Verfolgung von ESG-Zielen darf jedoch nicht die Rentabilität oder den Fortbestand des Unternehmens gefährden. ESG-Kriterien und Nachhaltigkeit können nicht als Rechtfertigung für unternehmerisches Scheitern herangezogen werden[274]. In Fällen von Zielkonflikten kann eine gesetzliche Regelung erforderlich sein. So räumt die EU-Taxonomie-Verordnung dem Klimaschutz Vorrang gegenüber anderen Zielen wie der Wahrung von Menschenrechten ein[275].

Der Verweis auf das Konzept eines über die reine Gewinnerzielung hinausgehenden Corporate Purpose[276] – wonach „die Gesellschaft und ihre Organe in ihrem Handeln die Rolle des Unternehmens in der Gesellschaft und ihre gesellschaftliche Verantwortung bewusst berücksichtigen sollen"[277] – bietet als Handlungsvorgabe für den Vorstand keine ausreichende Konkretisierung. Insbesondere bleibt offen, in welchem Umfang und in welcher Form Nachhaltigkeitsaspekte gegenüber den wirtschaftlichen Interessen des Unternehmens in der Praxis abgewogen werden sollen. Dieser fehlende Klarheitsgrad erschwert es, klare Leitlinien für die Unternehmensführung im Hinblick auf die Berücksichtigung von Nachhaltigkeitsbelangen festzulegen.

In vielen Fällen fehlen den Unternehmen umfassende Informationen über die Bedingungen, unter denen ihre Lieferanten und deren Vorlieferanten arbeiten. In Ländern mit schwachen Rechtsdurchsetzungen oder mangelnden Umweltstandards kann es schwierig sein, verlässliche Daten über Umwelt- oder Sozialpraktiken der Lieferanten zu erhalten. Der Aufbau von Transparenz in den Lieferketten wird eine der zentralen Herausforderungen für Unternehmen sein, die den Anforderungen der CSDDD nachkommen müssen.

Unternehmen werden gezwungen sein, umfassende Due-Diligence-Prüfungen durchzuführen, um die Einhaltung der ESG-Kriterien entlang der gesamten Lieferkette zu gewährleisten. Dies erfordert eine erhöhte Zusammenarbeit mit Lieferanten und die Einführung regelmäßiger Audits. Dabei müssen Unternehmen sicherstellen, dass die Audits nicht nur auf direkte Lieferanten beschränkt bleiben, sondern auch auf Subunternehmer und vorgelagerte Lieferanten ausgeweitet werden.

273 Dörrwächter, NZG 2022, 1083 [1091]
274 ebd. [1092]
275 Schön, ZfPW 2022, 207 [244/245]
276 MüKoAktG/Spindler, AktG § 76 Rn. 122; Habersack in FS Windbichler 2020, 707 ff.
277 vgl. DCGK 2022, Präambel Abs. 2 S. 1

Erhöhung der Compliance-Kosten:

Die Einhaltung von ESG-Vorschriften und die Anpassung an die CSDDD führen oft zu erhöhten Compliance-Kosten für Unternehmen. Diese Kosten können sich durch die folgenden Faktoren ergeben:

Überwachung und Auditierung:

Die Einführung von Überwachungssystemen, die ESG-Risiken in Echtzeit erfassen, sowie die Durchführung regelmäßiger Audits entlang der Lieferkette erfordern erhebliche finanzielle und personelle Ressourcen. Unternehmen müssen in Softwarelösungen, Schulungen und Personal investieren, um die Anforderungen zu erfüllen.

Vertragsmanagement und rechtliche Beratung:

Die Komplexität der Lieferketten bedeutet, dass Unternehmen ihre Verträge mit Lieferanten anpassen müssen, um ESG-Standards und Sorgfaltspflichten zu integrieren. Dies erfordert zusätzliche rechtliche Beratungen und eine sorgfältige Überprüfung bestehender Vereinbarungen, um sicherzustellen, dass die neuen Regelungen auch juristisch durchsetzbar sind.

Langfristige Lieferantenbeziehungen: Unternehmen, die feststellen, dass bestimmte Lieferanten nicht bereit oder in der Lage sind, die ESG-Standards zu erfüllen, stehen vor der Herausforderung, ihre Lieferketten anzupassen. Dies kann zu einer Neuausrichtung der Lieferantenbasis führen, was kurzfristig zusätzliche Kosten verursacht, bis neue, zuverlässige Partner gefunden sind.

7.7.2 Unterschiedliche regulatorische Anforderungen in verschiedenen Ländern

Unternehmen, die global tätig sind, müssen sich auf unterschiedliche regulatorische Anforderungen einstellen, die in den jeweiligen Ländern gelten. Während die CSDDD eine umfassende Regelung für die Europäische Union darstellt, existieren ähnliche Regelungen auch in anderen Ländern, oft mit leicht abweichenden Anforderungen.

Kollidierende Regulierungen: Unternehmen, die in mehreren Jurisdiktionen tätig sind, müssen möglicherweise mit widersprüchlichen oder nicht vollständig kompatiblen Vorschriften umgehen. Zum Beispiel können ESG-Vorgaben in der Europäischen Union strenger sein als in anderen Ländern, was es erforderlich macht, Compliance-Systeme so anzupassen, dass sie mehrere gesetzliche Rahmenbedingungen erfüllen.

Unterschiedliche Durchsetzung: In manchen Ländern sind die ESG-Vorschriften zwar vorhanden, aber die Durchsetzung ist weniger streng. Unternehmen könnten in solchen Ländern auf geringe ESG-Compliance bei ihren lokalen Lieferanten stoßen, was das Risiko erhöht, in ihrer Lieferkette auf Verstöße zu stoßen.

7.7.3 Messbarkeit und Berichterstattung von ESG-Kennzahlen

Eine weitere Herausforderung, insbesondere für börsennotierte Unternehmen, ist die Messbarkeit von ESG-Kennzahlen und die Frage, wie diese in die Berichterstattung integriert werden können. Die Anforderungen an Transparenz und Berichterstattung steigen, was es notwendig macht, ESG-Leistungskennzahlen (KPIs) zu entwickeln, die leicht verständlich und vergleichbar sind.

Datenverfügbarkeit und Qualität: ESG-Kennzahlen wie CO_2-Fußabdruck, Wasserverbrauch oder Diversitätsquote müssen präzise erfasst und auf einer soliden Datengrundlage berechnet werden. Viele Unternehmen haben jedoch Schwierigkeiten, Zugang zu den erforderlichen Daten zu erhalten, insbesondere wenn diese von externen Partnern oder Lieferanten stammen.

Harmonisierung der Berichtsstandards: Auf internationaler Ebene existieren verschiedene Standards zur ESG-Berichterstattung, wie die Global Reporting Initiative (GRI), der UN Global Compact oder der Sustainability Accounting Standards Board (SASB). Unternehmen müssen sich entscheiden, nach welchem Standard sie berichten wollen, und gleichzeitig sicherstellen, dass sie den Anforderungen unterschiedlicher Stakeholder, Regulierungsbehörden und Investoren gerecht werden.

Grünes Marketing und Greenwashing: Unternehmen, die ihre ESG-Leistungen nach außen kommunizieren, müssen darauf achten, nicht in den Verdacht des Greenwashing zu geraten – d.h., sich umwelt- oder sozialfreundlicher darzustellen, als sie es tatsächlich sind. Eine glaubwürdige und transparente Berichterstattung, die auf belastbaren Daten beruht, ist entscheidend, um Vertrauen aufzubauen und rechtlichen Risiken zu entgehen.

7.7.4 Chancen durch die Implementierung von ESG und CSDDD

Obwohl die Umsetzung der ESG-Kriterien und die Anpassung an die CSDDD eine Herausforderung darstellen, bieten diese Entwicklungen auch zahlreiche Chancen für Unternehmen.

Wettbewerbsvorteile:

Unternehmen, die ESG-Standards erfolgreich integrieren und eine nachhaltige Unternehmensstrategie verfolgen, können sich im Markt als verantwortungsbewusste und zukunftsorientierte Akteure positionieren. Dies stärkt die Reputation und kann zu Wettbewerbsvorteilen führen, insbesondere bei Kunden, Investoren und Geschäftspartnern, die Nachhaltigkeit als ein entscheidendes Kriterium betrachten.

Investorenanreize:
Mit der zunehmenden Bedeutung von nachhaltigen Investitionen gewinnen Unternehmen, die solide ESG-Praktiken implementieren, das Vertrauen von ESG-Investoren. Diese Anleger achten auf Unternehmen, die langfristig verantwortungsvoll handeln und sowohl finanzielle als auch nicht-finanzielle Risiken berücksichtigen.

Risikominimierung:
Die Integration von ESG-Faktoren in das RMS kann Unternehmen helfen, langfristige Risiken wie den Klimawandel, regulatorische Veränderungen und sozialen Widerstand besser zu steuern. Unternehmen, die ESG-Risiken frühzeitig identifizieren und managen, können teure regulatorische Strafen, Reputationsschäden und Marktveränderungen vermeiden.

Mitarbeiterbindung und Talentgewinnung:
Immer mehr Arbeitnehmer legen Wert auf die Nachhaltigkeit und soziale Verantwortung ihres Arbeitgebers. Unternehmen, die ESG-Praktiken vorantreiben, können hochqualifizierte Talente anziehen und die Mitarbeiterbindung verbessern. Nachhaltigkeit und ethische Standards sind entscheidende Faktoren für die Unternehmenskultur und können die Zufriedenheit der Belegschaft erheblich steigern.

7.8 Schlüsselelemente der ESG-Implementierung

Die Implementierung von ESG-Kriterien und die Einhaltung der Anforderungen der geplanten CSDDD stellen Unternehmen vor erhebliche Herausforderungen in den Bereichen Lieferkettenmanagement, Compliance-Kosten und Datenverfügbarkeit. Gleichzeitig eröffnen sich durch eine erfolgreiche Integration von ESG-Faktoren und einer nachhaltigen Unternehmensstrategie jedoch bedeutende Chancen, die die Wettbewerbsfähigkeit, die Risikominimierung und die langfristige Marktposition stärken können.

Die Unternehmen müssen diese neuen regulatorischen und sozialen Anforderungen proaktiv in ihre Compliance-, Risiko- und Kontrollsysteme integrieren, um zukunftssicher und nachhaltig agieren zu können. Dabei spielt die Transparenz der ESG-Berichterstattung eine entscheidende Rolle, um sowohl gesetzliche Vorgaben zu erfüllen als auch das Vertrauen von Investoren und Stakeholdern zu gewinnen.

Das am 1. Januar 2023 in Kraft getretene Lieferkettensorgfaltspflichtengesetz (LkSG) verpflichtet Unternehmen gem. § 3 Abs. 1 LkSG, menschenrechtliche und umweltbezogene Sorgfaltspflichten entlang ihrer Lieferketten wahrzunehmen. Unternehmen müssen nicht nur Risiken identifizieren und mindern, sondern auch Maßnahmen zur Abhilfe ergreifen, um Verstöße gegen Menschenrechte und Umweltvorgaben zu verhindern. Diese Sorgfaltspflichten gem. § 6 LkSG erstrecken sich über die internen Strukturen des Unternehmens hinaus auf die gesamte Lieferkette, was sowohl die Unternehmen selbst als auch deren Zulieferer vor erhebliche Herausforderungen stellt.

Zusätzlich zu diesen regulatorischen Anforderungen gibt es weitere Vorschriften im Bereich „Social“ und „Governance“, etwa durch die Geldwäsche- und Whistleblower-Richtlinien. Auch die Richtlinie über unlautere Geschäftspraktiken im binnenmarktinternen Geschäftsverkehr gehört hierzu. Vor kurzem wurde zudem eine vorläufige Einigung über die CSDDD erzielt, eine weitreichende Richtlinie, die eine allgemeine Pflicht für Unternehmensleiter einführt, die Folgen ihrer Entscheidungen für Nachhaltigkeit, Menschenrechte, den Klimaschutz und die Umwelt zu berücksichtigen[278].

Die Reichweite der CSDDD wird den Kreis der betroffenen Unternehmen deutlich erweitern. Bereits ab 500 Mitarbeitern und einem weltweiten Umsatz von über 150 Millionen Euro wird die Richtlinie gelten. Für Nicht-EU-Unternehmen greift sie, sofern diese einen Umsatz von über 150 Millionen Euro innerhalb der EU erwirtschaften[279]. Mit der CSDDD werden nicht nur strengere ESG-Verpflichtungen eingeführt, sondern auch die Konsequenzen bei Nichteinhaltung verschärft. Unternehmen können zukünftig vor europäischen Gerichten zur Verantwortung gezogen werden, wenn es zu Menschenrechtsverletzungen in ihren Lieferketten kommt oder Klimaziele nicht erreicht werden. Neben empfindlichen finanziellen Sanktionen könnte auch der Abbruch von Geschäftsbeziehungen zu nicht konformen Geschäftspartnern notwendig werden[280].

---

278 MüKoAktG/Spindler, § 93 AktG Rn. 246

279 Art. 2 CSDDD-E; vgl. auch Roeder/Werthmüller/Schlutz/Havlik CCZ 2024, 13

280 Art. 7 Abs. 5 CSDDD-E

Die CSDDD zielt darauf ab, Unternehmen stärker an internationale Verpflichtungen wie das Pariser Abkommen und die Achtung der Menschenrechte zu binden. Insbesondere große Unternehmen werden verpflichtet, ihre Umwelt- und Klimastrategie in Form eines Transition Plans zu formulieren, der die Begrenzung der Erderwärmung auf unter 1,5 Grad unterstützt[281]. Die Richtlinie strebt zudem an, die Ausbeutung von Kinder- und Zwangsarbeit, auch außerhalb der EU, zu unterbinden[282]. Die CSDDD übertrifft dabei in ihrem Anwendungsbereich das LkSG, welches erst seit einem Jahr in Kraft ist, und wird deutlich mehr Unternehmen betreffen. Ein wesentlicher Unterschied besteht auch darin, dass Unternehmen künftig zivilrechtlich haftbar gemacht werden können und somit Schadenersatzpflichten unterliegen, wenn sie gegen ihre Sorgfaltspflichten verstoßen[283].

Insgesamt zeigt sich ein starker gesetzgeberischer Wille auf nationaler und internationaler Ebene, die Ziele des Klimaschutzes, der Nachhaltigkeit und der Menschenrechte nicht nur rechtlich zu verankern, sondern durch konkrete Handlungspflichten deren wirksame Umsetzung sicherzustellen[284].

Dies verdeutlicht, warum im Rahmen der ESG Due Diligence insbesondere die Compliance-Maßnahmen des zu erwerbenden Unternehmens im Hinblick auf die relevanten ESG-Vorschriften sorgfältig geprüft werden müssen.[285]

7.9 Einrichtung von Corporate Governance-Systemen

Zu differenzieren sind zivilrechtliche Haftungsrisiken sowohl für die Gesellschaft als auch für die Geschäftsleiter sowie die Gefahr adminAbbilistrativer Sanktionen gegen Unternehmen und ihre leitenden Organe[286]. Diese Risiken können durch regulatorische Verstöße, aber auch durch externe Berichterstattung und Marktaktivitäten verschärft werden, insbesondere durch Leerverkaufsattacken, die durch negative Berichte ausgelöst werden.

Ein prägnantes Beispiel dafür ist der im Oktober 2022 vom NDR veröffentlichte Bericht über potenzielle Menschenrechtsverletzungen in den Lieferketten von

281 Art. 15 Abs. 3 CSDDD-E
282 Roeder/Werthmüller/Schlutz/Havlik, CCZ 2024, 13, (17)
283 Art. 22 Abs. 1 CSDDD-E
284 Schön, ZfPW 2022, 207 [244/245]; vgl. auch Weitnauer GWR 2023, 239
285 Roeder/Werthmüller/Schlutz/Havlik, CCZ 2024, 13, (17)
286 Weitnauer, GWR 2023, 239, (242)

Puma, Adidas und Hugo Boss.[287] Obwohl das Lieferkettensorgfaltspflichtengesetz (LkSG) zu diesem Zeitpunkt noch nicht in Kraft war, standen diese Unternehmen unter erheblichem Druck, die erhobenen Vorwürfe zu widerlegen.[288] Diese Berichterstattung hatte unmittelbare Auswirkungen auf den Aktienkurs: Puma (s. Abbildung 4) und Adidas (siehe Abbildung 3) verzeichneten Kursverluste von bis zu 20%.

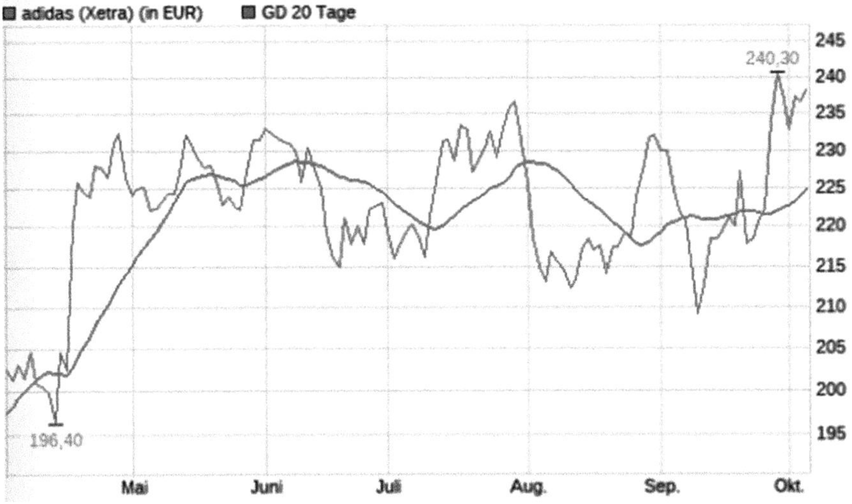

Abbildung 3: Adidas-Aktie[289]

287 https://www.ndr.de/fernsehen/sendungen/panorama/archiv/2022/Adidas-Hugo-Boss-Puma-Baumwolle-aus-Zwangsarbeit,zwangsarbeit262.html (letzter Zugriff: 30.10. 2024)

288 https://report.adidas-group.com/2022/de/konzernlagebericht-unser-unternehmen/nachhaltigkeit/soziale-auswirkungen.html (letzter Zugriff: 30.10.2024)

289 https://www.boerse.de/aktien/Adidas-Aktie/DE000A1EWWW0 (letzter Zugriff: 29.10.2024)

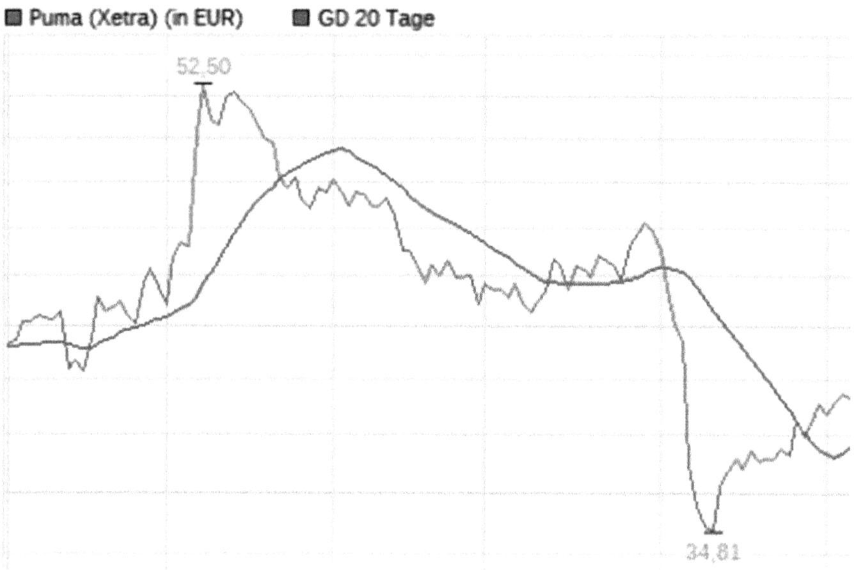

Abbildung 4: Puma Aktie[290]

Solche Fälle verdeutlichen, dass öffentlich gewordene Compliance-Verstöße oder Vorwürfe, insbesondere im Hinblick auf Menschenrechte oder Nachhaltigkeit, signifikante Marktrisiken für Unternehmen schaffen können.

Die neuen regulatorischen Vorgaben, wie die Corporate Sustainability Reporting Directive (CSRD), die Corporate Sustainability Due Diligence Directive (CSDDD) sowie das Lieferkettensorgfaltspflichtengesetz (LkSG), schaffen potenzielle Angriffspunkte für Leerverkaufsaktivisten. Diese Akteure richten ihren Fokus häufig auf Unternehmen, die aufgrund regulatorischer Verstöße oder negativer öffentlicher Berichterstattung unter Druck geraten, um von fallenden Aktienkursen zu profitieren. Besonders die erweiterten Berichtspflichten sowie Sorgfaltspflichten im Hinblick auf Menschenrechte und Umweltstandards entlang der Lieferketten eröffnen neue Risikofelder, die von Leerverkäufern ausgenutzt werden können. Daher sind Unternehmen angehalten, ihre Compliance- und Risikomanagementsysteme zu aktualisieren, um auf die neuen Herausforderungen

290 https://www.boerse.de/aktien/Puma-Aktie/DE0006969603 (letzter Zugriff: 29.10.2024)

durch ESG-Risiken vorbereitet zu sein und sich gleichzeitig gegen potenziell unbegründete Anschuldigungen zu wappnen.[291]

Im Kontext von ESG-Kriterien können Leerverkäufe zusätzliche Risiken mit sich bringen. Leerverkäufe, die seit jeher als umstrittenes Instrument gelten, ermöglichen es Marktteilnehmern, von fallenden Kursen zu profitieren. Dies verleiht ihnen sowohl eine spekulative als auch absichernde Funktion, was in Kombination mit ESG-Risiken neue Unsicherheiten und potenzielle Kritik hervorruft. Vorwürfe im Zusammenhang mit ESG sind leicht in die Welt gesetzt, aber fehlen wirksame Überwachungssysteme, schwer zu widerlegen. Dies birgt erhebliche Risiken für die Marktstabilität, insbesondere durch ungedeckte Leerverkäufe, die zu Marktmanipulationen führen können. Die Europäische Union hat auf diese Risiken mit der Verordnung (EU) Nr. 236/2012 über Leerverkäufe und bestimmte Aspekte von Credit Default Swaps reagiert, die unter anderem die Transparenz von Leerverkäufen sicherstellt. Dieses Kapitel analysiert auch die Notwendigkeit dieser Regulierung, das Risikoprofil von Leerverkäufen und diskutiert Reformvorschläge zur Verbesserung des Schutzes vor spekulativen Leerverkaufsattacken.

Die Darstellung der aktuellen Regulierung im Bereich der Leerverkäufe hat gezeigt, dass bestehende Gesetze wie die EU-Leerverkaufsverordnung und das WpHG zwar wichtige Rahmenbedingungen schaffen, aber in der Praxis nicht immer ausreichen, um Unternehmen vor den Risiken gezielter Leerverkaufsattacken zu schützen. Besonders deutlich wird dies bei den Fällen von koordinierten Attacken, die oft durch die Kombination von Leerverkaufspositionen und negativer Berichterstattung zu erheblichen Kurseinbrüchen führen. Unternehmen wie Wirecard, Grenke und Mutares zeigen, dass Unternehmen in der modernen Finanzwelt jederzeit zur Zielscheibe von Short-Seller-Aktivisten werden können.

Es stellt sich daher die Frage, welche zusätzlichen rechtlichen Maßnahmen erforderlich sind, um den Markt vor Missbrauch zu schützen, und wie Unternehmen sich intern aufstellen müssen, um präventiv gegen solche Attacken gewappnet zu sein. Neben der Erweiterung bestehender Gesetze sind auch klare, praxisnahe Handlungsempfehlungen für Unternehmen notwendig, damit sie ihre Compliance- und Risikomanagementsysteme (CMS und RMS) verbessern können. Dies erfordert eine enge Verzahnung zwischen den regulatorischen Vorgaben und den internen Prozessen der Unternehmen.

In diesem Abschnitt werden konkrete Handlungsvorschläge erarbeitet, die darauf abzielen, sowohl den Gesetzgeber als auch Unternehmen in die Lage zu

---

291 Roeder/Werthmüller/Schlutz/Havlik: CCZ 2024, 13

versetzen, effizient auf die Gefahren von Leerverkaufsattacken zu reagieren. Der Fokus liegt dabei auf präventiven Maßnahmen, die Unternehmen ergreifen können, sowie auf notwendigen rechtlichen Anpassungen, die das bestehende Regulierungsnetz verstärken.

7.10 Integration von ESG-Anforderungen und externe Prüfungen

Haftungsrisiken bei Verstößen gegen ESG-Vorgaben: Die Nichteinhaltung von ESG-Standards, wie sie durch die CSDDD und die CSRD gefordert werden, kann schwerwiegende finanzielle und rechtliche Konsequenzen nach sich ziehen. Insbesondere bei Versäumnissen in der Lieferkettensorgfalt oder bei der Nachhaltigkeitsberichterstattung drohen Bußgelder und Reputationsverluste, die die Geschäftsleitung haftbar machen können.[292]

Die Einhaltung von ESG-Anforderungen und die regelmäßige externe Prüfung der entsprechenden Prozesse sind unerlässlich, um die Rechtssicherheit zu gewährleisten und das Risiko von Angriffen durch Leerverkäufer zu minimieren. Eine regelmäßige Zertifizierung der ESG-Compliance durch externe Prüfer schafft Vertrauen bei Investoren und schützt das Unternehmen vor rechtlichen und finanziellen Konsequenzen.[293]

7.11 Reformvorschläge zur Verbesserung des Schutzes vor Leerverkaufsattacken

Trotz der bestehenden Regulierungen zeigen Beispiele wie die Wirecard AG, die Grenke AG oder jüngst Murates SE & CO KG, dass Unternehmen weiterhin anfällig für spekulative Leerverkaufsattacken sind. Diese Vorfälle haben die Diskussion über die Wirksamkeit der EU-Leerverkaufsverordnung und den Handlungsbedarf für weitere Reformen erneut angefacht.

7.12 Erweiterte Befugnisse für Aufsichtsbehörden

Eine Möglichkeit, Unternehmen besser vor unbegründeten Leerverkaufsattacken zu schützen, besteht in der Erweiterung der Befugnisse von Aufsichtsbehörden wie der BaFin oder der ESMA. Diese könnten in die Lage versetzt werden, den Handel mit Aktien eines Unternehmens temporär auszusetzen, sobald es

292 Klöhn/Schmolke: NZG 2015, 689, BGH, Urt. v. 8.7.2014 – II ZR 174/13
293 Bartz/Schenkel/Reda: CCZ 2021, 189

Anzeichen für spekulative Angriffe gibt. § 25 BörsG und § 73 WpHG könnten dahingehend ergänzt werden, dass eine Handelsaussetzung auch dann möglich ist, wenn ungedeckte Leerverkäufe das Vertrauen in den Markt erschüttern, ohne dass vorherige Meldeschwellen überschritten werden.[294]

7.13 Transparenzpflichten und Sanktionen

Die Transparenzpflichten für Leerverkäufe wurden verbessert und es wurden weitere Maßnahmen, wie bereits in der Literatur gefordert, ergriffen.[295] Während der COVID-19-Krise hat die Europäische Wertpapier- und Marktaufsichtsbehörde (ESMA) im März 2020 den Schwellenwert für die Meldung von Netto-Leerverkaufspositionen von 0,2% auf 0,1% gesenkt.[296] Diese Maßnahme zielte darauf ab, in Zeiten erhöhter Marktvolatilität eine engere Überwachung spekulativer Aktivitäten zu ermöglichen und potenzielle Marktmanipulationen frühzeitig zu erkennen. Diese Anpassung zeigt, wie flexibel die EU-Leerverkaufsverordnung auf Marktbedingungen reagieren kann, um die Stabilität der Finanzmärkte zu gewährleisten.

7.14 Bedeutung für Leerverkäufe

Leerverkäufe sind ein notwendiges Instrument, um die Effizienz der Finanzmärkte zu gewährleisten, indem sie zu einer schnelleren Preisanpassung und einer verbesserten Marktliquidität beitragen. Doch angesichts ihrer potenziellen destabilisierenden Effekte ist eine Regulierung unabdingbar. Die EU-Leerverkaufsverordnung bietet einen soliden Rahmen, der jedoch weiterentwickelt werden muss, um Unternehmen besser vor spekulativen Angriffen zu schützen. Die vorgeschlagenen Reformen, wie erweiterte Befugnisse der Aufsichtsbehörden und eine Verschärfung der Meldepflichten, könnten zur Stärkung der Marktstabilität und des Anlegerschutzes beitragen.

---

294 Schlimbach,F. 50

295 ebd., 211

296 https://www.esma.europa.eu/press-news/esma-news/esma-proposes-lowering-reporting-threshold-net-short-positions-01-permanent (Zugriff 29.10.2024)

§ 8 Leerverkaufsattacken auf deutsche Unternehmen: Eine vergleichende Analyse

8.1 Fälle in Deutschland

In den letzten Jahren haben Leerverkaufsattacken auf deutsche Unternehmen zunehmend für Aufsehen gesorgt. Drei prominente Fälle – Mutares, Grenke und Wirecard – verdeutlichen die Mechanismen und potenzielle Auswirkungen solcher Angriffe auf den Kapitalmarkt.

8.1.1 Der Fall Mutares (2024)

Am 26. September 2024 veröffentlichte der Leerverkäufer Gotham City Research unter der Leitung von CEO Daniel Yu einen kritischen 54-seitigen Bericht über den Münchner Finanzinvestor Mutares. Die Hauptvorwürfe betreffen die Bilanzierungspraktiken des Unternehmens, insbesondere die Gewinnerzielung durch Beratungsgebühren an Portfoliounternehmen sowie die zunehmende Verschuldung.

Gotham City Research gab an, Leerverkaufspositionen von insgesamt 1,1% des Grundkapitals von Mutares aufgebaut zu haben. Als Reaktion auf den Bericht fiel die Mutares-Aktie zeitweise um bis zu 27–28% auf ein Jahrestief von 18,64 Euro.

Mutares wies die Vorwürfe unmittelbar zurück und erklärte, Gotham City Research stelle bekannte Fakten „irreführend dar" und verzerre die Sachlage, um den Kurs zu drücken.

Noch am selben Vormittag meldete Mutares, dass die Familie Anteile im Umfang von rund 320.000 Euro erworben habe. Vorstandsmitglied Johannes Laumann und Aufsichtsratschef Volker Rofalski erwarben ebenfalls in geringerem Umfang weitere Aktien.[297] Dennoch war dies kaum spürbar im Aktienkurs.

8.1.2 Der Fall Grenke (2020)

Im September 2020 wurde der Leasinganbieter Grenke AG Ziel einer Leerverkaufsattacke durch die Investorengruppe Viceroy Research um den Leerverkäufer

297 https://de.marketscreener.com/kurs/aktie/MUTARES-SE-CO-KGAA-45615650/news/Mutares-kontert-Shortseller-Vorwurfe-Vorstandschef-verlangert-47953774/ (letzter Zugriff: 30.10.2024)

Fraser Perring. Viceroy Research beschuldigte Grenke der Bilanzfälschung und der Beihilfe zur Geldwäsche.[298]

Als Folge dieser Anschuldigungen fiel der Aktienkurs von der Grenke AG innerhalb von zwei Tagen um etwa 49%.[299] Grenke wies die Vorwürfe zurück und betonte die Existenz der angezweifelten liquiden Mittel, welche auch später durch die Sonderprüfer bestätigt wurden.

Die Bundesanstalt für Finanzdienstleistungsaufsicht (BaFin) ordnete eine Sonderprüfung an, die zwar Mängel in einigen Bereichen aufdeckte, aber die Kernvorwürfe nicht bestätigte. Der Abschluss der Sonderprüfung dauerte 2 Jahre.

Familie Grenke kaufte nach der Leerverkaufsattacke im Jahr 2020 Aktien der Grenke AG, um das Vertrauen in das Unternehmen zu stärken und den Kurs zu stabilisieren. Wolfgang Grenke, der Gründer und stellvertretende Vorsitzende des Aufsichtsrats, erwarb eine signifikante Anzahl von Aktien. Dies war eine klare Botschaft, dass das Management und die Familie hinter dem Unternehmen standen und die Vorwürfe der Short-Seller als unbegründet betrachteten. Die Aktienkäufe sollten dazu beitragen, den Kurs zu stabilisieren und das Vertrauen der Anleger in das Unternehmen wiederherzustellen.[300]

Frömel argumentiert, dass der Fall Grenke die Schwächen des bestehenden Regulierungsrahmens aufzeigt, insbesondere im Hinblick auf die Transparenzpflichten für Leerverkäufer und die Reaktionsmöglichkeiten der Aufsichtsbehörden.[301]

Die BaFin leitete zwar Untersuchungen ein und das Unternehmen widersprach der Berichterstattung, Hauptaktionäre kauften auch zur Stabilisierung des Kurses Aktien, dennoch konnte nicht verhindert werden, dass die Grenke AG erhebliche Reputations- und finanzielle Schäden erlitt. Der Gewinner blieb der Leerverkäufer.

Der Fall der Grenke AG zeigt deutlich, wie spekulative Leerverkäufe gezielt auf vermeintliche Schwächen in der Unternehmensführung abzielen, darunter auch Nachhaltigkeitsverstöße. Im Zuge der Short-Seller-Attacke von Viceroy Research wurden der Grenke AG unter anderem Vorwürfe im Bereich der Bilanzierung und der Compliance gemacht. Die zunehmende Bedeutung von ESG-Kriterien als Angriffspunkte für spekulative Angriffe wurde in diesem Fall besonders deutlich, da fehlende Informationen zu den Nachhaltigkeitspraktiken des Unternehmens von Short-Sellern genutzt wurden, um den Markt zu manipulieren. Mit der

---

298 Schlimbach, F. (2015). 156

299 Frömel, L. (2022). 126.

300 https://www.grenke.com/de/grenke-aktuell/news-meldungen/2020/21.09.2020---familie-grenke-bekraeftigt-bekenntnis-zum-unternehmen/

301 siehe Fn. 120

Einführung der CSRD steigt die Bedeutung solcher ESG-Risiken erheblich, da Unternehmen künftig detaillierte und geprüfte Nachhaltigkeitsberichte vorlegen müssen. Ein mangelhaftes Management dieser Berichte könnte ähnliche Attacken in der Zukunft begünstigen.[302]

8.1.3 Der Fall Wirecard (2020)

Der Zahlungsdienstleister Wirecard war im Juni 2020 Gegenstand massiver Leerverkäufe, nachdem Unregelmäßigkeiten in der Bilanz aufgedeckt wurden. Der Aktienkurs stürzte an einem Tag von über 100 Euro auf etwa 35 Euro – ein Minus von mehr als 65%.

Im Gegensatz zum Fall Grenke und vermutlich im Fall Mutares erwiesen sich die Vorwürfe gegen Wirecard als zutreffend, was schließlich zur Insolvenz des Unternehmens führte. Betrachtet man nur die Fälle, in denen berechtigterweise Unregelmäßigkeiten aufgedeckt werden oder eine tatsächliche Überbewertung vorliegt, so kommt man wie Vollmershausen[303] zu dem Ergebnis, dass Leerverkäufe in der Begleitung negativer Berichte notwendig sind. Allerdings ist dabei zu beachten, dass die Mehrheit der Anleger nicht differenzieren können, sondern im sog. Herdenverhalten ihre Aktien verkaufen, um größeren Verlusten entgegenzuwirken.[304] Der Wirecard-Skandal ist ein besonders gravierendes Beispiel für die Auswirkungen von Leerverkaufsattacken und gleichzeitig für tatsächliche Unternehmensmissstände. Bereits 2016 wurde Wirecard Ziel von Leerverkäufern, die Unregelmäßigkeiten in der Bilanzierung vermuteten.[305] Die BaFin reagierte zunächst mit einem temporären Leerverkaufsverbot, was sich im Nachhinein als kontraproduktiv erwies.

Möllers kritisiert in diesem Zusammenhang die unzureichende Reaktion der Aufsichtsbehörden und die Schwächen im deutschen Enforcement-System.[306]

8.2 Vergleichende Analyse

Diese Fälle verdeutlichen die potenziellen Auswirkungen von Leerverkaufsattacken auf den Aktienkurs und die Reputation von Unternehmen. Während bei Wirecard tatsächlich Betrug vorlag, konnte die Grenke AG die Vorwürfe weitgehend

302 vgl. Regierungsentwurf der Richtlinie (EU) 2022/2464, Art. 19a

303 *Vollmerhausen*, Das Verbot der Marktmanipulation am Beispiel von aktivistischen Leerverkäufern.

304 *Brellochs*, Zeitschrift für Gesellschaftsrecht (ZGR) 2020, 319.

305 Möllers, NZG 2018, 649, 654.

306 ebd., 655

entkräften.[307] Mutares[308] hat die Vorwürfe als unrichtig zurückgewiesen, dennoch erlitten alle drei Unternehmen erhebliche Kursverluste.

Die Fälle unterstreichen die Notwendigkeit robuster interner Kontrollsysteme und transparenter Unternehmenskommunikation, um auf solche Angriffe angemessen reagieren zu können. Gleichzeitig werfen sie Fragen zur Regulierung von Leerverkäufen und zur Rolle der Finanzaufsicht auf. Es zeigt die Notwendigkeit einer effektiveren Regulierung und Überwachung, um sowohl ungerechtfertigte Leerverkaufsattacken als auch tatsächliche Unternehmensmissstände frühzeitig zu erkennen und angemessen darauf zu reagieren.

Diese Fälle verdeutlichen die Komplexität der Problematik von Leerverkaufsattacken und die Herausforderungen für Regulierungsbehörden, einen angemessenen Ausgleich zwischen Markteffzienz und Anlegerschutz zu finden.

Für eine umfassende Bewertung dieser Vorfälle ist es wichtig, sowohl die potenziell marktbereinigende Funktion von Leerverkäufen als auch die Risiken missbräuchlicher Praktiken zu berücksichtigen.

8.3 Geschäftsmodell der Leerverkaufsaktivisten

Der aktuelle Fall zwischen Mutares SE & Co. KGaA und dem Leerverkäufer Gotham City Research zeigt nun sehr deutlich die Dynamik zwischen aktivistischen Short-Sellern und börsennotierten Unternehmen. Dieser Vorfall entwickelte sich in wenigen Tagen und führte zu erheblichen Kursschwankungen der Mutares-Aktie. Im Folgenden wird der zeitliche Ablauf der Ereignisse, die Hauptvorwürfe und die Reaktionen beider Parteien dargestellt.

8.3.1 Hintergrund: Gotham City Research

Gotham City Research ist ein bekanntes Short-Selling-Unternehmen, das sich darauf spezialisiert hat, kritische Berichte über börsennotierte Unternehmen zu veröffentlichen, um von fallenden Aktienkursen zu profitieren. Vor diesem Vorfall hatte Gotham City bereits Berichte über andere Unternehmen, wie Grifols und Aurelius, veröffentlicht und dabei ähnliche Methoden angewendet.[309]

---

307 Grenke AG, GRENKE informiert über entlastende Aussagen und Kritikpunkte des Sonderprüfers der BaFin.

308 A. a. O.

309 Gotham City Research LLC, Mutares SE & Co. KGaA – Research Report.

8.3.2 Erste Leerverkaufsposition: 25. September 2024

Am 25. September 2024 legte Gotham City Research offen, dass sie eine Leerverkaufsposition von 1,094% der ausgegebenen Aktien von Mutares hielten. Diese Position wurde kurz vor der Veröffentlichung ihres Berichts aufgebaut, was darauf hindeutet, dass Gotham City den Bericht bewusst nutzte, um von einem Kursrückgang zu profitieren[310].

8.3.3 Veröffentlichung des Berichts: 26. September 2024

Am 26. September 2024 veröffentlichte Gotham City Research einen 54-seitigen Bericht, in dem sie schwerwiegende Vorwürfe gegen die Bilanzierung und das Geschäftsmodell von Mutares erhoben. Sie warfen dem Unternehmen vor, hauptsächlich durch Beratungshonorare und hohe Schulden Gewinne zu erzielen. Darüber hinaus stellten sie die Liquiditätsposition von Mutares in Frage und zogen Parallelen zu früheren Fällen wie Aurelius, bei dem Gotham City ähnliche Vorwürfe erhoben hatte[311].

8.3.4 Auswirkungen auf die Aktien von Mutares

Nach der Veröffentlichung des Berichts fiel der Kurs der Mutares-Aktien zeitweise um bis zu 27%, was die Aktie auf ein Jahrestief von 18,64 EUR drückte. Trotz einer raschen Erholung nach einem beruhigenden Statement von Mutares blieb die Aktie an diesem Tag um 14% im Minus.[312]

8.3.5 Die Reaktion von Mutares: 26. September 2024

Noch am selben Tag veröffentlichte Mutares eine erste Stellungnahme und wies die Vorwürfe von Gotham City Research entschieden zurück[313]. Sie kritisierten die einseitige Darstellung der Fakten im Bericht und wiesen darauf hin, dass ihre Transaktionen und Finanzberichte den gesetzlichen Anforderungen vollständig

310 MarketScreener. Short seller attack causes Mutares shares to plummet, 26. September 2024

311 https://www.gothamcityresearch.com/post/mutares-se-co-kgaa-research-report

312 https://www.finanzen.net/aktien/mutares-aktie (Abrufdatum: 29.09.2024)

313 https://www.finanzen.net/nachricht/aktien/eqs-news-detaillierte-stellungnahme-von-mutares-zum-research-bericht-von-gotham-city-und-der-shortattacke-sowie-den-dort-erhobenen-vorw-252-rfen-13875321 (letzer Zugriff: 30.10.2024) https://www.finanzen.net/nachricht/aktien/eqs-dd-mutares-se-co-kgaa-robin-laik-kauf-13875383

entsprächen. Mutares betonte außerdem, dass sie in den Jahren 2022 bis 2024 erfolgreiche Unternehmensverkäufe durchgeführt hätten, die Erlöse von über 200 Millionen Euro generierten. Diese Verkäufe wurden als Beleg für die Wirksamkeit ihrer Strategie angeführt.

8.3.6 Weitere Entwicklungen und rechtliche Implikationen

Mutares kündigte an, den Bericht von Gotham City Research genauer zu prüfen und gegebenenfalls weitere rechtliche Schritte einzuleiten. Aktuell gibt es bis heute (29.10.2024) keine Hinweise darauf, dass die ESMA oder BaFin aufgrund der Vorwürfe von Gotham City Research eine Untersuchung gegen Mutares oder Gotham City Research eingeleitet habe. Die Anschuldigungen beziehen sich auf Diskrepanzen in den Finanzberichten und eine wachsende Verschuldung, die angeblich mit ähnlichen Problemen anderer Firmen wie Aurelius in der Vergangenheit verglichen wurden. Mutares bestritt die Vorwürfe und erklärte die Unstimmigkeiten als Formatierungsfehler, ohne dass bislang eine offizielle Prüfung durch die Aufsichtsbehörden angekündigt wurde.

8.4 Ergebnis der Untersuchung

Der Fall Mutares und Gotham City Research ist ein klassisches Beispiel für die Spannungen zwischen aktivistischen Leerverkäufern und Unternehmen. Gotham City Research nutzte den Bericht, um ihre Leerverkaufsposition zu stärken und von einem fallenden Aktienkurs zu profitieren. Mutares hingegen reagierte schnell, indem sie die Vorwürfe als irreführend zurückwiesen und ihre eigene Wachstumsstrategie verteidigten. Der Fall bleibt ein Beispiel für die potenziellen Risiken, die durch negative Berichterstattungen und der gleichzeitigen Eingehung von Leerverkäufen,

Im Fall Mutares könnte die Leerverkaufstransaktion von Gotham City zunächst als handelsgestützte Marktmanipulation gemäß Art. 12 Abs. 1 lit. a MAR qualifiziert werden, da das Verkaufsvolumen mutmaßlich den Kurs der Aktie erheblich beeinflusste (§ 11). Zweitens erscheint die Verbreitung potenziell unrichtiger oder irreführender Informationen im Research-Bericht als möglicher Tatbestand einer informationsgestützten Marktmanipulation nach Art. 12 Abs. 1 lit. c MAR (§ 12).

Die nach Art. 6 der Leerverkaufsverordnung (LVVO) geforderten Offenlegung von Netto-Leerverkaufspositionen über 0,5% hat Gotham City durch die Meldung ihrer 1,06% Leerverkaufsposition erfüllt, sodass insoweit kein Verstoß gegen die Offenlegungspflichten vorliegt (§ 13).

Auch ein Verstoß gegen Art. 12 Abs. 2 lit. d MAR liegt nicht vor, da die Pflicht zur Offenlegung eines Interessenkonflikts aus der Leerverkaufsposition und der anschließenden Veröffentlichung von Aussagen ordnungsgemäß erfüllt wurde. Empirische Untersuchungen belegen, dass die Veröffentlichung von Research-Berichten signifikante Markteinflüsse auslöst. Beispielsweise ermittelte die Studie von Ljungqvist und Qian einen durchschnittlichen Kursrückgang von 7,51% am Veröffentlichungstag, der sich bei Verlängerung des Beobachtungszeitraums weiter verstärkte.[314] In einer ähnlichen Untersuchung analysierte Chen hunderte solcher Berichte und fand ebenfalls erhebliche Kursreaktionen. Nach einer Analyse von Zhao und Wong weisen Unternehmen nach solchen Angriffen negative betriebswirtschaftliche Effekte auf. Die Reaktionen verdeutlichen die Relevanz von Informationen und die Glaubwürdigkeit der Leerverkäufer in solchen Szenarien. Die Veröffentlichung negativer Reports diene primär dazu, das sogenannte Noise-Trader-Risiko minimiert werden. Ohne die Offenlegung besteht das Risiko, dass andere Marktteilnehmer den Aktienpreis weiter vom Fundamentalkurs abweichen lassen, indem sie entweder relevante Informationen ignorieren oder fehlerhaft interpretieren, was den Kursanstieg fördern würde. Durch die Publikation der negativen Informationen lenken aktivistische Leerverkäufer die Aufmerksamkeit auf potenzielle Risiken und weisen oftmals auf ihre eigene Short-Position hin, um die Glaubwürdigkeit ihrer Analysen zu stärken. Die Veröffentlichung unterstütze somit lediglich den Preisanpassungsprozess, sofern die Informationen korrekt sind. Ein unmittelbarer Verkaufsdruck ist eine rationale Reaktion, um potenziellen Verlusten vorzubeugen. Es werden jedoch überhaupt keine Bemühungen getätigt, aufzuklären, ob an den von Gotham City Research gemachten vorwürfen überhaupt etwas dran ist. Unternehmen werden Schutzlos Leeraktivisten ob berechtigt oder unberechtigt ausgesetzt.

Die Feststellung eines Verstoßes gegen die Vorschriften der MAR und deren Rechtsfolgen gemäß Art. 12 und 15 MAR bedürfte einer detaillierten Prüfung durch die zuständigen Behörden (§ 15).

Es zeigt auch, dass die Unternehmen solchen Geschäftspraktiken ungeschützt ausgesetzte sind. Die Situation um Mutares zeigt mehrere potenzielle Aspekte von Marktmanipulation und Leerverkaufsstrategien. Obwohl Gotham City ihre 1,1%ige Leerverkaufsposition öffentlich gemacht hat und Mutares die Vorwürfe als haltlos zurückweist, blieb eine behördliche Untersuchung von BaFin oder ESMA bisher aus. Dennoch führte die negative Berichterstattung zu erheblichen

314 *Ljungqvist/Qian*, Rev. Financ. Stud. 2016, 1975.

Kurseinbrüchen. Nun wird teilweise die Auffassung vertreten, dass die Leerverkaufs Dies unterstreicht die potenzielle Auswirkung solcher Research-Berichte auf den Markt und die Bedeutung einer klaren Regulierung und Transparenz, um Manipulationsrisiken zu mindern. Börsennotierte Unternehmen sind Schutzlos, wenn sie von Short-Sellern angegriffen werden. Es steht kein wirksames Instrument zur Verfügung, Leerverkaufsaktivisten Einhalt zu gebieten. Trotz sofortiger Gegenmaßnahmen ist ein Kursverlust nicht verhinderbar.

Die ökonomische Rechtfertigung von Leerverkäufen bleibt ein komplexes und kontroverses Thema. Während ihre Rolle für die Markteffizienz anerkannt wird, bestehen erhebliche Bedenken hinsichtlich ihrer potenziell destabilisierenden Auswirkungen und der Risiken von Marktmanipulationen.

Um die Effektivität dieser Instrumente zu erhöhen, wären folgende Anpassungen denkbar:

1. Präzisierung der Eingriffsschwellen speziell für Leerverkaufsattacken
2. Verbesserung der Informationsflüsse zwischen Unternehmen, Börsen und Aufsichtsbehörden
3. Einführung eines beschleunigten Verfahrens für temporäre Handelsaussetzungen bei Verdacht auf missbräuchliche Leerverkäufe
4. Stärkere Berücksichtigung präventiver Maßnahmen, wie die Zertifizierung von Compliance-Management-Systemen als Schutzfaktor

Diese Vorschläge müssen jedoch sorgfältig gegen das Interesse an einem freien und effizienten Kapitalmarkt abgewogen werden. Eine zu restriktive Regulierung könnte unbeabsichtigte negative Folgen für die Marktliquidität und -effizienz haben.

8.5 Maßnahmen der Marktregulierung

Im Jahr 2019 setzte die BaFin (Bundesanstalt für Finanzdienstleistungsaufsicht) den Handel mit Wirecard-Aktien zeitweise aus. Dies geschah inmitten wachsender Kritik und Berichte über mögliche Unregelmäßigkeiten in den Geschäftspraktiken des Unternehmens. Die genaue Begründung für die Aussetzung des Handels war die Untersuchung potenzieller Marktmanipulationen und Insiderhandel. Es bestand die Sorge, dass einige Marktteilnehmer versuchen könnten, den Aktienkurs gezielt zu beeinflussen.

Die BaFin begründete die Handelsaussetzung in erster Linie mit der Notwendigkeit, den Markt zu stabilisieren und potenziellen Missbrauch zu verhindern. Dieser Schritt erfolgte vor dem Hintergrund erheblicher Kursverluste und kritischer Berichte über das Unternehmen, die zu einem Vertrauensverlust führten. Das Ziel war es, den Finanzmarkt vor weiteren destabilisierenden Effekten zu schützen, während die BaFin und andere Behörden die Vorwürfe gegen Wirecard untersuchten.[315]

Diese Maßnahme war Teil eines größeren Rahmens von regulatorischen Eingriffen, der nach und nach intensiviert wurde, insbesondere als der Skandal um Wirecard in den Folgejahren eskalierte. Die BaFin machte mit ihrer Allgemeinverfügung zum Verbot der Begründung und Erhöhung von Netto-Leerverkaufsposition erstmals von ihren Befugnissen nach der Leerverkaufs-VO Gebrauch, was im Kontext einer Short-Seller-Attacke jedenfalls nicht ganz selbstverständlich erschien.[316] Betrachtet man nun rückblickend diese Maßnahme, so weiß man, dass die Anschuldigungen gegen Wirecard berechtigt waren. Aufgrund dieser folgenden Geschehnisse war es dann auch das einzige Mal, dass die Bafin von der Maßnahme die Leerverkäufe auszusetzen Gebrauch machte.

De lege ferenda werden diverse regulatorische Ansätze diskutiert, um die Häufigkeit und Intensität von Short-Seller-Angriffen einzuschränken.[317] Dies umfasst einerseits Vorschläge für strengere Anforderungen an die Transparenz und Verlässlichkeit der veröffentlichten Informationen, einschließlich möglicher Vorab-Informationspflichten gegenüber betroffenen Unternehmen.[318] Andererseits könnten erweiterte zivilrechtliche Schutzmechanismen, wie durch die Einführung zusätzlicher Schutzgesetze oder eine erweiterte Auslegung von § 826 BGB, zur besseren Abwehr solcher Angriffe beitragen. Die maximale Harmonisierung durch die Verordnung Nr. 596/2014 (MAR) begrenzt jedoch nationale Alleingänge, insbesondere im Hinblick auf aufsichtliche Eingriffe bei Veröffentlichungen mit offengelegten Interessenkonflikten.[319]

Ob und inwieweit diese harmonisierende Wirkung auch auf das allgemeine Zivil- und Gesellschaftsrecht, einschließlich der Treuepflicht, einwirkt, bleibt indes noch ungeklärt. Die zivilrechtliche Durchsetzung könnte daher, ähnlich wie im Bereich der MiFID-Bond-Rechtsprechung, auf qualifiziert sittenwidrige Umstände angewiesen sein, da der bloße Verweis auf MAR-Bestimmungen als Schutzgesetze nicht weiterführt, wenn die in Frage stehenden Verhaltensweisen MAR-konform sind.[320]

---

315 https://www.bafin.de/SharedDocs/Veroeffentlichungen/EN/Aufsichtsrecht/Verfuegung/vf_190218_leerverkaufsmassnahme_en.html (letzter Zugriff: 30.10.2024)

316 Mülbert/Sajnovits, BKR 2019, 313

317 *Mülbert*, Zeitschrift für das gesamte Handels-und Wirtschaftsrecht (ZHR) 2018, 105.

318 *Klöhn*, Die Aktiengesellschaft (AG) 2016, 423.

319 *Mülbert*, Zeitschrift für das gesamte Handels-und Wirtschaftsrecht (ZHR) 2018, 105.

320 *Vollmerhausen*, Das Verbot der Marktmanipulation am Beispiel von aktivistischen Leerverkäufern., 144

Die Frage, ob unionsrechtlich zwingende Schadensersatzansprüche bei Verstößen gegen Marktmanipulationsverbote im Sinne eines private enforcement geboten wären, bleibt offen.[321] Praktische Herausforderungen in grenzüberschreitenden Fällen, etwa die Identifikation der Verantwortlichen, schränken jedoch die Effektivität solcher Ansprüche ein. Eine Ausweitung der Treuepflicht auf das Gesellschaftsrecht könnte zudem nur begrenzte Wirkung entfalten, da vergleichbare Strategien auch über nicht aktionärsgebundene Instrumente wie CFDs und Knock-Out-Optionen realisiert werden können.[322]

Anstatt zu untersuchen, welche weiteren Voraussetzungen für ein Handelsverbot sinnvoll sind, wurde aufgrund der öffentlichen Debatte von dieser rechtlich möglichen Maßnahme kein Gebrauch gemacht. Zwar hat während der Covid-19-Pandemie im März 2020 Deutschland kein explizites Leerverkaufsverbot eingeführt, unterstützte aber die von der europäischen Wertpapieraufsichtsbehörde ESMA koordinierten Maßnahmen zur verstärkten Überwachung von Leerverkäufen, wie die Absenkung der Meldeschwelle für Netto-Leerverkaufspositionen.

Die ESMA führte während der Pandemie folgende Maßnahmen ein, um Leerverkäufe zu überwachen und zu regulieren:

1. Meldepflicht für Netto-Leerverkaufspositionen ab einer Schwelle von 0,1% des ausgegebenen Aktienkapitals. Diese Maßnahme galt vom 16. März 2020 bis zum 19. März 2021 und verpflichtete Inhaber von Netto-Leerverkaufspositionen, die zuständige nationale Behörde zu informieren, wenn die Position 0,1% erreichte, überstieg oder unterschritt.
2. Befugnis, Leerverkäufe von bestimmten Finanzinstrumenten in Krisensituationen zu regeln oder zu verbieten (gemäß Art. 28 der EU-Leerverkaufsverordnung). Der EuGH bestätigte 2014 die Rechtmäßigkeit dieser Befugnis.
3. Allgemeines Verbot ungedeckter Leerverkäufe gemäß Art. 12 der EU-Leerverkaufsverordnung.
4. Transparenzregelungen für Netto-Leerverkaufspositionen in Aktien, öffentlichen Schuldtiteln und gegebenenfalls CDS.
5. Festlegung technischer Durchführungsstandards und Regulierungsstandards zur Konkretisierung der EU-Leerverkaufsverordnung durch verschiedene delegierte Verordnungen.
6. Möglichkeit, in Ausnahmesituationen weitere temporäre Maßnahmen zu ergreifen, wie z.B. das vorübergehende Verbot oder die Einschränkung von Leerverkäufen bestimmter Finanzinstrumente.

---

321 *Poelzig*, Zeitschrift für Unternehmens- und Gesellschaftsrecht (ZGR) 2015, 801.
322 *Mülbert*, Zeitschrift für das gesamte Handels-und Wirtschaftsrecht (ZHR) 2018, 105.

Die ESMA arbeitet dabei eng mit den nationalen Aufsichtsbehörden zusammen und kann EU-weite Maßnahmen koordinieren, um die Finanzstabilität zu gewährleisten.

Leider hat die ESMA keinen Zusammenhang mit Veröffentlichungen und Leerverkaufspositionen hergestellt.

Das alleinige Verbot der Bildung von Leerverkaufspositionen wird völlig zu Recht kritisch gesehen.[323] Die in dem Aufsatz von Mülbert und Sajnovits aufgeführten Argumente:

1. Erheblicher Eingriff in den Preisbildungsprozess:
   Allgemeinverfügungen nach Art. 20 Leerverkaufs-VO greifen massiv in die Preisbildung am Markt ein. Dies birgt ein hohes Potenzial für Marktschädigungen.
2. Risiken für das Kapitalmarktgeschehen:
   Eine Etablierung dieser Praxis würde erhebliche Risiken für das gesamte Kapitalmarktgeschehen mit sich bringen.
3. Gefahr des Missbrauchs:
   Unternehmen könnten versuchen, die BaFin zum Erlass solcher Verfügungen zu bewegen, auch wenn keine echte Short-Seller-Attacke vorliegt. Dies könnte zu einer missbräuchlichen Nutzung des Instruments führen.
4. Einschränkung der Markteffzienz:
   Leerverkäufe tragen zur Preiseffizienz bei. Ein häufiges Verbot würde diese Funktion beeinträchtigen.
5. Ungleichbehandlung:
   In früheren Fällen von Short-Seller-Attacken (z.B. bei Wirecard 2008, 2016, 2018) griff die BaFin nicht zu diesem Instrument. Eine selektive Anwendung könnte als Ungleichbehandlung wahrgenommen werden.
6. Mangelnde Verhältnismäßigkeit:
   Es ist fraglich, ob ein komplettes Leerverkaufsverbot in allen Fällen verhältnismäßig ist oder ob es mildere, ebenso effektive Mittel gibt.
7. Gefahr der Überregulierung:
   Eine routinemäßige Anwendung von Leerverkaufsverboten könnte zu einer Überregulierung des Marktes führen.
8. Einschränkung der Pressefreiheit:
   Wenn Leerverkaufsverbote als Reaktion auf kritische Medienberichte erlassen werden, könnte dies als indirekte Einschränkung der Pressefreiheit interpretiert werden.

323 Mülbert/Sajnovits: BKR 2013, 313

sind zwar alle für sich genommen valide Argumente, doch darf man die Gesamtsituation nie aus den Augen verlieren.

Sieht man den Fall Wirecard isoliert, so war die Ermittlung wegen Marktmanipulation und ohne den aufgeworfenen Vorwürfen nachzugehen mit dem heutigen Wissen falsch.

Im Fall Mutares sollte der 54-Seitigen Bericht von Gotham City Research als Anlass genommen werden die Vorwürfe zu überprüfen. Jedoch stellt sich die Frage, wie die zeitliche Abfolge sein darf. Die Marktmissbrauchsverordnung (MAR) der EU regelt unter anderem den Umgang mit Insiderinformationen und verbietet Insiderhandel. Nach Art. 19 (11) MAR dürfen Personen in Führungspositionen innerhalb von 30 Kalendertagen vor der Veröffentlichung eines Finanzberichts (Quartals-, Halbjahres- oder Jahresbericht) nicht mit Aktien des Unternehmens handeln. Diese 30-tägige Sperrfrist ist als Blackout Period bekannt und ist für alle Personen mit Zugang zu Insiderinformationen verbindlich. Auch dieses Handelsverbot ist valide und hat seine Berechtigung. Das Instrument des Markteingriffs wird bereits praktiziert und geht so weit, dass es ein konkreter Eingriff der grundrechtlichen Eigentumsfreiheit nach Art. 14 GG ist. Dennoch wird das Handelsverbot nicht als unrechtmäßig angesehen. Auch ein zeitweiliges Aussetzen der Aktien im Zusammenhang mit der Zeichnung von Leerverkaufspositionen und dem ungeprüften Bericht von Leerverkaufsaktivisten könnte daher ein probates Mittel sein. Die BaFin kann über die MiFIR-Meldepflichten von Wertpapierfirmen gem. Art. 26 Abs. 1 VO (EU) Nr. 600/2014 und die Meldepflicht für Leerverkäufer gem. Art. 5 Leerverkaufs-VO ein deutliches Bild über die Leerverkaufspositionen in einer Aktie gewinnen, besser als es Marktteilnehmer können[324].

Im Kontext der Finanzmarktregulierung und unter Berücksichtigung der geltenden Rechtsprechung sowie aufsichtsrechtlicher Bestimmungen lässt sich die vorgeschlagene Regelung wie folgt präzisieren und juristisch fundiert umformulieren:

Die Aussetzung des Handels eines Finanzinstruments gemäß § 73 Abs. 1 Satz 1 WpHG sollte nicht allein aufgrund negativer Berichterstattung oder der Etablierung von Leerverkaufspositionen erfolgen.[325] Eine temporäre Handelsaussetzung

---

324 auch dazu noch unten III.1.a). Die BaFin hat inzwischen Anzeige bei der Staatsanwaltschaft München gegen FT Journalisten gestellt und kommt offenbar zu dem Schluss, dass signifikante Shortpositionen vor der Veröffentlichung der Artikel aufgebaut wurden und dass ein Zusammenhang zwischen Aufbau und Veröffentlichung besteht. Siehe FAZ Nr. 91 v. 17.4.2019, S. 27.

325 Bundesanstalt für Finanzdienstleistungsaufsicht, Regulierung von Leerverkäufen und bestimmten Aspekten von Credit Default Swaps.

durch die Bundesanstalt für Finanzdienstleistungsaufsicht (BaFin) wäre nur dann gerechtfertigt, wenn kumulativ folgende Voraussetzungen erfüllt sind:

1. Das betroffene Unternehmen kann durch ein Testat eines unabhängigen Wirtschaftsprüfers nachweisen, dass es über ein funktionsfähiges, angemessenes und wirksames Compliance-Management-System,[326] Risikomanagementsystem sowie Internes Kontrollsystem verfügt.[327]
2. Diese Systeme müssen zum Zeitpunkt der Begründung der Leerverkaufsposition sowie der damit einhergehenden negativen Berichterstattung bereits implementiert und wirksam gewesen sein.
3. Die BaFin hat die Wirksamkeit und Angemessenheit dieser Systeme im Rahmen ihrer Aufsichtsfunktion überprüft und bestätigt.

Nur wenn diese Bedingungen kumulativ erfüllt sind, wäre eine temporäre Handelsaussetzung durch die BaFin in Erwägung zu ziehen, um die Integrität des Marktes zu schützen und potenzielle Marktmanipulationen zu verhindern.[328] Diese Maßnahme sollte jedoch stets unter Berücksichtigung des Verhältnismäßigkeitsprinzips und im Einklang mit den Bestimmungen der europäischen Marktmissbrauchsverordnung (MAR) erfolgen.

Es ist zu betonen, dass diese Vorgehensweise eine sorgfältige Abwägung zwischen dem Schutz der Anlegerinteressen, der Sicherung eines ordnungsgemäßen Handels und der Aufrechterhaltung der Marktliquidität erfordert. Die BaFin muss in jedem Einzelfall prüfen, ob die Voraussetzungen für eine Handelsaussetzung gegeben sind und ob diese Maßnahme im konkreten Fall geeignet, erforderlich und angemessen ist, um die Ziele des Wertpapierhandelsgesetzes zu erreichen.

Diese spezielle und notwendige Maßnahme schafft der Bafin die Gewissheit, keinen zweiten Fall Wirecard auszulösen. Denn im Fall Wirecard wurde bereits früh festgestellt, dass unzureichende Systeme vorhanden seien. EY, der langjährige Abschlussprüfer von Wirecard, hatte bereits vor den Enthüllungen im Jahr 2020 mehrfach auf Mängel in den internen Kontrollsystemen hingewiesen. Das

---

326 *Fissenewert*, Compliance: Aktives Risikomanagement in KMU ist Pflicht! Gericht bestätigt, dass aktives Risikomanagement auch in KMU Pflicht des Geschäftsführers ist.

327 *Scherer*, Zeitschrift für Produkt- und Nachhaltigkeits-Compliance (ZfPC) 2024, https://www.risknet.de/themen/risknews/enthaftende-wirkung-eines-compliance-managements/. (Letzter Zugriff: 31.10.2024)

328 Bundesanstalt für Finanzdienstleistungsaufsicht, Handelsaussetzung Aussetzung des Handels und Ausschluss von Finanzinstrumenten nach § 73 Wertpapierhandelsgesetz (WpHG).

Unternehmen begründete diese Defizite häufig mit dem raschen Wachstum, das sie angeblich „überrollt" habe und erklärte, dass die internen Systeme und Prozesse erst nachgezogen werden müssten.

Besonders in den Jahren vor dem Zusammenbruch 2020, als Wirecard international expandierte, wurde oft argumentiert, dass die Kontrollsysteme aufgrund des schnellen Wachstums hinterherhinkten. Dies galt sowohl für das IKS (Internes Kontrollsystem) als auch für das RMS (Risikomanagementsystem) und das CMS (Compliance-Management-System). Das Unternehmen betonte, dass es bestrebt sei, diese Systeme zu verbessern, um mit dem Wachstum Schritt zu halten.

Trotzdem stellte sich im Zuge der späteren Überprüfungen durch KPMG und EY heraus, dass diese Erklärung nur ein Vorwand war und die Mängel in den Kontrollsystemen die betrügerischen Aktivitäten verschleierten. EY wurde dafür kritisiert, diese Unregelmäßigkeiten über Jahre hinweg nicht ausreichend untersucht oder öffentlich gemacht zu haben.[329] Dies stützt die These, dass eine Handelsaussetzung bzw. ein Leerverkaufsverbot nicht verhängt worden wäre.

Im Fall von Mutares hätte die Bafin, nachdem sie aufgrund der Meldesysteme die Leerverkaufsposition gemeldet bekommen hat, im Falle eines testierten und funktionierenden CMS, RMS und IKS den Handel sofort gem. § 73 WpHG i. V.m. Art 20 der EU-Verordnung Nr. 236/2012 (EU-Leerverkaufsverordnung) aussetzen können. Es ist auch nicht erforderlich, dass die Handelsaussetzung zwei Monate erfolgt, wie es damals bei Wirecard erfolgte, sondern lediglich 14 Tage, damit das Unternehmen angemessen auf die Vorwürfe reagieren kann. Die Untersuchung der Bafin soll keinesfalls ersetzt werden. Die Bafin muss ggf. die Vorwürfe untersuchen und einen Sonderprüfer einsetzen. Die betroffenen Unternehmen sollen in die Lage versetzt werden, direkt auf die Vorwürfe reagieren zu können und sollen die Möglichkeit bekommen, wie im Fall Mutares, durch Aktienkäufe den Kursverlauf stabilisieren zu können. Zwar können im Fall der Handelsaussetzung der Aktie keine Aktien erworben werden, dennoch könnten verkaufswillige Aktionäre an die kaufwilligen Aktionäre und die leitenden Angestellten des Unternehmens Aktientransaktionen bei Handelseinsetzung durchführen und so das notwendige Vertrauen der Anleger wiederherstellen, so dass gar kein signifikanter Kursverlust eintritt. Dies würde den Wunsch, dass eine freie Preisbildung auf dem Markt erfolgt, gerecht werden, da zunächst sämtliche Akteure einen ähnlichen Informationsstand erhalten. Die Möglichkeit durch Leerverkaufspositionen davon zu profitieren, wenn ein Unternehmen überbewertet ist, bleibt erhalten. Lediglich die

329 https://www.scmp.com/business/companies/article/3090757/wirecards-auditors-ey-say-they-were-victims-elaborate-fraud (letzter Zugriff: 30.10.2024)

Kombination aus Leerverkaufsposition und negativer Berichterstattung führt zu einer Einschränkung des Marktes, aber auch nur dann, wenn das Unternehmen in der Vergangenheit nachgewiesen hat, dass die erforderlichen Systeme vorhanden sind und diese auch der Größe, der Komplexität des Unternehmens gerecht werden und funktionieren.

Diese Maßnahme hätte im Fall Grenke nicht geholfen. Auch bei der Grenke AG ist das börsennotierte Unternehmen aus einem Mittelständischen Unternehmen herausgewachsen und hatte noch übliche Strukturen, die in Familienunternehmen üblich sind. Unternehmen hätten einen Anreiz, die erforderlichen Strukturen schnell zu schaffen und unabhängig überprüfen zu lassen. Zudem würden die Anleger gleichzeitig geschützt werden. Denn ein nicht funktionierendes oder unangemessenes CMS, RMS und IKS würde gegenüber den im Unternehmen Verantwortlichen Haftungsansprüche gem. § 93 AktG i. V. m. § 826 BGB nach sich ziehen. Die gewünschte Finanzstabilität und das Vertrauen in die Finanzmärkte würden somit signifikant hergestellt werden.

Es ist jedoch auch notwendig, wie der Fall Wirecard aufzeigt, die Standards des IDW für solche Zwecke zu überarbeiten. Dies wird in den weiteren Kapiteln noch näher dargestellt.

§ 9 Bestehende Schutzmaßnahmen und deren Grenzen

9.1 Allgemeines

Der sachliche Anwendungsbereich der LeerverkaufsVO erstreckt sich gemäß Art. 1 Abs. 1 lit. a) i.V.m. Art. 2 Abs. 1 lit. a) LVVO auf Aktien, die zum Handel an einem Handelsplatz in der Europäischen Union zugelassen sind[330].

Als „Handelsplatz" gelten nach Art. 4 Nr. 24 der Richtlinie 2014/65/EU geregelte Märkte, multilaterale Handelssysteme (MTF) und organisierte Handelssysteme (OTF)[331]. Voraussetzung ist, dass sich der Haupthandelsplatz der Aktie innerhalb der EU befindet, andernfalls finden die Art. 5, 6 und 12 LVVO keine Anwendung (Art. 16 Abs. 1 LVVO)[332]. Auch noch nicht emittierte Aktien können vom Leerverkaufsverbot erfasst sein, sofern sie bereits für einen Handelsplatz zugelassen sind[333].

Der sachliche Anwendungsbereich der LeerverkaufsVO war in den Fällen Wirecard, Grenke und Mutares eröffnet:

1. Die Wirecard AG war zum Zeitpunkt der Leerverkaufsattacken in den Jahren 2016–2020 im regulierten Markt (Prime Standard) der Frankfurter Wertpapierbörse notiert und somit an einem „Handelsplatz" im Sinne der Verordnung gelistet.
2. Die Grenke AG ist ebenfalls im Prime Standard der Frankfurter Wertpapierbörse notiert und fiel damit zum Zeitpunkt der Attacke im September 2020 in den Anwendungsbereich der Verordnung.
3. Die Mutares SE & Co. KGaA ist im regulierten Markt (Prime Standard) der Frankfurter Wertpapierbörse gelistet. Somit war auch bei der Leerverkaufsattacke im September 2024 der sachliche Anwendungsbereich der LeerverkaufsVO eröffnet.

---

330 Art. 1 Abs. 1 lit. a), Art. 2 Abs. 1 lit. a) VO (EU) Nr. 236/2012

331 Art. 4 Nr. 24 Richtlinie 2014/65/EU

332 Art. 16 Abs. 1 VO (EU) Nr. 236/2012

333 Mülbert/Sajnovits, ZBB 2012, 266, 269, Eigene Recherche zu den genannten Unternehmen, Art. 12 Abs. 1, Art. 5 Abs. 1, Art. 6 Abs. 1, Art. 7 Abs. 1 VO (EU) Nr. 236/2012. Vgl. VO (EU) Nr. 236/2012; Delegierte VO (EU) Nr. 918/2012; Durchführungs-VO (EU) Nr. 827/2012, Schlimbach, F, 126, Erwägungsgrund 3 VO (EU) Nr. 236/2012

In allen drei Fällen handelte es sich um Aktien, die zum Handel an einem geregelten Markt in der EU zugelassen waren. Der Haupthandelsplatz lag jeweils in Deutschland und damit innerhalb der EU. Somit waren die Voraussetzungen des Art. 1 Abs. 1 lit. a), Art. 2 Abs. 1 lit. a) LVVO erfüllt und die Regelungen der Verordnung, insbesondere zu Transparenzpflichten und Leerverkaufsverboten, fanden Anwendung.

Diese Einordnung verdeutlicht, dass die LeerverkaufsVO in allen drei prominenten Fällen von Leerverkaufsattacken auf deutsche Unternehmen einschlägig war und den rechtlichen Rahmen für den Umgang mit diesen Vorfällen bildete.

Der persönliche Anwendungsbereich der LeerverkaufsVO ist weit gefasst und erstreckt sich grundsätzlich auf „natürliche oder juristische Personen" (Art. 12 Abs. 1, Art. 5 Abs. 1, Art. 6 Abs. 1, Art. 7 Abs. 1 LVVO). Eine nähere Definition des Begriffs der „juristischen Person" findet sich weder in der LeerverkaufsVO selbst noch in den dazugehörigen Durchführungsverordnungen.

In der Literatur wird überwiegend vertreten, dass auch Hedgefonds, die häufig hinter Leerverkaufsattacken stehen, als „juristische Personen" im Sinne der LeerverkaufsVO anzusehen sind. Dies entspricht auch der Zielsetzung der Verordnung, einen möglichst umfassenden Anwendungsbereich zu schaffen.

Die EU-Leerverkaufsverordnung (Verordnung (EU) Nr. 236/2012) bildet den zentralen Rechtsrahmen für die Regulierung von Leerverkäufen in der Europäischen Union. Sie enthält wichtige Bestimmungen wie Transparenzvorschriften und Meldepflichten für signifikante Netto-Leerverkaufspositionen. Zudem ermächtigt sie Aufsichtsbehörden, in Krisensituationen einzugreifen und Leerverkäufe zu beschränken.

Trotz dieser Regulierung zeigen Fälle wie Wirecard, Grenke und Mutares, dass Unternehmen weiterhin anfällig für spekulative Leerverkaufsattacken sind.

Die bestehenden Schutzmaßnahmen weisen folgende Grenzen auf:

Reaktionsgeschwindigkeit:

Die Diskrepanz zwischen der Geschwindigkeit, mit der sich Leerverkaufsattacken entfalten und dem zeitaufwändigen bürokratischen Prozess zur Anordnung einer Handelsaussetzung stellt eine erhebliche Herausforderung dar.[334] Es besteht die Gefahr, dass signifikante Kursverluste bereits eingetreten sind, bevor Aufsichtsbehörden effektiv eingreifen können.[335] Um diesem Problem zu begegnen, sollten

334 Möllers, NZG 2018, 649 (654)

335 *Klöhn*, Zeitschrift für Wirtschafts- und Bankrecht, Wertpapier-Mitteilungen (WM) 2016, 2041 (2042).

beschleunigte Verfahren für die Prüfung und Anordnung von Handelsaussetzungen bei Verdacht auf missbräuchliche Leerverkäufe implementiert werden.

Hohe Eingriffsschwelle:

Die in §§ 73 WpHG und 25 BörsG festgelegten Eingriffsschwellen, die eine erhebliche Gefährdung des Börsenhandels voraussetzen, erweisen sich im Kontext von Leerverkaufsattacken häufig als zu hoch angesetzt.[336] Es sollte erwogen werden, spezifische, niedrigere Eingriffsschwellen für Fälle potenziell missbräuchlicher Leerverkäufe zu definieren.[337] Diese könnten beispielsweise auf ungewöhnliche Handelsvolumina oder auffällige Kursbewegungen in Verbindung mit kritischen Medienberichten abstellen.

Informationsasymmetrie:

Die Aufsichtsbehörden sehen sich oft mit einer Informationsasymmetrie konfrontiert, die eine zeitnahe Beurteilung der Rechtmäßigkeit von Leerverkäufen erschwert.[338] Um diesem Problem zu begegnen, sollten erweiterte Meldepflichten für Leerverkäufer eingeführt werden.[339] Diese könnten die Offenlegung der Gründe für signifikante Leerverkaufspositionen sowie die Bereitstellung detaillierter Analysen, auf denen die Leerverkaufsentscheidung basiert, umfassen. Zudem sollte ein verbesserter Informationsaustausch zwischen Börsen, Unternehmen und Aufsichtsbehörden etabliert werden.

Grenzüberschreitende Durchsetzung:

Die grenzüberschreitende Natur vieler Leerverkaufsattacken stellt eine besondere Herausforderung für die effektive Strafverfolgung dar.[340] Um diesem Problem zu begegnen, sollten verstärkte internationale Kooperationsmechanismen zwischen Aufsichtsbehörden und Strafverfolgungsbehörden etabliert werden.[341] Dies könnte die Einrichtung einer spezialisierten europäischen Task Force zur Bekämpfung

336 *Schmolke*, in: Klöhn/Brellochs/Schmolke, et al. (Hrsg.), Kommentar, S. 1173.

337 Hellgardt, A. (2020). „Regulierung und Selbstregulierung im Kapitalmarktrecht", Mohr Siebeck, Tübingen.

338 Fleischer, H. & Schmolke, K.U. (2018). „Leerverkäufe und Informationsasymmetrien im Kapitalmarktrecht", Neue Zeitschrift für Gesellschaftsrecht, 21(10), 361–368.

339 Veil, R. (2019). „Europäisches Kapitalmarktrecht", 2. Auflage, Mohr Siebeck, Tübingen.

340 Lehmann/Zetzsche (2020). 28(1), 39–76.

341 Wymeersch, E. (2018). "The Single Supervisory Mechanism or 'SSM', Part One of the Banking Union", National Bank of Belgium Working Paper No. 255.

grenzüberschreitender Marktmanipulation umfassen.[342] Zudem sollten Rechtshilfeverfahren im Bereich der Finanzmarktdelikte beschleunigt und vereinfacht werden.

Mangelnder zivilrechtlicher Rechtsschutz:

Die Unsicherheit bezüglich der Möglichkeit für betroffene Unternehmen, Schadensersatzansprüche geltend zu machen, stellt eine erhebliche Lücke im Rechtsschutz dar. Es sollte eine klare gesetzliche Grundlage geschaffen werden, die Unternehmen explizit das Recht einräumt, Schadensersatz für nachweislich durch missbräuchliche Leerverkäufe verursachte Verluste einzufordern. Dabei sollten auch erleichterte Beweisregeln für die Kausalität zwischen Leerverkaufsattacken und Kursverlusten erwogen werden.

Abwägung mit Markteffzienz:

Die Sorge um eine mögliche Beeinträchtigung der Preisbildungsfunktion des Marktes durch zu häufige regulatorische Eingriffe ist berechtigt, darf jedoch nicht zu Lasten des Anlegerschutzes gehen.[343] Es sollte ein ausgewogener Ansatz entwickelt werden, der legitime Leerverkäufe als Instrument der Markteffzienz anerkennt, gleichzeitig aber missbräuchliche Praktiken effektiv unterbindet.[344] Dies könnte durch die Einführung eines differenzierten Regulierungsrahmens erreicht werden, der zwischen verschiedenen Arten von Leerverkäufen unterscheidet und abgestufte Eingriffsmöglichkeiten vorsieht.

Unzureichende Sanktionen:

Die im Vergleich zu den USA weniger abschreckenden Sanktionsmöglichkeiten in Europa stellen ein Hindernis für die effektive Bekämpfung missbräuchlicher Leerverkäufe dar.[345] Es sollte eine Verschärfung des Sanktionsregimes erwogen werden, das sowohl höhere Geldstrafen als auch erweiterte Möglichkeiten für Handelssperren und den Entzug von Lizenzen umfasst. Dabei sollte insbesondere die Möglichkeit von Sanktionen eingeführt werden, die sich am erzielten oder beabsichtigten Gewinn aus missbräuchlichen Leerverkäufen orientieren.

342 Möllers NZG, 649, 655

343 *Mülbert/Sajnovits*, Zeitschrift für Bankrecht und Bankwirtschaft (ZBB) 2012, 266.

344 *Mülbert/Sajnovits*, Zeitschrift für Bank- und Kapitalmarktrecht (BKR) 2019, 313.

345 *Möller*, Neue Zeitschrift für Gesellschaftsrecht (NZG) 2018, 649.

Expertise der Strafverfolgungsbehörden:

Der Mangel an spezialisierter Expertise in den Staatsanwaltschaften zur effektiven Verfolgung komplexer Fälle von Marktmanipulation stellt ein erhebliches Hindernis dar. Es sollten spezialisierte Abteilungen für Finanzmarktdelikte in den Staatsanwaltschaften eingerichtet werden,[346] die mit entsprechend geschultem Personal ausgestattet sind. Zudem sollte ein regelmäßiger Austausch zwischen Aufsichtsbehörden, Börsen und Staatsanwaltschaften institutionalisiert werden, um Wissenstransfer und Kompetenzaufbau zu fördern.[347] Die Einrichtung einer zentralen Schwerpunktstaatsanwaltschaft für Kapitalmarktdelikte auf Bundesebene könnte ebenfalls in Betracht gezogen werden.

Um diese Grenzen zu adressieren, werden in der Literatur verschiedene Reformvorschläge diskutiert, wie etwa:

1. Erweiterung der Befugnisse von Aufsichtsbehörden
2. Verschärfung der Transparenzpflichten
3. Einführung eines Unternehmensstrafrechts
4. Verbesserung der Zusammenarbeit zwischen Aufsichtsbehörden, Börsen und Unternehmen
5. Einrichtung spezialisierter Ermittlungsgruppen

Insgesamt zeigt sich, dass trotz bestehender Regulierungen weiterhin erheblicher Handlungsbedarf besteht, um Unternehmen und Anleger besser vor missbräuchlichen Leerverkaufsattacken zu schützen, ohne dabei die positiven Funktionen von Leerverkäufen für die Markteffzienz übermäßig einzuschränken.

Das nationale Recht hat bislang die formalen und inhaltlichen Anforderungen an Finanzanalysen präziser und klarer geregelt als das europäische Recht. Vergleicht man die Marktmissbrauchsverordnung (MAR) und ihre Konkretisierungen auf zweiter und dritter Ebene mit der Marktmanipulations-Konkretisierungsverordnung (MaKonV) und der Finanzanalyseverordnung (FinAnV) stellt man fest, dass diese mehr Anwendungsfreundlichkeit und Klarheit bieten im Gegensatz zu den teils unübersichtlichen Regelungen der MAR, welche durch Anhänge und delegierte Verordnungen ergänzt werden. Aufgrund des Fehlens relevanter Gerichtsentscheidungen bleibt die Durchsetzung gegenüber fehlerhaften Finanzanalysen bislang unzureichend.

346 ebd.
347 Rotsch, T. (2019). „Criminal Compliance", Nomos, Baden-Baden

Die deutsche Gesetzgebung, insbesondere die FinAnV und der Emittenten Leitfaden der BaFin von 2005[348], setzte bereits strengere Sorgfaltsanforderungen fest, als sie derzeit im europäischen Marktmissbrauchsrecht verankert sind. Diese Anforderungen könnten problemlos in den neuen Emittenten Leitfaden integriert werden, um den Rückschritt zu korrigieren und ein höheres Maß an Rechtssicherheit zu gewährleisten. Dies würde es der BaFin ermöglichen, nicht nur die Interessen von Kleinanlegern, sondern aller Marktteilnehmer zu schützen und klarzustellen, dass Verstöße gegen diese Vorschriften nicht geduldet werden.[349]

Im Hinblick auf die Anforderungen an die Objektivität von Finanzanalysen sollte ein überarbeiteter Emittenten Leitfaden insbesondere die formalen Kriterien, wie Sachkenntnis, Sorgfalt und Gewissenhaftigkeit bei der Informationsbeschaffung und -prüfung, betonen.[350] Diese Anforderungen sind essenziell, um sicherzustellen, dass die Informationen auf verlässlichen Quellen basieren und die Recherchepflicht ordnungsgemäß erfüllt wird.[351]

Ein weiteres Element, das in diesen Leitfaden integriert werden könnte, wäre die Verpflichtung, die andere Seite zu hören („audiatur et altera pars").[352] Eine solche Verpflichtung würde die Analysten zu einer ausgewogenen Darstellung der Informationen zwingen, indem sie die Argumente des betroffenen Unternehmens berücksichtigen. Für das Unternehmen bietet dies den Vorteil, eine Stellungnahme vorbereiten zu können, was das Risiko von falschen oder voreiligen Schlussfolgerungen verringert.

Allerdings birgt diese Praxis auch das Risiko, das Geschäftsmodell der Analysten zu schwächen, da die Überraschungswirkung einer negativen Analyse abgeschwächt würde, wenn das Unternehmen die Möglichkeit zur Stellungnahme erhält. Eine nähere Untersuchung, ob die Rechtsprechung zur Anhörungspflicht bei Verdachtsberichterstattung auf den Bereich der Finanzanalysen übertragbar ist, bleibt einem eigenen Rechtsgutachten vorbehalten.

Schließlich könnte der Emittenten Leitfaden auch ein Recht auf Berichtigung fehlerhafter Analysen sowie die Möglichkeit einer öffentlichen Warnung durch die BaFin enthalten, um Anleger vor irreführenden Informationen zu schützen und die Transparenz am Markt zu erhöhen.

---

348 Möllers, GRUR Int. 2018

349 ebd.

350 ebd.

351 Möllers, NZG 2018, 649, 655

352 Möllers, a a. O.

9.2 Handelsaussetzungen nach § 73 WpHG

Die §§ 73 WpHG und 25 BörsG bilden den rechtlichen Rahmen für Handelsaussetzungen an deutschen Börsen. Diese Instrumente sollen den geordneten Börsenhandel sicherstellen und Marktteilnehmer vor erheblichen Nachteilen schützen. Allerdings zeigt die Praxis, dass diese Maßnahmen in Bezug auf Leerverkaufsattacken oft zu kurz greifen.

§ 73 WpHG ermächtigt die Bundesanstalt für Finanzdienstleistungsaufsicht (BaFin), den Handel mit Finanzinstrumenten auszusetzen oder zu untersagen, wenn dies zur Durchsetzung des Verbots der Marktmanipulation oder des Insiderhandels erforderlich erscheint. Diese Befugnis ist jedoch an strenge Voraussetzungen geknüpft und wird in der Praxis nur zurückhaltend eingesetzt.

§ 25 BörsG hingegen erlaubt es der Börsengeschäftsführung, den Handel auszusetzen oder einzustellen, wenn ein ordnungsgemäßer Börsenhandel zeitweilig gefährdet oder wenn dies zum Schutz des Publikums geboten, erscheint.

Der wesentliche Unterschied zwischen § 25 BörsG[353] und § 73 WpHG[354] liegt in der zuständigen Behörde, den Voraussetzungen und dem Anwendungsbereich für eine Handelsaussetzung:

§ 25 BörsG – Handelsaussetzung durch die Börsengeschäftsführung:

- Zuständige Stelle: Börsengeschäftsführung (§ 25 Abs. 1 S. 1 BörsG)
- Voraussetzung: Ordnungsgemäßer Börsenhandel zeitweilig gefährdet oder zum Schutz des Publikums geboten (§ 25 Abs. 1 S. 1 BörsG)
- Anwendungsbereich: Bezieht sich nur auf den Handel an der jeweiligen Börse
- Ziel: Sicherstellung eines ordnungsgemäßen Börsenhandels und Anlegerschutzes

§ 73 WpHG – Handelsaussetzung durch die BaFin:

- Zuständige Behörde: Bundesanstalt für Finanzdienstleistungsaufsicht (BaFin)
- Voraussetzung: Erforderlich zur Durchsetzung des Verbots der Marktmanipulation oder des Insiderhandels (§ 73 Abs. 1 S. 1 WpHG)
- Anwendungsbereich: Bezieht sich auf Finanzinstrumente allgemein
- Ziel: Schutz des Kapitalmarkts vor Marktmissbrauch

---

353 *Böse*, in: Schwark/Zimmer (Hrsg.), Schwark/Zimmer, Kapitalmarktrechts-Kommentar.

354 Assmann/Schneider/Mülbert, WpHG, § 73 Rn. 1 ff., Möllers/Kastl, in: Kölner Kommentar zum WpHG, § 4 Rn. 62 ff.

Während die Börsengeschäftsführung also nur für ihren eigenen Handelsplatz zuständig ist, hat die BaFin weitergehende Befugnisse und den gesamten Kapitalmarkt im Blick. Die Börse greift bei Gefährdung des ordnungsgemäßen Handels ein, die BaFin bei Verdacht auf Marktmissbrauch.[355]

Diese unterschiedlichen Regelungszwecke und Anwendungsbereiche ergeben sich aus der systematischen Stellung der Normen: § 25 BörsG ist Teil des Börsenrechts zur Organisation des Börsenhandels, § 73 WpHG gehört zum kapitalmarktrechtlichen Aufsichtsrecht.

In der Literatur[356] wird betont, dass die Eingriffsbefugnisse der BaFin nach § 73 WpHG weiterreichen als die der Börsengeschäftsführung nach § 25 BörsG. So kann die BaFin auch den außerbörslichen Handel mit Finanzinstrumenten untersagen.

Leerverkaufspositionen müssen der Bafin gemeldet werden. Die Börse selbst hat keinen direkten Zugriff auf die Meldungen, daher kommt bei Leerverkaufsattacken auch nur eine Handelsaussetzung nach § 73 WpHG der BaFin in Betracht, da nur die Bafin schnell und effektiv über die notwendigen Informationen von Leerverkaufspositionen Kenntnis erlangt.

Allerdings hat die Bafin bisher nur einmal ein Leerverkaufsverbot ausgesprochen und dies ausgerechnet bei Wirecard, für das die Bafin stark kritisiert worden ist.

Die bisherige Zurückhaltung bei der Anwendung dieser Instrumente lässt sich durch mehrere Faktoren erklären:

- Hohe Eingriffsschwelle: Beide Normen setzen eine erhebliche Gefährdung des Börsenhandels voraus. Bei Leerverkaufsattacken ist diese Schwelle oft nicht eindeutig erreicht.
- Informationsasymmetrie: Aufsichtsbehörden verfügen häufig nicht über ausreichende Informationen, um die Rechtmäßigkeit von Leerverkäufen zeitnah zu beurteilen.
- Markteffizienzdebatte: Es besteht die Befürchtung, dass zu häufige Eingriffe die Preisbildungsfunktion des Marktes beeinträchtigen könnten.
- Reaktionsgeschwindigkeit: Der bürokratische Prozess zur Anordnung einer Handelsaussetzung steht oft im Widerspruch zur Schnelligkeit, mit der sich Leerverkaufsattacken entfalten.

---

355 Möllers/Kastl, in: Kölner Kommentar zum WpHG, § 4 Rn. 62 ff.

356 Ebd. statt aller

Die Fälle Wirecard (2020), Grenke (2020) und Mutares (2024) verdeutlichen die Grenzen der bestehenden Schutzmaßnahmen. In keinem dieser Fälle kam es zu einer Handelsaussetzung, obwohl die Aktienkurse erheblich einbrachen und die betroffenen Unternehmen massive Reputationsschäden erlitten, lediglich im Fall von Wirecard verhängte die Bafin ein Leerverkaufsverbot.

Um die Effektivität dieser Instrumente zu erhöhen, wären folgende Anpassungen denkbar:

- Präzisierung der Eingriffsschwellen speziell für Leerverkaufsattacken
- Verbesserung der Informationsflüsse zwischen Unternehmen, Börsen und Aufsichtsbehörden
- Einführung eines beschleunigten Verfahrens für temporäre Handelsaussetzungen bei Verdacht auf missbräuchliche Leerverkäufe
- Stärkere Berücksichtigung präventiver Maßnahmen, wie die Zertifizierung von Compliance-Management-Systemen als Schutzfaktor

Diese Vorschläge müssen jedoch sorgfältig gegen das Interesse an einem freien und effizienten Kapitalmarkt abgewogen werden. Eine zu restriktive Regulierung könnte unbeabsichtigte negative Folgen für die Marktliquidität und -effizienz haben.

9.3 Art 20 (EU-Leerverkaufsverordnung

Art. 20 der EU-Leerverkaufsverordnung erlaubt es den nationalen Aufsichtsbehörden, unter außergewöhnlichen Umständen Leerverkäufe zu verbieten oder einzuschränken. Diese Maßnahme soll die Marktstabilität in Krisenzeiten sichern.

Die Wirksamkeit solcher Verbote ist jedoch umstritten. Kritiker argumentieren, dass sie die Marktliquidität verringern und die Preisfindung beeinträchtigen können. Zudem sind sie als Reaktion auf gezielte Leerverkaufsattacken oft zu unflexibel.

9.4 Transparenzvorschriften und Meldepflichten

Die EU-Leerverkaufsverordnung schreibt vor, dass signifikante Netto-Leerverkaufspositionen gemeldet und ab einem bestimmten Schwellenwert öffentlich gemacht werden müssen. Dies soll die Transparenz erhöhen und abschreckend auf potenzielle Marktmanipulatoren wirken.

In der Praxis zeigt sich jedoch, dass diese Maßnahmen allein nicht ausreichen, um Leerverkaufsattacken zu verhindern. Die Meldungen erfolgen oft zu spät, um präventiv wirken zu können, und die Schwellenwerte sind möglicherweise zu hoch angesetzt.

9.5 Strafrechtliche Verfolgung von Marktmanipulation

Das Strafrecht bietet Möglichkeiten, gegen Marktmanipulation vorzugehen. Allerdings gestaltet sich die Strafverfolgung in der Praxis oft schwierig. Die Komplexität der Fälle, die häufig grenzüberschreitende Natur der Aktivitäten und der Mangel an spezialisierten Ressourcen bei den Strafverfolgungsbehörden führen dazu, dass nur wenige Fälle erfolgreich verfolgt werden.

Diese bestehenden Schutzmaßnahmen zeigen deutliche Grenzen in ihrer Wirksamkeit gegen gezielte Leerverkaufsattacken auf. Es wird deutlich, dass zusätzliche oder verbesserte Mechanismen erforderlich sind, um Unternehmen und Märkte effektiver zu schützen, ohne dabei die positiven Funktionen von Leerverkäufen für die Markteffzienz zu beeinträchtigen.

9.6 Schutzmaßnahmen der Unternehmen

Die Schutzmaßnahmen, die Unternehmen gegen Leerverkaufsattacken ergreifen können, lassen sich in präventive und reaktive Maßnahmen unterteilen. Dabei ist zu beachten, dass diese Maßnahmen stets im Einklang mit geltendem Recht, insbesondere dem Kapitalmarktrecht, stehen müssen.

9.6.1 Präventive Maßnahmen:

a) Implementierung robuster Compliance- und Risikomanagementsysteme:

Unternehmen sollten effektive Compliance-Management-Systeme (CMS) und Risikomanagementsysteme (RMS) etablieren, die regelmäßig von unabhängigen Wirtschaftsprüfern testiert werden. Dies kann dazu beitragen, potenzielle Angriffspunkte für Leerverkäufer zu minimieren und die Glaubwürdigkeit des Unternehmens zu stärken[357].

b) Transparente und proaktive Kommunikation:

Eine offene und transparente Kommunikationspolitik kann das Vertrauen der Investoren stärken und die Angriffsfläche für Leerverkäufer reduzieren. Dazu gehört eine klare und zeitnahe Berichterstattung über wesentliche Unternehmensereignisse[358].

---

357 Fleischer/Schmolke, NZG 2019, 1241, 1245

358 Frömel, L. 208 ff

c) Regelmäßige Überprüfung der Bilanzierungspraktiken:

Eine regelmäßige Überprüfung und gegebenenfalls Anpassung der Bilanzierungspraktiken kann dazu beitragen, potenzielle Kritikpunkte von Leerverkäufern im Vorfeld zu adressieren.

9.6.2 Reaktive Maßnahmen:

a) Schnelle und fundierte Stellungnahmen:

Im Falle eines Angriffs sollten Unternehmen zeitnah mit einer fundierten Stellungnahme reagieren, um Vorwürfe zu entkräften und das Vertrauen der Investoren zu erhalten. Dabei ist jedoch Vorsicht geboten, um nicht selbst gegen Vorschriften zur Ad-hoc-Publizität zu verstoßen[359].

b) Rechtliche Schritte:

Unternehmen können rechtliche Schritte gegen Leerverkäufer einleiten, wenn diese nachweislich falsche oder irreführende Informationen verbreitet haben. Dabei kommen insbesondere Unterlassungsansprüche nach § 823 Abs. 1 BGB i.V.m. § 1004 BGB analog in Betracht[360].

c) Aktienrückkaufprogramme:

In bestimmten Fällen können Aktienrückkaufprogramme dazu beitragen, den Aktienkurs zu stabilisieren und das Vertrauen der Investoren zu stärken. Hierbei sind jedoch die engen rechtlichen Grenzen des § 71 AktG zu beachten[361].

d) Einbeziehung der Aufsichtsbehörden:

Unternehmen sollten bei Verdacht auf Marktmanipulation die zuständigen Aufsichtsbehörden, insbesondere die BaFin, informieren. Diese kann gegebenenfalls weitere Untersuchungen einleiten oder Maßnahmen ergreifen[362].

Es ist zu betonen, dass die Wirksamkeit dieser Maßnahmen von Fall zu Fall variieren kann und stets eine sorgfältige Abwägung der rechtlichen und wirtschaftlichen

359 § 15 WpHG; Klöhn in: Klöhn, Marktmissbrauchsverordnung, Art. 17 Rn. 86 ff.
360 BGH, Urteil vom 13.12.2011 – VI ZR 182/10, NJW 2012, 1800
361 Habersack in: Münchener Kommentar zum AktG, § 71 Rn. 67 ff.
362 § 4 Abs. 1 WpHG; Möllers in: Kölner Kommentar zum WpHG, § 4 Rn. 62 ff.

Konsequenzen erforderlich ist. Zudem zeigt die Praxis, dass selbst gut vorbereitete Unternehmen anfällig für Leerverkaufsattacken bleiben können.[363]

Letztlich bleibt festzuhalten, dass der rechtliche Schutz von Unternehmen gegen Leerverkaufsattacken in Deutschland im Vergleich zu anderen Jurisdiktionen, insbesondere den USA, noch Verbesserungspotenzial aufweist[364]. Eine Weiterentwicklung des regulatorischen Rahmens, insbesondere im Hinblick auf die Durchsetzung bestehender Vorschriften und die Stärkung der Befugnisse der Aufsichtsbehörden, könnte dazu beitragen, Unternehmen besser vor missbräuchlichen Leerverkaufsattacken zu schützen.

9.7 Anpassung der Voraussetzungen für Handelsaussetzungen i. S. des § 73 WpHG

Die beschriebenen Fälle unter § 3 zeigen die Komplexität und potenzielle Auswirkungen von Leerverkaufsattacken auf börsennotierte Unternehmen. Das vorliegende Kapitel zeigt, wo die Grenzen der unmittelbaren Gegenmaßnahmen, der Unternehmen sind.

Eine zentrale Empfehlung zur Verbesserung des Schutzes vor Leerverkaufsattacken ist die Ergänzung des § 73 WpHG. Diese Ergänzung zielt darauf ab, der Bundesanstalt für Finanzdienstleistungsaufsicht (BaFin) erweiterte Befugnisse zur Handelsaussetzung zu gewähren, wenn bestimmte Voraussetzungen erfüllt sind.

Der vorgeschlagene neue Absatz könnte wie folgt lauten:

„(5) Die Bundesanstalt kann den Handel mit Finanzinstrumenten eines Unternehmens für bis zu 14 Tage aussetzen, wenn folgende Voraussetzungen kumulativ erfüllt sind:
Das Unternehmen hat der Bundesanstalt ein von unabhängigen Wirtschaftsprüfern testiertes, angemessenes und funktionierendes Compliance-Management-System und Risikomanagementsystem nachgewiesen. Die Prüfung und Testierung muss innerhalb der letzten zwei Jahre erfolgt sein.
Es liegt eine erhöhte Leerverkaufsaktivität in Bezug auf die Finanzinstrumente des Unternehmens vor. Eine erhöhte Leerverkaufsaktivität wird vermutet, wenn die gemeldeten Netto-Leerverkaufspositionen innerhalb von fünf Handelstagen um mehr als 50% zunehmen.
Es wurde ein negativer Bericht über das Unternehmen veröffentlicht, der geeignet ist, den Kurs der Finanzinstrumente erheblich zu beeinflussen.
(6) Die Handelsaussetzung nach Absatz 5 kann auf Antrag des betroffenen Unternehmens vorzeitig aufgehoben werden.

---

363 Möllers, NZG 2018, 649, 654
364 Schlimbach, F., 211

(7) Das Unternehmen hat während der Handelsaussetzung die Möglichkeit, auf die Vorwürfe zu reagieren und geeignete Gegenmaßnahmen zu ergreifen. Hierzu können insbesondere gehören:

a) Die Veröffentlichung einer ausführlichen Stellungnahme zu den Vorwürfen
b) Der Rückkauf eigener Aktien zur Kursstützung
c) Das Angebot an Aktionäre, Aktien zum aktuellen Börsenkurs zu erwerben

(8) Die Bundesanstalt erlässt Richtlinien über die Anforderungen an die Prüfung und Testierung der Compliance-Management-Systeme und Risikomanagementsysteme nach Absatz 5 Nr. 1.“

Diese Ergänzung würde den vorgeschlagenen Mechanismus implementieren und gleichzeitig sicherstellen, dass nur Unternehmen mit nachweislich soliden internen Kontrollsystemen von diesem Schutz profitieren können. Die Begrenzung auf 14 Tage und die Möglichkeit der vorzeitigen Aufhebung gewährleisten, dass der Marktmechanismus nicht übermäßig eingeschränkt wird.

Dieser Vorschlag würde „Waffengleichheit“ zwischen Unternehmen und Leerverkäufern herstellen und gleichzeitig Anreize für Unternehmen schaffen, in robuste Compliance- und Risikomanagementsysteme zu investieren. Es ist wichtig zu betonen, dass dieser Mechanismus nicht vor berechtigter Kritik schützen soll, sondern vielmehr Unternehmen die Möglichkeit gibt, angemessen auf potenzielle Angriffe zu reagieren.

Aber auch die zunehmende Regulierung im Bereich Umwelt, Soziales und Unternehmensführung (Environmental, Social, Governance – ESG) stellt Unternehmen vor neue Herausforderungen und birgt Potenzial, durch falsche Berichterstattungen über Unternehmen, den Kurs und die Reputation der Unternehmen zu schädigen.

§ 10 Praktische Umsetzungshilfen

10.1 Organisatorische Komplexität am Beispiel des LkSG

Die Integration des LkSG in das bestehende Compliance-Management-System erfordert tiefgreifende Anpassungen in der Unternehmensstruktur. § 4 LkSG verpflichtet Unternehmen dazu, ein effektives Risikomanagement zu implementieren, das auf die spezifischen Risiken in ihren Lieferketten abgestimmt ist. Dies beinhaltet nicht nur die Einführung neuer interner Kontrollmechanismen, sondern auch die Überprüfung von Zulieferern hinsichtlich menschenrechtlicher und umweltbezogener Standards. Besonders schwierig ist dies bei mittelbaren Zulieferern, auf die das Unternehmen keinen direkten Einfluss hat. Unternehmen müssen hier Verfahren entwickeln, um auch über diese Zulieferer ausreichende Informationen zu erlangen und diese regelmäßig zu bewerten.[365] Im Rahmen der Phase I der Überarbeitung der Compliance-Management-Systeme liegt der Fokus vorrangig auf der Identifikation von ersten Risiken sowie dem Aufspüren sogenannter Red Flags, welche als Grundlage für die Planung des weiteren Vorgehens dienen. Das Resultat dieser Überprüfung ist maßgeblich dafür verantwortlich, welche Maßnahmen ergriffen bzw. wie Risiken bewertet werden.[366]

10.1.1 Risikomanagement und Sorgfaltspflichten

Ein wirksames Risikomanagementsystem, wie es § 5 LkSG verlangt, stellt eine zentrale Herausforderung für Unternehmen dar. Unternehmen sind verpflichtet, regelmäßige Risikoanalysen durchzuführen und die erkannten Risiken systematisch zu bewerten. Umweltrechtliche Aspekte, insbesondere Genehmigungen, sind oft ein zentrales Element der Geschäftstätigkeit eines Unternehmens und können signifikante Auswirkungen auf das Fortbestehen des Unternehmens haben.[367] Daher ist es erforderlich, Verträge auf ihre ESG-Kompatibilität zu überprüfen und ESG-Aspekte in das CMS zu integrieren[368].

Darüber hinaus ist es bereits in frühen Phasen notwendig, rechtliche Vorschriften zu identifizieren und zu prüfen, inwieweit diese Vorschriften mit unserer Wertevorstellung übereinstimmen.

---

365 *Burchadri*, Neue Zeitschrift für Gesellschaftsrecht (NZG) 2022, 1467.

366 Roeder/Werthmüller/Schlutz/Havlik, CCZ 2024, 13, (17)

367 ebd.

368 MüKoAktG/Spindler, § 93 AktG Rn. 120

Dies setzt voraus, dass Unternehmen umfassende Informationen über die Geschäftspraktiken ihrer Lieferanten sammeln, was besonders in globalen Lieferketten schwierig ist.[369] Unternehmen stehen dabei vor dem Problem, dass die Informationen oft nicht in ausreichender Qualität oder nicht rechtzeitig verfügbar sind, was die Durchführung einer fundierten Risikoanalyse erheblich erschwert. In Hochrisikoländern, in denen Menschenrechte und Umweltstandards nicht ausreichend durchgesetzt werden, sind diese Herausforderungen besonders groß.[370]

10.1.2 Interne und externe Schulungen

Die Schulung der Mitarbeiter und die Sensibilisierung der Lieferanten sind entscheidende Elemente für die erfolgreiche Umsetzung des LkSG. Nach § 6 Abs. 4 LkSG sind Unternehmen verpflichtet, geeignete Präventionsmaßnahmen zu ergreifen, um die Einhaltung der Sorgfaltspflichten sicherzustellen. Dies umfasst die Schulung der eigenen Mitarbeiter ebenso wie die Sensibilisierung von Lieferanten in Bezug auf menschenrechtliche und umweltbezogene Standards. Für multinationale Unternehmen, die mit einer Vielzahl von Zulieferern in unterschiedlichen Rechtsordnungen arbeiten, stellt dies eine erhebliche organisatorische Herausforderung dar. Besonders problematisch sind dabei Zulieferer, die in Ländern mit niedrigen Arbeitsstandards ansässig sind, da hier oft keine ausreichenden lokalen Compliance-Strukturen vorhanden sind.[371]

10.2 Überwachungsmechanismen und deren Herausforderungen

10.2.1 Überwachung der Einhaltung und Audits

Unternehmen müssen gemäß § 7 LkSG kontinuierliche Überwachungsmaßnahmen ergreifen, um sicherzustellen, dass ihre Lieferanten die Anforderungen des Gesetzes erfüllen. Diese Überwachung umfasst regelmäßige Audits, die dazu dienen, Risiken in der Lieferkette frühzeitig zu erkennen und Abhilfemaßnahmen einzuleiten. Ein großes Problem stellt die Überwachung von mittelbaren Zulieferern dar, auf die Unternehmen keinen direkten Einfluss haben. Die rechtliche Verpflichtung, auch diese Lieferanten zu überwachen, erfordert den Einsatz von

---

369 *Bürkle/Hauschka/Schieffer* (Hrsg.), Der Compliance Officer.
370 *Bürkle/Hauschka/Schieffer* (Hrsg.), Der Compliance Officer.
371 *Baade*, Deutsches Steuerrecht (DStR), 1617.

erheblichen Ressourcen und birgt das Risiko von Haftungsfragen, wenn trotz aller Bemühungen Menschenrechtsverletzungen auftreten.[372]

Im Rahmen der Überwachung der Einhaltung von Compliance-Vorgaben spielt der Hinweisgeber-Meldeprozess eine zentrale Rolle. Durch interne und externe Hinweisgeber können Unternehmen potenzielle Verstöße frühzeitig identifizieren und interne Audits gezielt einsetzen, um die Einhaltung gesetzlicher und unternehmensinterner Vorgaben zu überprüfen. Ein umfassendes Hinweisgebersystem trägt maßgeblich zur Erhöhung der Transparenz und Effektivität von Compliance-Programmen bei und ermöglicht es Unternehmen, regulatorischen Anforderungen wie dem LkSG oder der CSRD gerecht zu werden.

10.2.2 Dokumentationspflichten und Transparenzanforderungen

Neben der Überwachung müssen Unternehmen gemäß § 10 LkSG umfassende Dokumentationspflichten erfüllen. Unternehmen sind verpflichtet, jährlich einen Bericht über die Einhaltung ihrer Sorgfaltspflichten zu erstellen und diesen öffentlich zugänglich zu machen. Die Einhaltung dieser Dokumentationspflichten ist besonders für multinationale Unternehmen herausfordernd, da diese Daten aus zahlreichen Ländern sammeln und verarbeiten müssen, um eine lückenlose Berichterstattung zu gewährleisten. Dies führt zu einem erheblichen administrativen und operativen Aufwand und erfordert häufig den Einsatz spezialisierter IT-Systeme.[373]

10.2.3 Zusammenarbeit mit Lieferanten

Ein wesentlicher Aspekt der Einhaltung des LkSG ist die Zusammenarbeit mit Lieferanten. Unternehmen sind auf die Kooperation ihrer Zulieferer angewiesen, um die gesetzlichen Vorgaben zu erfüllen. Dies betrifft insbesondere Zulieferer in Hochrisikoländern, in denen die Durchsetzung von Menschenrechten und Umweltstandards oft lückenhaft ist. Unternehmen müssen geeignete Verträge und Vereinbarungen treffen, um sicherzustellen, dass die Lieferanten ihre menschenrechtlichen und umweltbezogenen Verpflichtungen einhalten. In der Praxis stößt dies jedoch oft auf Widerstand seitens der Lieferanten, insbesondere wenn diese die zusätzlichen Compliance-Maßnahmen als Belastung wahrnehmen.[374]

---

372 *Tschäpe/Trefzger*, Zeitschrift für dt. und internat. Bau- und Vergaberecht (ZfBR), 423.

373 *Hembach*, Lebensmittel & Recht (LMuR) 2023, 9. (16)

374 *Spindler*, Zeitschrift für das gesamte Handels-und Wirtschaftsrecht (ZHR) 2022, 67.

§ 11 Technologische Unterstützung: Automatisierung und Datenmanagement

11.1 Digitale Tools und AI-basierte Systeme

Um den Anforderungen des LkSG gerecht zu werden, setzen viele Unternehmen auf digitale Tools und KI-basierte Systeme. Diese Technologien ermöglichen es, Lieferketten in Echtzeit zu überwachen und potenzielle Risiken frühzeitig zu identifizieren.[375] Die Einführung solcher Technologien erfordert jedoch erhebliche Investitionen und umfangreiche Schulungen der Mitarbeiter. Besonders problematisch ist die Integration dieser Systeme in bestehende Compliance-Management-Strukturen, die oft auf manuelle Prozesse und papierbasierte Dokumentationen ausgelegt sind.[376]

11.1.1 Herausforderungen im Datenmanagement

Ein weiteres Problem ergibt sich aus dem Datenmanagement. Unternehmen müssen sicherstellen, dass die gesammelten Daten verlässlich und vollständig sind, um die gesetzlichen Anforderungen zu erfüllen.[377] Besonders in Ländern mit schwachen institutionellen Strukturen ist dies eine Herausforderung, da hier oft keine belastbaren Daten verfügbar sind. Zudem müssen Unternehmen sicherstellen, dass die Daten datenschutzkonform verarbeitet werden, was insbesondere in Bezug auf die EU-Datenschutz-Grundverordnung (DSGVO) problematisch ist.[378]

11.2 Rechtsfolgen bei Nichteinhaltung und Haftungsrisiken

11.2.1 Bußgelder und Sanktionen

Die Nichteinhaltung des LkSG kann für Unternehmen schwerwiegende finanzielle und rechtliche Konsequenzen haben. Gemäß § 24 LkSG drohen Unternehmen bei Verstößen gegen ihre Sorgfaltspflichten Bußgelder von bis zu 2% des weltweiten Jahresumsatzes. Dies gilt insbesondere für Unternehmen, die systematisch

---

375 *Bürkle/Schieffer*, in: Bürkle/Hauschka/Schieffer (Hrsg.), Der Compliance Officer, Rn. 46ff.

376 *Bräutigam/Habbe*, Neue juristische Wochenschrift (NJW) 2022, 809.

377 *Jung*, Zeitschrfit für Datenschutz (ZD) 2018, 208.

378 ebd.

gegen ihre Pflichten zur Risikoanalyse und -prävention verstoßen. Die Einhaltung des LkSG ist daher nicht nur eine Frage der rechtlichen Haftung, sondern auch eine Frage des wirtschaftlichen Risikomanagements.

11.2.2 Zivilrechtliche Haftungsfragen

Neben den staatlichen Sanktionen drohen Unternehmen auch zivilrechtliche Haftungsrisiken. Gemäß § 11 LkSG können Betroffene zivilrechtliche Schadensersatzansprüche geltend machen, wenn sie durch Verstöße in der Lieferkette geschädigt wurden. Dies führt zu einer erheblichen Zunahme des Haftungsrisikos für Unternehmen, insbesondere wenn diese in Branchen tätig sind, die traditionell mit Menschenrechtsrisiken konfrontiert sind, wie z.B. der Textil- oder Rohstoffsektor. Unternehmen müssen daher sicherstellen, dass ihre Compliance-Maßnahmen nicht nur den gesetzlichen Anforderungen entsprechen, sondern auch potenzielle zivilrechtliche Haftungsansprüche minimieren.

11.2.3 Berichterstattung über angebliche Verstöße

Wie bereits eingangs erwähnt, berichtete der NDR 2022 über mögliche Menschenrechtsverletzungen bei Adidas, Puma und Hugo Boss, insbesondere in Verbindung mit Baumwolle aus der chinesischen Region Xinjiang. In dieser Region besteht der Verdacht, dass Baumwolle unter Einsatz von Zwangsarbeit, insbesondere von der uigurischen Minderheit, produziert wird. Trotz der öffentlichen Zusicherungen dieser Unternehmen, keine Baumwolle aus dieser Region zu beziehen, ergaben Untersuchungen von STRG_F und Agroisolab durch Isotopenanalysen, dass in den Produkten dieser Firmen Spuren von Baumwolle aus Xinjiang nachgewiesen wurden.[379] Die Vorwürfe führten dazu, dass die betroffenen Unternehmen unter erheblichen Druck gerieten, ihre Lieferketten genauer zu erklären. Obwohl das Lieferkettensorgfaltspflichtengesetz (LkSG) zu diesem Zeitpunkt noch nicht vollständig in Kraft war, verursachte die Berichterstattung erhebliche Erklärungsnöte bei Adidas, Puma und Hugo Boss. Der Aktienkurs von Adidas und Puma brach infolge dieser Enthüllungen ein, was zeigt, wie sensibel Investoren auf mögliche Verstöße gegen Menschenrechte und Umweltstandards reagieren[380].

---

379 https://play.funk.net/channel/strgf-11384/adidas-puma-boss-co-baumwolle-aus-chinazwangsarbeit-strgf-1800765 (letzter Zugriff: 31.10.2024

380 https://www.business-humanrights.org/en/latest-news/germany-adidas-hugo-boss-and-puma-products-are-linked-to-xinjiang-cotton-according-to-reports/ (letzter Zugriff: 31,10,2024)

Die Berichterstattung des NDR im Mai 2022 über angebliche Menschenrechtsverstöße bei den Firmen Adidas, Puma und Hugo Boss zeigt, wie sensibel die Öffentlichkeit und der Markt auf Vorwürfe dieser Art reagieren – auch wenn das Lieferkettensorgfaltspflichtengesetz (LkSG) noch nicht vollumfänglich galt. Diese Berichterstattung unterstrich nicht nur die Bedeutung von Menschenrechtsfragen in der Lieferkette, sondern machte auch deutlich, wie schnell ein solch mutmaßlicher Skandal zu negativen wirtschaftlichen Folgen führen kann, wie etwa dem Kursverfall von Adidas und Puma.

11.3 Auswirkungen auf Unternehmen: Compliance und Reputationsmanagement

Trotz der Tatsache, dass das LkSG für diese Firmen zu dem Zeitpunkt noch nicht vollständig zur Anwendung kam, wurde eine sofortige öffentliche Reaktion notwendig. Dies zeigt, dass Unternehmen, die im globalen Markt agieren, unter stetiger Beobachtung von Medien und Nichtregierungsorganisationen stehen, und selbst das bloße Aufkommen von Verdachtsmomenten zu schwerwiegenden wirtschaftlichen und reputationsbezogenen Konsequenzen führen kann. In diesem Fall brachen die Aktienkurse von Adidas und Puma aufgrund der negativen Berichterstattung ein, was belegt, wie eng das Vertrauen der Investoren mit der Wahrnehmung der Einhaltung von Menschenrechtsstandards verknüpft ist. Es zeigt aber auch, dass solche Berichterstattungen auch Potenzial haben, Leerverkaufsaktivisten auf den Plan zu rufen.

Für Unternehmen wie Adidas und Puma, die weltweit tätig sind, zeigt dieser Vorfall die Wichtigkeit eines proaktiven und robusten Compliance-Management-Systems. Selbst ohne gesetzliche Verpflichtungen können Vorwürfe von Menschenrechtsverletzungen verheerende Folgen für die Reputation eines Unternehmens und dessen finanzielle Lage haben. Das Risiko ist nicht nur rechtlicher Natur, sondern auch wirtschaftlicher, da der Markt empfindlich auf Nachrichten reagiert, die auf ethische oder menschenrechtliche Versäumnisse hindeuten.

11.3.1 Reaktion der Unternehmen

Die betroffenen Unternehmen sahen sich gezwungen, rasch auf die Vorwürfe zu reagieren, um weiteren Schaden von sich abzuwenden. In der öffentlichen Kommunikation versuchten Adidas, Puma und Hugo Boss zu betonen, dass sie bereits über umfassende Maßnahmen zur Sicherstellung der Menschenrechtskonformität ihrer Lieferketten verfügen und ihre Lieferanten regelmäßigen Überprüfungen unterziehen. Diese Erklärungen zeigen die zentrale Rolle des

Reputationsmanagements und der Transparenz in der Kommunikation mit der Öffentlichkeit, insbesondere bei multinationalen Unternehmen.[381]

11.3.2 Bedeutung für die Implementierung des LkSG

Dieser Vorfall verdeutlicht die Relevanz des LkSG auch für Unternehmen, die international tätig sind und deren Märkte sensibel auf Menschenrechtsvorwürfe reagieren. Mit der Einführung des LkSG wird es künftig für alle börsennotierte Unternehmen wichtig sein und nicht nur für Unternehmen wie Adidas, Puma und Hugo Boss noch wichtiger sein, ihre Compliance-Management-Systeme so zu gestalten, dass sie systematisch auf Risiken in der Lieferkette reagieren können. Der Vorfall zeigt, dass die Anforderungen des Gesetzes – wie die Identifikation von Risiken, Präventionsmaßnahmen und die kontinuierliche Überwachung – keine rein rechtlichen Verpflichtungen sind, sondern integrale Bestandteile des modernen Risikomanagements und der Unternehmensführung.

Das Lieferkettensorgfaltspflichtengesetz (LkSG) verpflichtet Unternehmen dazu, wirksame Beschwerdemechanismen einzurichten, um Verstöße in ihren Lieferketten aufzudecken. Ein Hinweisgeber-Meldeprozess ist dabei von zentraler Bedeutung, um eine kontinuierliche Überwachung der Lieferkette zu gewährleisten und umgehend auf Berichte über Menschenrechtsverletzungen oder Umweltverstöße reagieren zu können. Unternehmen, die auf ein solches System setzen, erfüllen nicht nur die gesetzlichen Anforderungen, sondern stärken auch ihr Risikomanagement durch die proaktive Identifikation von Schwachstellen in der Lieferkette.

11.4 Bedeutung der ESG für Unternehmen

Berichterstattung über Verstöße gegen ESG haben eine erhebliche Wirkung auf die betroffenen Unternehmen. Die Fälle Adidas, Puma und Boss zeigen, dass Unternehmen in der heutigen globalisierten Welt nicht nur rechtliche Risiken, sondern auch erhebliche wirtschaftliche und reputationsbezogene Konsequenzen in Kauf nehmen müssen, wenn sie Menschenrechte in ihrer Lieferkette vernachlässigen.

Die Relevanz von ESG (Environmental, Social, and Governance) für Unternehmen wächst kontinuierlich und wird sowohl durch neue gesetzliche Vorgaben als auch durch steigende Erwartungen von Stakeholdern verstärkt.[382] Die wichtigsten Aspekte, die Unternehmen heute beachten sollten, umfassen:

---

381 *Klöhn/Schmolke*, Neue Zeitschrift für Gesellschaftsrecht (NZG) 2015, 689.

382 *Kürten/Rennert, Christian und Schulz-Kamm, Eva*, ESG Zeitschrift für nachhaltige Unternehmensführung (ESG) 2024, 159.

Gesetzliche Vorgaben und Transparenz:

Zahlreiche Länder und Institutionen fordern von Unternehmen zunehmend eine detaillierte Berichterstattung über ihre ESG-Aktivitäten. In der EU streben Regelungen wie die Corporate Sustainability Reporting Directive (CSRD) und das geplante Corporate Sustainability Due Diligence Directive (CSDDD) eine verpflichtende Offenlegung nachhaltiger Unternehmenspraktiken an.

Risikomanagement und Compliance:

ESG-Themen betreffen eine Vielzahl von Risikobereichen. Beispielsweise verlangt das Lieferkettensorgfaltspflichtengesetz von Unternehmen, dass Umwelt- und Sozialstandards entlang der Lieferkette gewahrt werden. Ein gut strukturiertes Compliance-Management-System (CMS) trägt dazu bei, diese Anforderungen systematisch zu integrieren und die damit verbundenen Risiken zu überwachen.

Erwartungen von Investoren:

Investoren messen nachhaltigem Wirtschaften und ESG-Standards zunehmend Bedeutung bei. Unternehmen, die ESG-Faktoren aktiv umsetzen, erhalten häufig besseren Zugang zu Kapital und nachhaltigen Fonds.

Reputation und Wettbewerbsvorteil:

Die Haltung zu ESG beeinflusst maßgeblich die Wahrnehmung durch Kunden, Partner und die Öffentlichkeit. Unternehmen, die hohe ESG-Standards einhalten, können sich als verantwortungsvolle Marktteilnehmer positionieren und dadurch ihre Wettbewerbsfähigkeit stärken.

Langfristige Wertschöpfung:

Untersuchungen zeigen, dass Unternehmen, die auf ESG setzen, langfristig finanziell stabiler sind und resilienter auf regulatorische Veränderungen und Marktdynamiken reagieren.[383]

Die Integration des Lieferkettensorgfaltspflichtengesetzes in bestehende Compliance-Management-Systeme ist eine herausfordernde Aufgabe. Unternehmen müssen umfangreiche Maßnahmen ergreifen, um sicherzustellen, dass sie ihren Sorgfaltspflichten nachkommen und Menschenrechtsverletzungen sowie Umweltverstöße in ihren Lieferketten verhindern. Die Einführung neuer Technologien und die Schulung von Mitarbeitern und Zulieferern sind wesentliche

383 *Velte*, Deutsches Steuerrecht (DStR) 2024, 2323.

Schritte, um die gesetzlichen Anforderungen zu erfüllen. Dennoch birgt das LkSG erhebliche rechtliche und wirtschaftliche Risiken, die Unternehmen durch eine umfassende Compliance-Strategie minimieren müssen.

Compliance-Management-Systeme (CMS) haben in den letzten Jahren eine signifikante Entwicklung durchlaufen. Ursprünglich primär als Instrument zur Exkulpation von Unternehmen und deren Leitungsorganen konzipiert, haben sie im Zuge der zunehmenden ESG-Regulierung und der Herausforderungen durch Leerverkaufsattacken eine erweiterte Bedeutung erlangt.

§ 12 Compliance und Risikomanagementsysteme als Präventivmaßnahmen

12.1 Corporate Governance Systeme

Wie in § 6 erläutert, sind CMS, RMS und IKS Corporate Governance Systeme, die eine zentrale Rolle zum Schutz von Unternehmen dienen. In diesem Kapitel wird nun die Anwendung dieser Systeme im Rahmen von ESG-Compliance und der Prävention von Short-Seller-Angriffen näher betrachtet. Das CMS dient als erste Verteidigungslinie gegen Short-Seller-Angriffe. Die frühzeitige Offenlegung und Einhaltung von regulatorischen Vorgaben sichert das Vertrauen der Marktteilnehmer.

12.2 Erweiterte Bedeutung im Kontext von ESG

Mit der zunehmenden Regulierung im Bereich Environmental, Social, Governance (ESG) hat sich die Bedeutung von CMS erweitert. Insbesondere das Lieferkettensorgfaltspflichtengesetz (LkSG) stellt neue Anforderungen an Unternehmen:

12.2.1 Risikomanagementsystem

Ein starkes Risikomanagementsystem (RMS) hilft, Marktmanipulationen frühzeitig zu erkennen und Gegenmaßnahmen zu ergreifen. Zusammen mit einem IKS, das die Transparenz der Finanzberichterstattung sicherstellt, wird die Angriffsfläche für spekulative Marktmanipulationen minimiert. Nach § 4 Abs. 1 LkSG müssen Unternehmen ein angemessenes und wirksames Risikomanagement zur Einhaltung der Sorgfaltspflichten einrichten. Die Business Judgement Rule (BJR) gilt ausschließlich für unternehmerische Entscheidungen der Geschäftsleitung, während rechtlich gebundene Entscheidungen, die der Legalitätspflicht unterliegen, davon ausgenommen sind. Es hat sich mittlerweile die allgemeine Meinung etabliert, dass ein Compliance-Management-System (CMS) eingerichtet werden muss („Ob"), wobei hinsichtlich der Ausgestaltung („Wie") ein weiter Handlungs- und Ermessensspielraum nach der BJR besteht.[384] Auch wenn die Geschäftsleitung bestimmte Pflichten delegieren kann, verbleibt dennoch eine

384 *Späth/Werner*, Corporate Compliance Zeitschriften (CCZ) 2022, 107.

Überwachungspflicht, die die Einrichtung eines geeigneten Kontroll- und Überwachungssystems erfordert.[385]

12.2.2 Risikoanalyse:

§ 5 LkSG verpflichtet Unternehmen zur Durchführung einer Risikoanalyse, um menschenrechtliche und umweltbezogene Risiken zu ermitteln. Die Pflicht zur Risikoanalyse gemäß § 5 LkSG ist integraler Bestandteil des Risikomanagements und dient der Grundlage für die Implementierung wirksamer Präventions- und Abhilfemaßnahmen.[386] In der Gesetzesbegründung zum Regierungsentwurf (RegE) werden drei zentrale Verfahrensschritte genannt: Risikoanalyse, Bewertung und Priorisierung sowie Kommunikation.[387] Diese Schritte sollen den Rahmen für die Erfüllung der Sorgfaltspflichten, insbesondere in Bezug auf menschenrechtliche und umweltbezogene Risiken, setzen.

Für die Durchführung der Risikoanalyse gelten bestimmte Bezugspunkte, die primär den eigenen Geschäftsbereich sowie unmittelbare Zulieferer betreffen. Mittelbare Zulieferer sind nur dann in die Analyse einzubeziehen, wenn eine „substantiierte Kenntnis" über deren Risiko besteht.[388] Dabei müssen die Analysen schrittweise den gesamten Geschäftsbereich abdecken und bei erhöhten Risiken intensiviert werden.[389] Ein weiterer wichtiger Aspekt der Risikoanalyse ist die Berücksichtigung risikoreicher Geschäftsfelder, Standorte, Produkte und Herkunftsländer unter Berücksichtigung der politischen Rahmenbedingungen.[390] Hierbei können Indizes zur Menschenrechtssituation oder branchenspezifische Indizes sowie Leitfäden zur Risikobewertung und Risikominderung herangezogen werden.[391]

Ob eine Vor-Ort-Kontrolle (Audit) erforderlich ist, hängt vom Ergebnis der Risikoanalyse und der jeweiligen Priorisierung ab. In Fällen, in denen bereits eine Verletzung vorliegt, sollte ein Dialog mit den betroffenen Personen oder deren Vertretern aufgenommen werden, auch wenn die Verantwortung bei einem

---

385 *Späth/Werner*, Corporate Compliance Zeitschriften (CCZ) 2022, 107.

386 *Hopt/Kumpan/Leyens*, et al.§ 5 LkSG Rn. 1

387 RegE BT-Drucks. 19/28649, 44.

388 BMWK/BMAS/BAFA, FAQ, 25.10.2024, VIII.2. abrufbar unter: https://www.bafa.de/DE/Lieferketten/FAQ/haeufig_gestellte_fragen_node.html (letzter Zugriff: 30.10.2024)

389 BAFA, Handreichung Risikoanalyse, 08/22, S. 12 f.

390 RegE BT-Drucks. 19/28649, S. 44.

391 Herrmann/Rünz, DB 2021, 3078 (3081 f.)

mittelbaren Zulieferer liegt.[392] Es wird darauf hingewiesen, dass allgemeine Compliance-Pflichten nicht nur auf erkennbare Risiken, sondern auch auf schwer zu identifizierende Menschenrechtsverletzungen ausgeweitet werden müssen.[393]

Stellt sich die Zwischenschaltung eines Dritten als missbräuchliche Gestaltung oder Umgehung dar, so gilt dieser Dritte als unmittelbarer Zulieferer, was zur Folge hat, dass die Sorgfaltspflichten auch ohne „substantiierte Kenntnis“ greifen.[394]

Die Priorisierung ist erforderlich, wenn nicht alle identifizierten Risiken gleichzeitig adressiert werden können. Dies wird insbesondere in der Gesetzesbegründung betont, die feststellt, dass Unternehmen eine entsprechende Gewichtung der Risiken vornehmen müssen.[395]

Das Gesetz geht dabei grundsätzlich von der Prävention und Abhilfe aus, wie sie in den §§ 6, 7 LkSG verankert sind. Bei der Risikogewichtung und Priorisierung sind die Kriterien des Angemessenheitsvorbehalts gemäß § 3 Abs. 2 LkSG heranzuziehen, um sicherzustellen, dass die Maßnahmen im Verhältnis zur Schwere und Wahrscheinlichkeit des Risikos stehen.[396]

Die Priorisierung erfordert zudem eine vertiefte Prüfung der Auswirkungen, die durch Inspektionen vor Ort, wie z. B. der Überprüfung der Brand- und Gebäudesicherheit oder der Schutzmaßnahmen für Beschäftigte, durchgeführt werden kann. Darüber hinaus sind Gespräche mit Beschäftigten, gewerkschaftlichen Vertretern und Anwohnern sowie die Durchführung von Fallstudien und der Einbezug von weiterem Fachwissen notwendig.[397]

Das BAFA stellt in seiner Einschätzung fest, dass Risiken bei Zulieferern, die für Hilfsdienste wie Gebäudereinigung oder Kantinenbetrieb zuständig sind, oft vernachlässigt oder mit geringem Aufwand bearbeitet werden können, da der Verursachungsbeitrag des Unternehmens entweder fehlt oder nur geringfügig ist.[398]

Die Ergebnisse der Risikoanalyse sind innerhalb des Unternehmens zu kommunizieren, was die Einrichtung entsprechender Berichtskanäle zu den maßgeblichen Entscheidungsträgern erfordert. Dazu gehören auch geeignete

---

392 BAFA, Handreichung Risikoanalyse, 08/22, 16.
393 *Nietsch/Wiedmann*, Corporate Compliance Zeitschriften (CCZ) 2021, 101.(107)
394 RegE BT-Drucks. 19/28649, 44 f.
395 RegE BT-Drucks. 19/28649, 45; BAFA, Handreichung Angemessenheit, 12/22, 13, 17.
396 Herrmann/Rünz, DB 2021, 3078 (3081 f.)
397 RegE BT-Drucks. 19/28649, 45.
398 BMWK/BMAS/BAFA, FAQ, 25.10.2024, II.5., VIII.5.

Verfahrensabläufe, um sicherzustellen, dass die relevanten Informationen in die Unternehmensführung integriert werden.[399]

Das Gesetz nennt beispielhaft den Vorstand oder das Leitungsorgan wie etwa den Geschäftsführer einer GmbH, sowie die Einkaufsabteilung als Empfänger dieser Informationen. Darüber hinaus erscheint es sinnvoll, weitere Kanäle zu den Abteilungen und Funktionen einzurichten, die in das Risikomanagement eingebunden sind.[400] Es besteht zudem die Pflicht, die Ergebnisse der Risikoanalyse in der weiteren Unternehmensführung zu berücksichtigen. Diese Verpflichtung wurde in der Gesetzesbegründung ausdrücklich festgehalten.[401] Zwar wurde der entsprechende Halbsatz im Gesetzgebungsverfahren gestrichen, jedoch nur deshalb, weil es in bestimmten Fällen, insbesondere bei verbundenen Gesellschaften im Sinne von § 15 AktG, an tatsächlichen oder rechtlichen Möglichkeiten fehlen könnte, die Ergebnisse der Risikoanalyse adäquat zu berücksichtigen.[402]

In diesen Fällen kann das Risiko möglicherweise nicht vollständig beseitigt werden, jedoch bleibt die Möglichkeit einer Risikominimierung bestehen. Zudem können die Voraussetzungen geschaffen werden, um eine Unterbindung zu ermöglichen, was das Gesetz gegenüber unmittelbaren Zulieferern ausdrücklich fordert.[403]

Ohne die Pflicht zur Berücksichtigung der Risikoanalyse würde die Analysepflicht jedoch ins Leere laufen und ihren Zweck verfehlen.[404]

Die in Abschnitt IV geregelten Durchführungs- und Nachverfolgungspflichten folgen einem risikobasierten Regelungsansatz, wie er in Art. 10 der vorgeschlagenen CSDDD-E (EU) zum Ausdruck kommt.[405] Diese Pflichten gelten für die Bereiche Prävention (§ 6 Abs. V), Abhilfe (§ 7 Abs. IV) und das Beschwerdeverfahren (§ 8 Abs. V) und sind jeweils mit einer Aktualisierungspflicht verbunden, beispielsweise hinsichtlich der Grundsatzerklärung gemäß § 9 Abs. III Nr. 4 LkSG. Die Risikoanalyse muss in regelmäßigen Abständen, mindestens einmal jährlich, sowie bei bestimmten Anlässen durchgeführt werden.[406]

---

399 BAFA, Handreichung Angemessenheit, 12/22, S. 11.
400 *Hopt/Kumpan/Leyens*, et al.Leyens $ 5 LkSG Rn. 8
401 RegE BT-Drucks. 19/28649, S. 45; Nietsch/Wiedmann, CCZ 2021, 101 (107)
402 BeschlussE BT-Drucks. 19/30505, S. 40.
403 *Hopt/Kumpan/Leyens*, et al.Leyens LkSG § 7 Rn. 7
404 *Hopt/Kumpan/Leyens*, et al. Leyens LkSG § 5 Rn. 9
405 *Hopt/Kumpan/Leyens*, et al.Leyens LkSG § 5 Rn. 10
406 RegE BT-Drucks. 19/28649, S. 45.

Die Pflicht zur anlassbezogenen Durchführung der Risikoanalyse bezieht sich auf den eigenen Geschäftsbereich und unmittelbare Zulieferer und tritt bei mittelbaren Zulieferern erst bei substantiierter Kenntnis in Kraft.[407] Auslöser für die anlassbezogene Analyse können wesentliche Änderungen oder bereits bevorstehende Ereignisse sein, etwa neue Tätigkeiten oder Lieferantenbeziehungen, strategische Entscheidungen, Geschäftserweiterungen oder Veränderungen im Geschäftsumfeld.[408] Die Risikoanalyse ist gem. § 5 IV Alt. 1 LkSG zumindest jährlich sowie zusätzlich anlassbezogen durchzuführen, wenn das Unternehmen mit einer wesentlich veränderten oder wesentlich erweiterten Risikolage in der Lieferkette rechnen muss, § 5 IV Alt. 2 LkSG. Das kann etwa der Fall sein, wenn neue Produkte, Projekte oder Geschäftsfelder eingeführt oder Geschäftsbeziehungen zu neuen Lieferanten mit wesentlich abweichenden Risikoprofilen etabliert werden. Die Risikoanalyse ist gem. § 5 IV Alt. 1 LkSG zumindest jährlich sowie zusätzlich anlassbezogen durchzuführen, wenn das Unternehmen mit einer wesentlich veränderten oder wesentlich erweiterten Risikolage in der Lieferkette rechnen muss, § 5 IV Alt. 2 LkSG. Das kann etwa der Fall sein, wenn neue Produkte, Projekte oder Geschäftsfelder eingeführt oder Geschäftsbeziehungen zu neuen Lieferanten mit wesentlich abweichenden Risikoprofilen etabliert werden. Die Risikoanalyse ist folglich kein statischer, sondern ein dynamischer Prozess, der mit der Entwicklung des Unternehmens Schritt halten muss.[409] Die Risikoanalyse ist folglich kein statischer, sondern ein dynamischer Prozess, der mit der Entwicklung des Unternehmens Schritt halten muss. Zudem wird die Pflicht ausgelöst, wenn Hinweise auf die mangelnde Wirksamkeit der bereits ergriffenen Präventions- und Abhilfemaßnahmen oder auf eine Fehleinschätzung der bestehenden Risiken vorliegen.[410]

Ein wesentlicher Punkt ist die Berücksichtigung von Hinweisen aus dem Beschwerdeverfahren, darunter auch einem Streitbeilegungsverfahren gemäß § 8 Abs. I Satz 5 LkSG. Falls Hinweise auf eine aktuell stattfindende Verletzung vorliegen, ist eine anlassbezogene Risikoanalyse unvermeidlich, verbunden mit den entsprechenden Abhilfemaßnahmen nach § 7 LkSG.[411]

407 *Hopt/Kumpan/Leyens*, et al.Leyens LkSG § 9 Rn. 3, 7
408 *Frank/Edel/Heine et al.*, BetriebsBerater (BB) 2021, 2165.
409 *Wagner/Ruttloff*, Neue juristische Wochenschrift (NJW) 2021, 2145 (Rn. 26).
410 *Korch*, Neue juristische Wochenschrift (NJW) 2022, 2065.
411 Hopt/Leyens, 43. Aufl. 2024, LkSG § 5 Rn. 11

12.2.3 Präventionsmaßnahmen:

§ 6 LkSG fordert die Verankerung von Präventionsmaßnahmen im eigenen Geschäftsbereich und gegenüber unmittelbaren Zulieferern. Die Pflichten zur Risikoprävention gemäß den Abschnitten II–IV setzen erst nach der Feststellung von Risiken im Rahmen der Risikoanalyse gemäß § 5 LkSG ein, was dem Ansatz in Art. 7 Abs. 1 der CSDDD-E (EU) entspricht.[412] Durch die Verschärfung des Rechtsausschusses des Europäischen Parlaments vom 25. April 2023 wird zudem eine Vermutung der Verantwortung von Finanzinstituten eingeführt, auch bei Abhilfemaßnahmen gemäß Art. 8 Abs. IIa CSDDD-E (EU).[413] Jedoch bedeutet dies nicht, dass anderweitig erlangte Risikokenntnisse unbeachtet bleiben dürfen, selbst wenn sie nicht explizit aus der Risikoanalyse resultieren.[414]

Die BAFA-Handreichung zur Angemessenheit vom Dezember 2022 bietet hier praxisnahe Anleitungen, beispielsweise im Kontext von Zwangsarbeit und Lieferantenkodizes.[415]

Aufgrund der breiten Definition des Lieferkettenbegriffs gemäß § 2 LkSG ist es unwahrscheinlich, dass Unternehmen – außer in sehr kleinen Verhältnissen – völlig risikofrei wirtschaften können.[416] Die Erforderlichkeit sowie die Ausgestaltung von Maßnahmen steht dabei stets unter dem Angemessenheitsvorbehalt gemäß § 3 Abs. 5 LkSG.[417] Präventionsmaßnahmen sind ein zentraler Bestandteil des Risikomanagements und müssen wirksam ausgestaltet sein.[418]

Die gesetzlichen Vorschriften unterscheiden zwischen Maßnahmen für den eigenen Geschäftsbereich (II, III), unmittelbare Zulieferer (IV) und mittelbare Zulieferer. Im letzteren Fall ist § 9 anwendbar, nicht § 6.[419] Die Praxis wird jedoch nicht ohne prozessorientierte Präventionsmaßnahmen auskommen, wobei die Abschnitte II–V des Gesetzes lediglich Regelbeispiele nennen. Eine sinnvolle Ergänzung stellt die Aufnahme von Compliance-Klauseln in Zulieferverträgen dar, was auch in der Literatur empfohlen wird.[420]

---

412 Hopt/Leyens, 43. Aufl. 2024, LkSG § 6 Rn. 1
413 Fleischer/Mankowski/Korch, Rn. 5, 19
414 Fleischer/Mankowski/Korch, Rn. 19
415 BAFA, Handreichung Angemessenheit, 12/22, S. 18.
416 Seibt/Vesper-Gräske, Lieferkettensorfaltspflichtengesetz erweitert Compliance-Pflichten, CB 2021, 357 (359)
417 Hopt/Leyens, 43. Aufl. 2024, LkSG § 6 Rn. 2
418 Hopt/Leyens, 43. Aufl. 2024, LkSG § 4 Rn. 1, 5
419 Hopt/Leyens, 43. Aufl. 2024, LkSG § 6 Rn. 3
420 Wagner/Ruttloff, NJW 2021, S. 2145 Rn. 31

Der Begriff „unverzüglich" wird im rechtlichen Sinne gemäß § 121 Abs. 1 Satz 1 BGB als „ohne schuldhaftes Zögern" definiert. Diese Definition bietet jedoch nur begrenzt Orientierung, da die Angemessenheit der Reaktionszeit maßgeblich von der Schwere und Wahrscheinlichkeit der Verletzung abhängt.[421]

Diese Anforderungen gehen über die traditionelle Compliance-Funktion hinaus und erfordern eine Integration von ESG-Aspekten in das CMS. Dabei ist zu beachten, dass die Anforderungen des LkSG nicht nur auf das eigene Unternehmen, sondern auch auf die Lieferkette ausgerichtet sind[422].

Die Grundsatzerklärung gemäß § 6 LkSG bezieht sich bei enger Auslegung des Wortlauts nur auf die Menschenrechtsstrategie (II 1). Diese enge Auslegung greift jedoch zu kurz, da auch Umweltrisiken gemäß II 3 Nr. 2 berücksichtigt werden müssen. Ziel der Grundsatzerklärung ist eine Selbstverpflichtung zur Achtung von Menschenrechten und umweltbezogenen Belangen.[423] Weitergehend regeln Art. 5 und 11 CSDDD-E (EU) die Pflicht, eine Menschenrechtsstrategie, einen Verhaltenskodex und Umsetzungsleitlinien stets vorzuhalten sowie regelmäßig darüber zu berichten.[424]

Unternehmen haben nicht die Wahl, ob sie diese Selbstverpflichtung abgeben; allerdings besteht Ermessensspielraum hinsichtlich der konkreten Ausgestaltung ("Wie") der Erklärung.[425] Die Grundsatzerklärung muss veröffentlicht und den Beschäftigten, dem Betriebsrat sowie den unmittelbaren Zulieferern kommuniziert werden, was angesichts der Tragweite ihrer Inhalte naheliegend ist.[426]

Zur Kommunikation nach außen ist die Veröffentlichung auf der Homepage üblich, während für Zulieferer ein Hinweis in den allgemeinen Lieferbedingungen vorgesehen ist. Innerhalb des Unternehmens reicht eine Dokumentenhinterlegung im Intranet jedoch nicht aus; eine aktivere Form der Kommunikation wird gefordert.[427] Eine Integration der Grundsatzerklärung in die Erklärung zur Unternehmensführung nach § 289f HGB erscheint sinnvoll, da so eine Informationsbündelung erreicht wird.[428]

Umstritten ist, ob die Abgabe der Grundsatzerklärung erst bei festgestellten Risiken verpflichtend ist. Während einige Stimmen dies bejahen, spricht der

421 Fleischer/Mankowski/Korch, Rn. 26
422 Wagner/Ruttloff, NJW 2021, 2145, 2148
423 RegE BT-Drucks. 19/28649, S. 46
424 Fleischer/Mankowski/Korch, Rn. 32
425 Fleischer/Mankowski/Korch, Rn. 32
426 RegE BT-Drucks. 19/28649, S. 46
427 BMWK/BMAS/BAFA, FAQ, 25.10.2024, IX.1
428 AK CGR, DB 2018, S. 2125

Zweck einer Selbstverpflichtung sowie die Notwendigkeit, die Gegenstände von Dokumentation und Risikoanalyse festzulegen, gegen diese Auffassung.[429] Da risikolose Wirtschaftstätigkeit selten vorkommt, wird die Erklärung in der Praxis stets erforderlich sein.[430]

Die Unternehmensleitung ist zur Abgabe der Erklärung verpflichtet, was in der Regel die Geschäftsführung umfasst. Eine Mitunterzeichnung durch den Aufsichtsrat ist zulässig, jedoch nicht zwingend erforderlich.[431]

Zu den Mindestelementen der Grundsatzerklärung gehört eine Beschreibung des Verfahrens zur Erfüllung der Sorgfaltspflichten, die aufgrund der Vielzahl an Vorschriften nur allgemein gehalten sein kann.[432] Zudem müssen die mittels der Risikoanalyse festgestellten prioritären Risiken aufgeführt werden, wobei nur die besonders relevanten Risiken genannt werden müssen.[433]

Die Erklärung legt auch die Erwartungen an Beschäftigte, Zulieferer und mittelbare Zulieferer fest. Diese Erwartungen bilden die Grundlage für interne und externe Verhaltenskodizes und müssen zumindest in Grundzügen klar erkennbar sein.[434]

Die rechtlichen Konsequenzen, insbesondere Haftungsgefahren, hängen vom Detaillierungsgrad der abgegebenen Selbstverpflichtung ab. Kurze Grundsatzerklärungen, die sich auf eine allgemeine Wiedergabe der Erwartungen oder auf besonders relevante Risiken beschränken, sind zulässig, entfalten jedoch nur begrenzte Steuerungswirkung.[435]

Die Präventionsmaßnahmen im eigenen Geschäftsbereich (III) zielen darauf ab, die in der Grundsatzerklärung verankerte Menschenrechtsstrategie (einschließlich umweltbezogener Belange) in die Unternehmensabläufe und Entscheidungen zu integrieren. Diese Integration erfolgt maßgeblich durch Verhaltenskodizes bzw. Verhaltensrichtlinien, welche unter anderem Freigabeprozesse umfassen.[436]

Die Umsetzung dieser Maßnahmen in den relevanten Geschäftsabläufen betrifft die Unternehmensführung insgesamt und hängt von den Ergebnissen der Risikoanalyse gemäß § 5 LkSG ab. Dies betrifft in der Regel das Beschaffungswesen,

---

429 Herrmann/Rünz, DB 2021, S. 3078 (3082); Spindler, ZHR 186 (2022), 67 (84)
430 Hopt/Leyens, 43. Aufl. 2024, LkSG § 6 Rn. 4–12
431 Leyens, FS Vetter 2019, 397 (407 f.)
432 RegE BT-Drucks. 19/28649, S. 46
433 RegE BT-Drucks. 19/28649, S. 46
434 RegE BT-Drucks. 19/28649, S. 46.
435 Herrmann/Rünz, DB 2021, 3078 (3083)
436 Herrmann/Rünz, DB 2021, 3078 (3083)

da dieses eine zentrale Rolle bei der Risikominimierung spielt.[437] Verhaltenskodizes für Beschäftigte und Zulieferer (insbesondere Lieferantenkodizes) werden empfohlen, um Standards festzulegen, die als Grundlage für Vertragsverhandlungen, Lieferantenauswahl und Maßnahmen bei Verstößen dienen.[438]

Geeignete Beschaffungsstrategien und Einkaufspraktiken spielen eine entscheidende Rolle bei der Risikoverhinderung und -minimierung. Die Lieferzeiten, Einkaufspreise und Vertragsdauer müssen in den Verhaltensrichtlinien berücksichtigt werden, da sie potenziell das Risiko erhöhen können.[439] Diese Verantwortung für die Kontrolle der Lieferkette, einschließlich der mittelbaren Zulieferer, weicht von der üblichen Eigenverantwortung im Geschäftsverkehr ab, wie sie im HGB verankert ist.[440]

Schulungen in den relevanten Geschäftsbereichen sind darauf ausgerichtet, insbesondere Einkäufer für mögliche Zielkonflikte zwischen Wirtschaftlichkeit und menschenrechtlichen Risiken zu sensibilisieren, beispielsweise im Hinblick auf Lieferzeiten.[441]

Die risikobasierten Kontrollmaßnahmen sollen sicherstellen, dass die Menschenrechtsstrategie nicht nur in die Unternehmensabläufe integriert wird, sondern auch tatsächlich eingehalten und umgesetzt wird. Diese Kontrollen müssen regelmäßig und anlassbezogen durchgeführt werden, wobei Überschneidungen mit den Pflichten aus Abschnitt V bestehen.[442]

Die Regelbeispiele für Präventivmaßnahmen gegenüber unmittelbaren Zulieferern in Abschnitt IV des LkSG betreffen sowohl bestehende als auch sich anbahnende Lieferbeziehungen.[443] Ein Verweis auf das Umgehungsverbot wurde im Gesetzestext wohl versehentlich nicht aufgenommen, ist jedoch trotzdem von Relevanz. Demnach darf die Einschaltung eines Mittelsmanns nicht dazu führen, dass die Pflichten gegenüber mittelbaren Zulieferern gemäß § 9 LkSG greifen, wo sie eigentlich gegenüber unmittelbaren Zulieferern gelten sollten.[444] Die Praxis sieht hier einen erheblichen Bedarf an Vertragsanpassungen, um diese Pflichten wirksam umzusetzen.[445]

---

437 RegE BT-Drucks. 19/28649, S. 46
438 RegE BT-Drucks. 19/28649, S. 46 f.
439 RegE BT-Drucks. 19/28649, S. 46 f.
440 HGB § 347 Rn. 23; RegE BT-Drucks. 19/28649, S. 46.
441 RegE BT-Drucks. 19/28649, S. 47.
442 RegE BT-Drucks. 19/28649, S. 47; Hopt/Leyens, 43. Aufl. 2024, LkSG § 6 Rn. 13–17
443 RegE BT-Drucks. 19/28649, S. 47.
444 Hopt/Leyens, 43. Aufl. 2024, LkSG § 6 Rn. 18–24
445 Wagner/Ruttloff, NJW 2021, 2145 Rn. 31

Die aufsichtsbehördlichen Erwartungen bezüglich der Präventivmaßnahmen (III Nr. 1–4) sind weitreichend. Unter anderem kann eine Pflicht zur Erhöhung des Abnahmepreises bestehen, um Zulieferern die Zahlung angemessener Löhne zu ermöglichen.[446] Diese Verpflichtungen gelten auch gegenüber Zulieferern, die selbst dem LkSG unterliegen, allerdings unter Berücksichtigung des Angemessenheitsvorbehalts.[447] Ein Kontrahierungsverbot ist zwar nicht ausdrücklich vorgesehen, kann jedoch im Einzelfall als Präventivmaßnahme in Betracht kommen.[448]

Die Auswahl eines unmittelbaren Zulieferers muss anhand der Beschaffungsstrategien und Einkaufspraktiken erfolgen und erfordert eine Vorabevaluation vor Aufnahme der Geschäftsbeziehung.[449] Einzuholen ist auch die vertragliche Zusicherung des Zulieferers, die Vorgaben des Lieferantenkodex im eigenen Geschäftsbereich sowie entlang der Lieferkette einzuhalten. Diese Verpflichtung zur Weitergabe der Kodizes entlang der Lieferkette kann durch Compliance-Klauseln gesichert werden.[450] Allerdings ist unklar, ob Bemühensklauseln ausreichen oder ob härtere Weitergabeklauseln einer AGB-Kontrolle standhalten würden.[451]

Zusätzliche Vorgaben, wie das Recht auf Vor-Ort-Kontrollen (Audits), können je nach Risikoanalyse erforderlich werden. Dies schließt auch die Verpflichtung ein, bestimmte Produkte nur von geprüften Lieferanten oder aus zertifizierten Regionen zu beziehen.[452] Bei Konfliktmineralien sind bereits Mustervertragsklauseln verpflichtend, wie in Art. 4 lit. d der VO (EU) 2017/821 festgelegt ist.[453] Eine sorgfältige Dokumentation aller Bemühungen ist ratsam, insbesondere bei der Ablehnung durch den Zulieferer aufgrund von Unzumutbarkeit oder unüberschaubaren Haftungsrisiken.[454]

Schulungen und Weiterbildungen für Zulieferer sind vor allem bei längerfristigen Lieferbeziehungen relevant. Vertragliche Kontrollmechanismen sowie deren risikobasierte Durchführung sind unerlässlich. Diese Kontrollen müssen

---

446 BAFA, Handreichung Angemessenheit, 12/22, S. 20.
447 Charnitzky/Weigel, RIW 2022, 12 (15); Fleischer/Mankowski/Korch, Rn. 68
448 Wagner/Ruttloff/Wagner, Hdb. LkSG/E. Wagner/S. Wagner, Rn. 748
449 Mann/Baisch, ZVglRWiss 120 (2021), 235
450 RegE BT-Drucks. 19/28649, S. 47 f.
451 Wilhelm, AcP 221 (2021), 657 (665); Wagner/Ruttloff/Wagner, Hdb. LkSG/S. Wagner, Rn. 2214 ff.
452 RegE BT-Drucks. 19/28649, 48
453 Teicke/Rust, CCZ 2018, 39
454 Fleischer/Mankowski/Korch, Rn. 99

regelmäßig und anlassbezogen durchgeführt werden und können je nach Ergebnis der Risikoanalyse Vor-Ort-Kontrollen erfordern.[455]

Eine bloße Systemprüfung reicht nicht immer aus; gegebenenfalls ist eine umfassendere Prüfung erforderlich. Auch wenn unabhängige Dritte zur Durchführung von Audits herangezogen werden, entbindet dies das Unternehmen nicht von seiner eigenen Verantwortung, was eine Herausforderung darstellen kann.[456] Versäumnisse bei der Aufnahme von Kontrollmechanismen gelten als Verletzung der Präventionspflicht, was bei der Bußgeldbemessung gemäß § 24 Abs. III Satz 1 LkSG berücksichtigt wird.[457]

12.3 CMS als Schutz vor Leerverkaufsattacken

Ein robustes CMS kann auch als Schutz vor Leerverkaufsattacken dienen. Leerverkäufer zielen oft auf vermeintliche Schwachstellen in der Unternehmensführung oder auf mögliche Compliance-Verstöße ab[458].

Ein gut implementiertes und dokumentiertes CMS kann hier präventiv wirken:

12.3.1 Transparenz:

Durch die Offenlegung von Compliance-Strukturen und -Prozessen kann das Vertrauen von Investoren gestärkt werden. ei M&A-Transaktionen ist die umfassende Durchleuchtung des Zielunternehmens – auch hinsichtlich der Compliance-Struktur – wesentlich, um etwaige Haftungsrisiken bereits im Vorfeld auszuschließen. Daher sind bereits vor Aufnahme von Vertragsverhandlungen die relevanten kapitalmarktrechtlichen Transparenz- und Publizitätsvorschriften einzuhalten, um dadurch bereits eine vorvertragliche Haftung auszuschließen. Im Rahmen einer solchen Due Diligence-Prüfung sind aus Sicht eines Erwerbers Haftungsrisiken umfassend aufzudecken, da solche nach dem Erwerb auf den Käufer durchschlagen könnten. Auf Seiten eines Zielunternehmens hingegen sind geeignete Vorkehrungen zu treffen, um bspw. durch eine Vertraulichkeitsvereinbarung (sog. „Non-disclosure Agreement“) einer ungeschützten Preisgabe von vertraulichen Informationen und Geschäftsgeheimnissen entgegenzuwirken.[459]

---

455 Hopt/Leyens, 43. Aufl. 2024, LkSG § 6 Rn. 18–24

456 Spindler, ZHR 186 (2022), 67 (85)

457 Fleischer/Mankowski/Korch, LkSG § 7 Rn. 52

458 Mittwoch/Wetenkamp/Bleier, NJW 2022, 3601, 3604

459 *Goette/Barring*, Deutsches Steuerrecht (DStR) 2021, 1238.

12.3.2 Risikominimierung:

Ein effektives CMS kann potenzielle Angriffspunkte für Leerverkäufer frühzeitig identifizieren und adressieren[460].

12.3.3 Reaktionsfähigkeit:

Im Falle einer Leerverkaufsattacke ermöglicht ein robustes CMS eine schnelle und fundierte Reaktion des Unternehmens.[461]

Die Fälle Wirecard, Grenke und Mutares haben die Bedeutung eines funktionierenden CMS als Schutzschild gegen Leerverkaufsattacken unterstrichen[462]. Dabei zeigt sich, dass insbesondere die Integration von ESG-Aspekten in das CMS von wachsender Bedeutung ist, da Leerverkäufer zunehmend auch auf Nachhaltigkeitsthemen abzielen[463].

12.4 Rechtliche Implikationen

Die erweiterte Bedeutung von CMS hat auch rechtliche Implikationen:

Haftungsminimierung: Ein umfassendes CMS kann nicht nur zur Exkulpation nach § 130 OWiG beitragen, sondern auch das Haftungsrisiko nach § 93 AktG reduzieren[464].

12.4.1 Regulatorische Compliance:

Die Integration von ESG-Aspekten in das CMS hilft Unternehmen, die wachsenden regulatorischen Anforderungen zu erfüllen, insbesondere im Hinblick auf die Disclosure-Verordnung und die Taxonomie-Verordnung[465].

12.4.2 Beweislastumkehr:

Im Falle von Rechtsstreitigkeiten kann ein gut dokumentiertes CMS zu einer Beweislastumkehr zugunsten des Unternehmens führen[466].

---

460 Spindler, GRUR 2021, 653 (658)
461 Velte, NZG 2021, 3
462 Mittwoch/Wetenkamp/Bleier, NJW 2022, 3601, 3603 f.
463 Geier/Hombach, BKR 2021, 6, (8)
464 Hopt/Roth, in: Großkomm. AktG, § 93 Rn. 105
465 vgl. Art. 3 Disclosure-VO; Art. 18 Taxonomie-VO
466 BGH, Urteil vom 9.5.2017 – 1 StR 265/16, NZWiSt 2018, 379

12.5 Bedeutung der CMS

Die These, dass CMS heute eine erweiterte Bedeutung haben, die über die traditionelle Exkulpationsfunktion hinausgeht, lässt sich anhand der aktuellen Rechtslage und Literatur bestätigen. Im Kontext von ESG und als Schutz vor Leerverkaufsangriffen spielen CMS eine zunehmend zentrale Rolle in der Unternehmensführung. Unternehmen sind gut beraten, ihre CMS entsprechend anzupassen und weiterzuentwickeln, um den neuen Herausforderungen gerecht zu werden.

12.5.1 Anforderungen an CMS, RMS und IKS

Ein effektives und effizientes Compliance-Management-System (CMS), Risikomanagement-System (RMS) und Internes Kontrollsystem (IKS) muss verschiedene Anforderungen erfüllen, um Regelverstöße zu vermeiden und das Unternehmen vor Haftungsrisiken zu schützen.

Aus Rechtsprechung, Literatur und behördlichen Leitfäden lassen sich die folgenden wesentliche Kriterien ableiten.

12.5.2 Bekenntnis der Unternehmensleitung

Grundvoraussetzung für ein funktionierendes CMS ist das klare Bekenntnis der Unternehmensleitung zur Regeltreue und deren Vorbildfunktion („tone from the top")[467]. Die Unternehmensleitung muss die Einhaltung aller Regelwerke von den Mitarbeitern einfordern und selbst vorleben[468]. Dieses Bekenntnis sollte schriftlich fixiert und regelmäßig kommuniziert werden[469].

12.5.3 Risikoanalyse

Eine fortlaufende Risikoanalyse ist unabdingbar, um relevante Compliance-Risiken zu identifizieren und zu bewerten[470]. Dabei sind insbesondere Unternehmensgröße, -struktur, Geschäftsumfeld, Produkte und betroffene Jurisdiktionen zu berücksichtigen[471]. Die Risikoanalyse sollte durch Interviews mit Entscheidungsträgern, Fragebögen und anonyme Mitarbeiterbefragungen erfolgen[472].

---

467 Bundesamt für Wirtschaft und Ausfuhrkontrolle, Firmeninterne Exportkontrolle, 2. Aufl. 2018, S. 12.

468 Hastenrath, CB 2017, 325, 329

469 Sonnenberg, JuS 2017, 917, 918

470 Bürkle, BB 2018, 525, 528

471 Bürkle, BB 2018, 556, 559

472 Sonnenberg, JuS 2017, 917, 919

12.5.4 Aufbau und Zuständigkeiten

Die Verantwortlichkeiten im Compliance-Bereich müssen klar festgelegt und kommuniziert werden[473]. Der Compliance-Bereich sollte selbstständig und mit fachlich geeigneten Mitarbeitern besetzt sein[474]. Eine interdisziplinäre Zusammensetzung aus Juristen und Experten für Verhaltensforschung wird empfohlen[475].

12.5.5 Berichtswege

Der Compliance-Bereich, insbesondere der Chief Compliance Officer, muss direkt an Vorstand und Aufsichtsrat berichten können[476]. Eine vertragliche Stärkung der Position des CCO wird empfohlen[477].

12.5.6 Schulungen

Regelmäßige Schulungen zu Compliance-Themen für alle Mitarbeiter sind essenziell[478]. Compliance-Mitarbeiter sollten mindestens jährlich die Möglichkeit zur Fortbildung erhalten[479].

12.6 Hinweisgebersystem

Ein internes Hinweisgebersystem zur vertraulichen Meldung von Regelverstößen ist einzurichten[480]. Die Ausgestaltung sollte sich an den Vorgaben des EU-Richtlinienvorschlags zum Hinweisgeberschutz orientieren[481].

---

473 Glöckner, JuS 2017, 905, 906

474 Hastenrath, CB 2017, 325, 327

475 Chen/Stoltes, Why Compliance Programs Fail – and How to Fix Them, Harvard Business Review 2018 abrufbar unter: https://hbr.org/2018/03/why-compliance-programs-fail (letzter Zugriff: 31.10.2024)

476 Sonnenberg, JuS 2017, 917, 919

477 Kaluzain: Maschmann/Sieg/Göpfert, Compliance-Verpflichtungen Rn. 24.

478 Bundesverband der Unternehmensjuristen, Gesetzgebungsvorschlag für eine Änderung der §§ 30, 130 OWiG, 2014, S. 20. abrufbar unter: https://www.ilf-frankfurt.de/fileadmin/_migrated/content_uploads/Moosmayer__Plaedoyer_fuer_ein_modernes_Unternehmenssanktionenrecht.pdf (letzter Zugriff. 24.10.2024)

479 Glöckner, JuS 2017, 905, 906

480 Bürkle, BB 2018, 526

481 Art. 5 Richtlinienentwurf zum Schutz von Hinweisgebern, COM(2018) 218 final

12.6.1 Kontrollen und Korrekturmaßnahmen

Das CMS muss regelmäßig auf Konzeption, Angemessenheit und Wirksamkeit überprüft werden[482]. Bei Schwachstellen sind unverzüglich Korrekturmaßnahmen vorzunehmen[483].

12.6.2 Dokumentation

Alle Schritte zur Einrichtung und Überwachung des CMS müssen sorgfältig dokumentiert werden[484]. Eine elektronische Archivierung wird empfohlen[485].

Durch die Umsetzung dieser Anforderungen kann ein Unternehmen ein effektives und effizientes CMS, RMS und IKS implementieren. Die konkrete Ausgestaltung muss dabei stets an die individuellen Gegebenheiten des Unternehmens angepasst werden.

12.7 Bedeutung im Kontext des ESG-Nachhaltigkeitsrechts

12.7.1 ESG: Regelwerke im Zusammenspiel

Zahlreiche neue Vorgaben zur Nachhaltigkeit sind bereits in Kraft getreten und werden in den kommenden zwei Jahren noch durch nationales Recht geändert werden müssen[486]. Diese setzen unter anderem den europäischen „Green Deal"[487] und den Aktionsplan „Nachhaltiges Wachstum"[488] um. Die Bedeutung dieser Regelungen hinsichtlich ihrer Komplexität und Auswirkungen auf die gesamte Wertschöpfungskette ist nicht zu unterschätzen. Adressaten sind nicht nur die Finanzindustrie, sondern auch die Realwirtschaft – sowohl auf Unternehmens- als auch auf Produktebene.

---

482 Bundesamt für Wirtschaft und Ausfuhrkontrolle, Firmeninterne Exportkontrolle, 2. Aufl. 2018, S. 21.

483 Jenne/Martens, CCZ 2017, 285, 287

484 Glöckner, JuS 2017, 905, 906

485 Bundesamt für Wirtschaft und Ausfuhrkontrolle, Firmeninterne Exportkontrolle, 2. Aufl. 2018, S. 20.

486 CSDD-Entwurf (Vorschlag für eine RICHTLINIE DES EUROPÄISCHEN PARLAMENTS UND DES RATES über die Sorgfaltspflicht von Unternehmen im Bereich der Nachhaltigkeit und zur Änderung der Richtlinie (EU) 2019/1937)

487 Europäische Kommission, COM(2019) 640 final vom 11.12.2019

488 Europäische Kommission, COM(2018) 97 final vom 8.3.2018

Die zunehmende Regulierung im Bereich Umwelt, Soziales und Unternehmensführung (Environmental, Social, Governance – ESG) stellt Unternehmen vor neue Herausforderungen bei der Ausgestaltung ihrer Compliance-Management-Systeme (CMS), Risikomanagement-Systeme (RMS) und internen Kontrollsysteme (IKS). Insbesondere die erweiterten Berichtspflichten durch die Corporate Sustainability Reporting Directive (CSRD) und die Taxonomie-Verordnung erfordern eine Anpassung dieser Systeme.

12.7.2 Rechtlicher Rahmen

Drei zentrale Regelwerke stehen künftig bei der Regulierung der Nachhaltigkeit im Vordergrund[489]

1. Die Verordnung (EU) 2019/2088 über nachhaltigkeitsbezogene Offenlegungspflichten im Finanzdienstleistungssektor („Disclosure-VO")[490] Sie richtet sich an den Finanzsektor und begründet dort neue Transparenzpflichten.
2. Die Verordnung (EU) 2020/852 über die Errichtung eines Rahmens zur Erleichterung nachhaltiger Investitionen („Taxonomie-VO"). Sie knüpft an der Wirtschaftstätigkeit von Unternehmen an und definiert Kriterien für ökologisch nachhaltige Wirtschaftsaktivitäten (Art. 1 Taxonomie-VO).
3. Die Richtlinie 2014/95/EU zur Änderung der Richtlinie 2013/34/EU im Hinblick auf die Angabe nichtfinanzieller und die Diversität betreffender Informationen durch bestimmte große Unternehmen und Gruppen („CSR-RL").

Die Taxonomie-VO führt zudem Transparenzpflichten für Nicht-Finanzunternehmen ein und greift dazu auf die Berichterstattung im Rahmen der CSR-RL zurück.

Hintergrund der neuen Regelungen sind aus Sicht des EU-Gesetzgebers bestehende Informationsasymmetrien, die aktuell verhindern, dass Investoren sich hinreichend über die Nachhaltigkeit ihrer Investitionen informieren können. Es fehlt an einer harmonisierten Offenlegung. Neben der bereits praktizierten Offenlegung zu finanziellen Risiken sind daher künftig auch nachhaltigkeitsbezogene Informationen zu berichten. Damit sollen Kapitalflüsse verstärkt zu nachhaltigen Investitionen gelenkt und im Interesse einer kohärenten und konsequenten

489 Geier/Hombach, BKR 2021, 6 (7)

490 ABl. EU L 317 vom 9.12.2019, S. 1., ABl. EU L 198 vom 22.6.2020, S. 13, ABl. EU L 330 vom 15.11.2014, S. 1., Erwägungsgrund 1 Disclosure-VO, Erwägungsgrund 10 Disclosure- VO, Erwägungsgrund 17 Disclosure-VO

Anwendung eine harmonisierte Begriffsbestimmung für eine „nachhaltige Investition" festgelegt werden.

Die zentralen Rechtsakte im Bereich der Nachhaltigkeitsberichterstattung und ESG-Regulierung sind:

1. Die Corporate Sustainability Reporting Directive (CSRD)[491]
2. Die Taxonomie-Verordnung (EU) 2020/852[492]
3. Die Offenlegungsverordnung (EU) 2019/2088[493]
4. Das Lieferkettensorgfaltspflichtengesetz (LkSG)[494]
5. Corporate Sustainability Due Diligence Directive (CSDDD)[495]

12.8 Anforderungen an das Compliance-Management-System – Integration von ESG-Faktoren

Das künftige ESG-Regime leitet den Übergang von einer primär qualitativen zu einer (auch) quantitativen Erfassung von Nachhaltigkeitsaspekten ein.

Schon seit einiger Zeit gelten zahlreiche qualitative Vorgaben zur Nachhaltigkeit. Im Vordergrund steht dabei die (vollständige) Erfassung von Nachhaltigkeitsrisiken, d.h. von Risiken für die Vermögens-, Finanz- und Ertragslage sowie Reputation infolge von Umwelt- und ggf. sozialen Risiken. Weniger Beachtung finden hingegen die tatsächlichen Auswirkungen auf Nachhaltigkeitsfaktoren (d.h. Umwelt-, Sozialbelangen, inkl. Arbeitnehmerbelangen, Achtung der Menschenrechte und Bekämpfung von Korruption und Bestechung).

Das CMS muss um ESG-bezogene Compliance-Risiken erweitert werden. Im Zuge der Integration von ESG-Faktoren in das Compliance-Management-System gewinnt der Hinweisgeber-Meldeprozess weiter an Bedeutung. Unternehmen müssen sicherstellen, dass ihre Hinweisgebersysteme nicht nur traditionelle Compliance-Verstöße, sondern auch ESG-bezogene Missstände

---

491 Richtlinie (EU) 2022/2464 des Europäischen Parlaments und des Rates vom 14.12.2022

492 Verordnung (EU) 2020/852 des Europäischen Parlaments und des Rates vom 18.12.2022

493 Verordnung (EU) 2019/2088 des Europäischen Parlaments und des Rates vom 27.06.2020

494 Gesetz über die unternehmerischen Sorgfaltspflichten in Lieferketten vom 16. Juli 2021

495 Europäische Lieferkettenrichtlinie (CSDDD) https://www.bmuv.de/themen/nachhaltigkeit/wirtschaft/lieferketten/europaeische-lieferkettenrichtlinie-csddd (letzter Zugriff: 31.10.2024

wie Umweltverschmutzungen, Menschenrechtsverletzungen oder Verstöße gegen Sozialstandards in der Lieferkette umfassen. Ein gut strukturiertes Hinweisgebersystem, dass diese Aspekte abdeckt, ist ein zentraler Baustein, um die Transparenz und Rechenschaftspflicht im Bereich ESG zu stärken und potenzielle Risiken zu minimieren.

Dies umfasst insbesondere:

a) Die Identifikation relevanter ESG-Rechtsvorschriften und -Standards[496]
b) Die Implementierung von Prozessen zur Einhaltung der Berichtspflichten nach CSRD und Taxonomie-VO[497]
c) Die Sicherstellung der Einhaltung von Mindestschutzanforderungen gemäß Art. 18 Taxonomie-VO
d) Die Implementierung von Whistleblower-Systemen (Hinweisgeberschutzgesetz)

Die Europäische Union hat im Sommer 2024 mit der Verabschiedung der Corporate Sustainability Due Diligence Directive (CSDDD) einen signifikanten Schritt zur Förderung nachhaltiger Lieferketten unternommen[498]. Diese Richtlinie verpflichtet große europäische und ausländische Unternehmen EU-weit zur Einhaltung spezifischer Umwelt- und Menschenrechtsstandards in ihren Liefer- und Wertschöpfungsketten[499]. Die CSDDD baut konzeptionell auf dem deutschen Lieferkettensorgfaltspflichtengesetz (LkSG) auf, erweitert jedoch insbesondere den Umweltbereich erheblich[500]. So werden die umweltbezogenen Sorgfaltspflichten des LkSG beibehalten und moderat ausgeweitet[501]. Zusätzlich inkorporiert die CSDDD neue Pflichten zum Schutz der biologischen Vielfalt, gefährdeter Arten, besonders geschützter Gebiete und der Meere[502]. Diese Erweiterungen basieren auf diversen internationalen Umweltabkommen, darunter das Übereinkommen über biologische Vielfalt, die CITES Konvention und das Übereinkommen zur Verhütung der Meeresverschmutzung durch Schiffe (MARPOL)[503]. Eine bedeutende Neuerung stellt die Verpflichtung der Unternehmen dar, einen Plan zur

---

496 *Klarhold/Lochen*, in: *Moosmayer und Lösler* (Hrsg.), Corporate Compliance, § 13. Compliance Organisation Rn. 39.

497 Velte, NZG 2020, 12, 14

498 vgl. Europäische Kommission, Pressemitteilung vom 23.02.2022, IP/22/1145.

499 Art. 1 CSDDD-Entwurf

500 Klinger/Krajewski/Krebs/Hartmann, Verankerung menschenrechtlicher Sorgfaltspflichten von Unternehmen im deutschen Recht, 2016, 42 ff.

501 Art. 3 lit. l CSDDD-Entwurf

502 Art. 3 lit. m-p CSDDD-Entwurf

503 Anhang, Teil II CSDDD-Entwurf

Minderung ihres Einflusses auf den Klimawandel zu entwickeln und umzusetzen[504]. Dieser Plan soll sicherstellen, dass das Geschäftsmodell und die Strategie des Unternehmens mit dem Pariser Klimaabkommen und dem europäischen Klimaneutralitätsziel kompatibel sind[505]. Die Ausgestaltung dieses Plans orientiert sich am delegierten Rechtsakt ESRS E1, der die klimawandelbezogenen Vorgaben der EU-Richtlinie zur Nachhaltigkeitsberichterstattung (CSRD) konkretisiert[506]. Die CSDDD modifiziert auch die Reichweite der Pflichten in der Lieferkette, die Ausgestaltung der Sorgfaltspflichten und führt eine explizite zivilrechtliche Haftung ein[507]. Unternehmen, die der CSRD unterliegen, sind von der jährlichen Berichtspflicht über die Einhaltung ihrer Sorgfaltspflichten befreit[508]. Der Anwendungsbereich der CSDDD erstreckt sich auf EU-Unternehmen mit mehr als 1.000 Beschäftigten und einem jährlichen Nettoumsatz von über 450 Millionen Euro sowie auf ausländische Unternehmen mit einem entsprechenden Umsatz in der EU[509]. Die Implementierung erfolgt gestaffelt in drei Phasen, beginnend mit den größten Unternehmen drei Jahre nach Inkrafttreten[510]. Die Mitgliedstaaten haben zwei Jahre Zeit, die CSDDD in nationales Recht umzusetzen[511]. In Deutschland liegt die Federführung für diesen Prozess beim Bundesministerium für Arbeit und Soziales (BMAS)[512].

12.8.1 Erweiterung des Verhaltenskodex

Der unternehmensweite Verhaltenskodex sollte um ESG-bezogene Verhaltensregeln ergänzt werden, um die Einhaltung von Nachhaltigkeitsstandards sicherzustellen[513]. Dies umfasst insbesondere:

a) Klare Vorgaben zur Berücksichtigung von ESG-Faktoren in Geschäftsentscheidungen
b) Regelungen zur Vermeidung von Interessenkonflikten im Zusammenhang mit ESG-Themen

---

504 Art. 15 CSDDD-Entwurf
505 Art. 15 Abs. 1 CSDDD-Entwurf
506 EFRAG, ESRS E1 Klimawandel, 2022
507 Art. 22 CSDDD-Entwurf
508 Art. 11 Abs. 7 CSDDD-Entwurf
509 Art. 2 Abs. 1 CSDDD-Entwurf
510 Art. 30 CSDDD-Entwurf
511 Art. 30 Abs. 1 CSDDD-Entwurf
512 BMAS, Pressemitteilung vom 23.09.2024
513 Velte, NZG 2021, 3 (5)

c) Vorgaben zur internen und externen Kommunikation über ESG-Aspekte

12.8.2 Schulungen und Kommunikation

Es sind regelmäßige Schulungen zu ESG-Themen für Mitarbeiter durchzuführen, um das Bewusstsein für Nachhaltigkeitsrisiken zu schärfen[514].

Dabei sollten folgende Aspekte berücksichtigt werden:

a) Vermittlung von Grundlagenwissen zu ESG-Themen und deren Relevanz für das Unternehmen
b) Schulung zu spezifischen ESG-Risiken und -Chancen im jeweiligen Geschäftsbereich
c) Training zur Anwendung von ESG-Kriterien in der täglichen Arbeit
d) Besprechung der Anforderungen an das Risikomanagement-System

12.8.3 Erweiterung der Risikoanalyse

Das RMS muss um eine systematische Identifikation und Bewertung von Nachhaltigkeitsrisiken und -chancen erweitert werden. Dies wurde vor allem anhand des § 5 LkSG deutlich gemacht.

Dies umfasst:

a) Die Integration von ESG-Faktoren in bestehende Risikoanalysen[515]
b) Die Entwicklung spezifischer Methoden zur Quantifizierung von ESG-Risiken[516]
c) Die Berücksichtigung von Wechselwirkungen zwischen ESG-Risiken und anderen Unternehmensrisiken.[517]

12.8.4 Erweiterung des Risikomanagementprozesses

Der Risikomanagementprozess ist um ESG-spezifische Schritte zu erweitern:

a) Implementierung von Prozessen zur kontinuierlichen Überwachung von ESG-Risiken
b) Entwicklung von Steuerungsmaßnahmen für identifizierte ESG-Risiken
c) Integration von ESG-Faktoren in die Risikoberichterstattung[518]

---

514 IDW PS 980, Tz. 23
515 ESRS 1 Tz. 43, S. 8
516 ebd.
517 *Weitnauer*, Gesellschafts- und Wirtschaftsrecht (GWR) 2023, 239.
518 IDW PS 981, Tz. 21

12.8.5 Anpassung der Risikostrategie

Die Risikostrategie des Unternehmens sollte um ESG-bezogene Risikoakzeptanz und -toleranzen erweitert werden[519].

Dabei sind insbesondere folgende Aspekte zu berücksichtigen:

a) Definition von Schwellenwerten für akzeptable ESG-Risiken
b) Festlegung von Eskalationsprozessen bei Überschreitung der Schwellenwerte
c) Regelmäßige Überprüfung und Anpassung der ESG-Risikostrategie

12.9 Anforderungen an das interne Kontrollsystem

12.9.1 Erweiterung der Kontrollen

Das IKS muss um Kontrollen zur Sicherstellung der Zuverlässigkeit der Nachhaltigkeitsberichterstattung erweitert werden:

a) Implementierung von Kontrollen zur Datenerhebung und -verarbeitung für ESG-KPIs
b) Einführung von Kontrollen zur Einhaltung der Taxonomie-Kriterien (Art. 8 Taxonomie-VO)
c) Etablierung von Kontrollen zur Sicherstellung der Vollständigkeit und Richtigkeit der nichtfinanziellen Berichterstattung.[520]

12.9.2 Anpassung der Dokumentation

Die Dokumentation des IKS muss um ESG-bezogene Kontrollen und Prozesse erweitert werden, um die Prüfbarkeit der Nachhaltigkeitsberichterstattung sicherzustellen[521].

Dies umfasst:

a) Detaillierte Beschreibung der ESG-bezogenen Kontrollaktivitäten
b) Dokumentation der Verantwortlichkeiten für ESG-Kontrollen
c) Aufzeichnung der Durchführung und Ergebnisse von ESG-Kontrollen

---

519 Velte, NZG 2021, 3, (6)

520 *Wolf*, Deutsches Steuerrecht (DStR) 2006, 1995–200.

521 IDW PS 980, Tz. 31

12.9.3 Erweiterung des Überwachungsprozesses

Der Überwachungsprozess des IKS sollte um die regelmäßige Überprüfung der Wirksamkeit ESG-bezogener Kontrollen erweitert werden.[522]

Dabei sind folgende Aspekte zu berücksichtigen:

a) Regelmäßige Selbstbeurteilungen der ESG-Kontrollen durch die verantwortlichen Mitarbeiter
b) Unabhängige Überprüfungen durch die interne Revision oder externe Prüfer
c) Berichterstattung über die Wirksamkeit der ESG-Kontrollen an den Vorstand und Aufsichtsrat

12.10 Anpassung der unternehmensweiten Systeme

Die neuen ESG-Regelwerke erfordern eine umfassende Anpassung von CMS, RMS und IKS. Unternehmen müssen ihre Systeme erweitern, um Nachhaltigkeitsrisiken und -chancen adäquat zu erfassen, zu steuern und darüber zu berichten. Dies stellt insbesondere für die Implementierung geeigneter Prozesse und Kontrollen zur Sicherstellung einer zuverlässigen Nachhaltigkeitsberichterstattung eine große Herausforderung dar. Eine enge Verzahnung von Rechts-, Compliance- und Nachhaltigkeitsabteilungen ist unerlässlich, um den komplexen Anforderungen des ESG-Rechts gerecht zu werden. Zudem ist eine regelmäßige Überprüfung und Anpassung der Systeme erforderlich, um auf die sich dynamisch entwickelnden regulatorischen Anforderungen reagieren zu können. Die Implementierung eines robusten ESG-Managements kann nicht nur regulatorische Risiken minimieren, sondern auch Chancen für Unternehmen eröffnen, sich am Markt als nachhaltig agierende Akteure zu positionieren.[523]

---

522 *Ferati/Meyer*, Corporate Compliance Zeitschriften (CCZ) 2022, 349.
523 *Litten*, Zeitschrift für Bank- und Kapitalmarktrecht (BKR) 2023, 569.

§ 13 Datenschutz im Kontext von Compliance- und Risikomanagementsystemen

13.1 Einführung

Datenschutz hat in den letzten Jahren durch die fortschreitende Digitalisierung und die wachsenden Anforderungen an die Verarbeitung personenbezogener Daten erheblich an Bedeutung gewonnen. Insbesondere durch die Datenschutz-Grundverordnung (DSGVO), die seit Mai 2018 in der Europäischen Union Anwendung findet, sehen sich Unternehmen mit strengen Anforderungen im Umgang mit personenbezogenen Daten konfrontiert. Datenschutz ist nicht nur eine zentrale rechtliche Verpflichtung, sondern stellt auch einen wesentlichen Aspekt im Rahmen von Compliance-Management-Systemen (CMS), Risikomanagementsystemen (RMS) und Internen Kontrollsystemen (IKS) dar. Dieses Kapitel beleuchtet die juristischen Grundlagen des Datenschutzes und dessen Relevanz für Unternehmen, sowie die Anforderungen an die Integration in bestehende CMS, RMS und IKS.

13.2 Rechtliche Grundlagen des Datenschutzes

Die Datenschutz-Grundverordnung (DSGVO) stellt den zentralen rechtlichen Rahmen für den Schutz personenbezogener Daten in der Europäischen Union dar. Sie normiert umfassende Rechte für betroffene Personen und legt strenge Pflichten für Verantwortliche und Auftragsverarbeiter fest. Die DSGVO basiert auf den Grundprinzipien der Datenminimierung, Zweckbindung, Speicherbegrenzung und Transparenz. Verstöße gegen diese Prinzipien können zu erheblichen Bußgeldern führen, die gemäß Art. 83 DSGVO bis zu 20 Millionen Euro oder 4% des weltweiten Jahresumsatzes eines Unternehmens betragen können, je nachdem, welcher Betrag höher ist.

Darüber hinaus finden auch sektorale Vorschriften, wie das Bundesdatenschutzgesetz (BDSG) oder branchenspezifische Datenschutzregelungen, wie im Gesundheitssektor, Anwendung. Im internationalen Kontext sind Unternehmen, die grenzüberschreitend tätig sind, auch verpflichtet, die Bestimmungen des Privacy Shield und anderer internationaler Datenschutzabkommen zu beachten. Dies unterstreicht die Komplexität und Vielschichtigkeit des Datenschutzes in modernen Unternehmen.

13.3 Datenschutz im Compliance-Management-System

Ein wirksames CMS muss in der Lage sein, datenschutzrechtliche Anforderungen umzusetzen und sicherzustellen, dass personenbezogene Daten im Einklang mit den gesetzlichen Vorgaben verarbeitet werden. Die Integration von Datenschutzrichtlinien in das CMS eines Unternehmens umfasst mehrere Dimensionen:

Dokumentation und Transparenz: Gemäß Art. 30 DSGVO sind Unternehmen verpflichtet, ein Verzeichnis von Verarbeitungstätigkeiten zu führen, das sämtliche Prozesse der Datenverarbeitung dokumentiert. Diese Dokumentation muss stets aktuell und überprüfbar sein, um den Nachweis der Datenschutzkonformität zu erbringen.

Aufklärung und Schulung: Unternehmen müssen sicherstellen, dass Mitarbeiter regelmäßig über datenschutzrechtliche Bestimmungen geschult werden. Ein Schulungskonzept, das den Umgang mit personenbezogenen Daten, die Rechte der betroffenen Personen sowie die Meldepflichten bei Datenschutzverletzungen umfasst, sollte Bestandteil eines CMS sein.

Datenschutzbeauftragter: Gemäß Art. 37 DSGVO müssen Unternehmen einen Datenschutzbeauftragten benennen, wenn ihre Kerntätigkeit in der umfangreichen Verarbeitung sensibler Daten besteht. Dieser muss unabhängig handeln und über ausreichende Ressourcen verfügen, um seine Aufgaben effektiv wahrzunehmen.

Der Datenschutz muss in allen Phasen der Datenverarbeitung, vom Erheben bis zum Löschen der Daten, als integraler Bestandteil des CMS betrachtet werden. Unternehmen sollten sicherstellen, dass Maßnahmen wie Privacy by Design und Privacy by Default, wie in Art. 25 DSGVO vorgesehen, implementiert werden.

13.4 Datenschutz im Risikomanagementsystem

Die DSGVO verpflichtet Unternehmen nicht nur zur Einhaltung von Datenschutzbestimmungen, sondern verlangt auch die Durchführung einer Datenschutz-Folgenabschätzung (Art. 35 DSGVO) bei Verarbeitungsvorgängen, die voraussichtlich ein hohes Risiko für die Rechte und Freiheiten betroffener Personen darstellen. Diese Folgenabschätzung ist ein zentraler Bestandteil des Risikomanagements und muss sowohl technische als auch organisatorische Maßnahmen berücksichtigen, um Risiken zu minimieren.

Identifizierung und Bewertung von Risiken:

Im Rahmen des Risikomanagementsystems müssen Unternehmen die Risiken der Datenverarbeitung bewerten. Dies umfasst nicht nur die Risiken für das Unternehmen selbst, sondern insbesondere die Risiken für die Rechte und Freiheiten der betroffenen Personen, z.B. bei unbefugtem Zugriff auf personenbezogene Daten oder deren unrechtmäßiger Verarbeitung.

Maßnahmen zur Risikominderung:

Unternehmen sind verpflichtet, geeignete technische und organisatorische Maßnahmen zu ergreifen, um die Risiken für die betroffenen Personen zu minimieren. Dazu gehören Maßnahmen zur Sicherung der Datenintegrität, Vertraulichkeit und Verfügbarkeit, wie etwa Verschlüsselung, Pseudonymisierung oder die Implementierung eines Notfallplans zur Sicherung der Datenverfügbarkeit.

Meldung von Datenschutzverletzungen:

Unternehmen müssen ein System zur Überwachung und Meldung von Datenschutzverletzungen gemäß Art. 33 DSGVO implementieren. Die Verpflichtung, eine Datenschutzverletzung innerhalb von 72 Stunden nach deren Kenntnis zu melden, erfordert eine enge Verzahnung zwischen dem Risikomanagement und dem Datenschutz-Compliance-Prozess.

13.5 Datenschutz im Internen Kontrollsystem (IKS)

Das Interne Kontrollsystem eines Unternehmens muss ebenfalls die Anforderungen des Datenschutzes berücksichtigen. Dies bedeutet, dass die internen Kontrollmechanismen so ausgestaltet sein müssen, dass sie die Einhaltung der Datenschutzrichtlinien kontinuierlich überwachen und sicherstellen. Der Datenschutz stellt in diesem Zusammenhang eine der wichtigsten „Kontrollziele“ eines IKS dar:

Überwachung der Datenverarbeitung:

Ein wirksames IKS muss Prozesse zur Überwachung der datenschutzkonformen Verarbeitung von personenbezogenen Daten etablieren. Dazu gehört die regelmäßige Kontrolle von IT-Systemen, die Einhaltung von Aufbewahrungsfristen sowie der Schutz vor unbefugtem Zugriff auf personenbezogene Daten.

Audit und Dokumentation:

Ein weiteres zentrales Element des IKS ist die regelmäßige Auditierung der Datenschutzmaßnahmen. Dies umfasst sowohl interne Audits als auch externe Prüfungen, die sicherstellen, dass die Datenschutzanfordera) ungen in allen Unternehmensbereichen eingehalten werden. Die lückenlose Dokumentation der durchgeführten Maßnahmen ist essenziell, um bei Anfragen der Datenschutzbehörden nachweisen zu können, dass das Unternehmen seiner Rechenschaftspflicht (Art. 5 Abs. 2 DSGVO) nachgekommen ist.

13.6 Technologische Herausforderungen im Datenschutz

Die zunehmende Digitalisierung und der Einsatz neuer Technologien wie Künstliche Intelligenz, Big Data und Cloud Computing stellen neue Herausforderungen für den Datenschutz dar. Unternehmen müssen sicherstellen, dass ihre Datenschutzrichtlinien auch in der digitalen Welt den hohen Anforderungen der DSGVO gerecht werden:

Cloud-Computing:

Die Auslagerung von Daten in die Cloud erfordert zusätzliche Kontrollmechanismen, um die Einhaltung der DSGVO auch bei externen Dienstleistern sicherzustellen. Unternehmen sollten sicherstellen, dass Verträge mit Cloud-Anbietern die Anforderungen an Auftragsverarbeiter (Art. 28 DSGVO) erfüllen.

Big Data und Künstliche Intelligenz:

Diese Technologien bergen ein erhebliches Risiko für die Verletzung von Datenschutzbestimmungen, da sie in der Regel große Mengen an personenbezogenen Daten verarbeiten. Unternehmen müssen Mechanismen implementieren, die sicherstellen, dass diese Datenverarbeitungen rechtmäßig, transparent und zweckgebunden erfolgen.

13.7 Datenschutz ist ein wesentlicher Bestandteil der Corporate Governance

Datenschutz ist ein wesentlicher Bestandteil moderner Compliance- und Risikomanagementsysteme und muss als integraler Bestandteil der Unternehmensführung angesehen werden. Unternehmen, die den Datenschutz systematisch in ihre Geschäftsprozesse integrieren, vermeiden nicht nur hohe Bußgelder und rechtliche Risiken, sondern stärken auch das Vertrauen ihrer Kunden und Geschäftspartner. Angesichts der zunehmenden Digitalisierung und den damit verbundenen Herausforderungen wird es für Unternehmen unverzichtbar, innovative technologische Lösungen zu entwickeln, um den wachsenden Anforderungen im Datenschutz gerecht zu werden.

§ 14 IT-gestützte Kontrollsysteme und die Einbindung von Meldesystemen

14.1 Einführung

Im Zeitalter der Digitalisierung haben IT-gestützte Kontrollsysteme eine zentrale Rolle in der Unternehmensführung übernommen. Diese Systeme ermöglichen eine effiziente Überwachung von Compliance- und Risikomanagementprozessen, indem sie automatisierte Kontrollmechanismen und Auswertungen bereitstellen. Insbesondere im Zusammenhang mit der Verarbeitung großer Datenmengen und der Sicherstellung von Datenschutzmaßnahmen bieten IT-gestützte Kontrollsysteme erhebliche Vorteile. Ein entscheidender Aspekt dieser Systeme ist die Integration von Meldesystemen, die Hinweisgeberprozesse unterstützen und so die Transparenz und Rechtssicherheit innerhalb eines Unternehmens erhöhen.

14.2 Rechtliche Rahmenbedingungen für IT-gestützte Kontrollsysteme

Die DSGVO und andere Datenschutzvorschriften fordern von Unternehmen, dass sie technische und organisatorische Maßnahmen implementieren, die einen effektiven Datenschutz gewährleisten. IT-gestützte Kontrollsysteme erfüllen diese Anforderungen durch die Automatisierung von Prozessen, die Überwachung von Datenschutzverletzungen und die Bereitstellung von Berichtsfunktionen, die es ermöglichen, schnell auf Vorfälle zu reagieren und gesetzliche Meldepflichten zu erfüllen. Systeme zur Einhaltung von Datenschutzvorgaben müssen unter anderem sicherstellen, dass:

a) Vertraulichkeit und Integrität der Daten durch Verschlüsselung und Zugriffskontrollen gewahrt werden.
b) Transparenz und Nachvollziehbarkeit aller Datenverarbeitungsvorgänge durch Audit-Trails und automatisierte Protokollierung gewährleistet werden.
c) Effiziente Reaktion auf Vorfälle durch automatisierte Benachrichtigungen und Notfallpläne ermöglicht wird.

14.3 Automatisierte Überwachung und Risikomanagement

IT-gestützte Kontrollsysteme sind in der Lage, Risiken durch kontinuierliche Überwachung von Geschäftsprozessen zu identifizieren und zu minimieren. In der Praxis bedeutet dies, dass Datenverarbeitungsvorgänge, Zugriffsprotokolle und

Änderungen in den Systemen in Echtzeit überprüft werden können. Dies ermöglicht es Unternehmen, potenzielle Risiken wie Datenschutzverletzungen oder Compliance-Verstöße sofort zu erkennen und geeignete Gegenmaßnahmen zu ergreifen.

Kontinuierliche Datenüberwachung:

Systeme können durch Algorithmen und künstliche Intelligenz analysieren, ob Datenschutzbestimmungen eingehalten werden und automatisiert Alarmmeldungen bei potenziellen Verstößen generieren.

Risikobewertung und -minderung:

Durch die Verknüpfung von IT-Systemen mit Risikomanagement-Tools können Unternehmen Risiken effizient bewerten und Maßnahmen zur Minimierung dieser Risiken automatisieren, wie beispielsweise durch die sofortige Sperrung von Benutzerkonten bei verdächtigen Aktivitäten.

14.4 Einbindung von Hinweisgeber-Meldesystemen

Ein IT-gestütztes Hinweisgeber-Meldesystem kann wesentlich zur Früherkennung von Compliance-Verstößen und Datenschutzverletzungen beitragen. Diese Systeme bieten Mitarbeitern und externen Stakeholdern die Möglichkeit, Verdachtsmomente anonym und sicher zu melden. Die Integration solcher Meldesysteme in bestehende IT-gestützte Kontrollsysteme verbessert die Reaktionsgeschwindigkeit und hilft Unternehmen, frühzeitig auf Hinweise zu reagieren.

Sichere Kanäle:

Hinweisgeber-Meldesysteme sollten über verschlüsselte Kanäle erfolgen, um die Anonymität der Hinweisgeber zu schützen und gleichzeitig sicherzustellen, dass die Meldungen vertraulich behandelt werden.

Automatisierte Verarbeitung:

Meldungen können durch ein IT-gestütztes Kontrollsystem automatisch erfasst, kategorisiert und den zuständigen Stellen zur Bearbeitung zugewiesen werden. Dies reduziert den manuellen Aufwand und beschleunigt den Verarbeitungsprozess.

Transparente Nachverfolgung:

Hinweisgeber-Meldesysteme sollten es ermöglichen, den Status der Bearbeitung einer Meldung transparent nachzuverfolgen, um sicherzustellen, dass keine Meldungen unbeachtet bleiben.

14.5 Technologische Herausforderungen und Lösungen

Die Implementierung von IT-gestützten Kontrollsystemen und Meldesystemen ist mit verschiedenen technologischen Herausforderungen verbunden. Unternehmen müssen sicherstellen, dass ihre Systeme nicht nur den rechtlichen Anforderungen entsprechen, sondern auch flexibel genug sind, um auf neue regulatorische Entwicklungen reagieren zu können. Technologische Herausforderungen umfassen:

Integration in bestehende Systeme:

IT-gestützte Kontrollsysteme müssen in die bestehende IT-Infrastruktur integriert werden, ohne dabei die Funktionalität anderer Systeme zu beeinträchtigen.

Datensicherheit und Cybersecurity:

Die Sicherheit von IT-gestützten Systemen muss gewährleistet werden, insbesondere im Hinblick auf Cyberangriffe und Datenverlust. Dies erfordert die Implementierung von Sicherheitsprotokollen und regelmäßigen Sicherheitsupdates.

Compliance-Überwachung in Echtzeit:

Eine Herausforderung besteht darin, sicherzustellen, dass Systeme in der Lage sind, Echtzeit-Überwachung durchzuführen und dabei gleichzeitig die Effizienz der Unternehmensprozesse nicht zu beeinträchtigen.

14.6 Weiterentwicklung der IT-gestützten Systeme

IT-gestützte Kontrollsysteme und die Einbindung von Meldesystemen stellen eine wesentliche Weiterentwicklung traditioneller Compliance- und Risikomanagementprozesse dar. Sie ermöglichen es Unternehmen, ihre Datenschutz- und Compliance-Verpflichtungen effizienter und transparenter zu erfüllen. In einer zunehmend digitalisierten Welt sind diese Systeme unverzichtbar, um die Sicherheit, Transparenz und Effizienz der Unternehmensprozesse zu gewährleisten. Unternehmen, die auf IT-gestützte Kontrollsysteme setzen, profitieren nicht nur von einer verbesserten Compliance, sondern auch von einer erhöhten Widerstandsfähigkeit gegenüber regulatorischen und technologischen Risiken.

IT-gestützte Kontrollsysteme ermöglichen die automatische Überwachung von Handelsaktivitäten und können Anomalien wie ungewöhnlich große Leerverkaufspositionen erkennen. Die Integration solcher Systeme in bestehende Compliance- und Risikomanagementprozesse stellt sicher, dass Verstöße gegen kapitalmarktrechtliche Vorschriften frühzeitig identifiziert werden.

Meldesysteme, die ursprünglich für Datenschutzverletzungen oder Compliance-Verstöße gedacht sind, können auch verwendet werden, um Mitarbeiter oder Marktteilnehmer zu ermutigen, verdächtige Handelsaktivitäten zu melden. Dies schafft einen zusätzlichen Schutzmechanismus gegen Marktmissbrauch, wie z.B. Leerverkäufe, die auf Marktmanipulation abzielen.

§ 15 Marktmissbrauch und Leerverkäufe

Datenschutz, IT-gestützte Kontrollsysteme und Meldesysteme bieten nicht nur Schutz vor Datenschutzverletzungen und Compliance-Verstößen, sondern können auch zur Verhinderung und Überwachung von Marktmanipulation und Insiderhandel eingesetzt werden. Im Rahmen des Kapitalmarktrechts, insbesondere der Marktmissbrauchsverordnung (MAR), spielt die Einhaltung von Transparenz- und Meldepflichten eine zentrale Rolle. Unternehmen, die börsennotiert sind oder auf den Kapitalmärkten agieren, müssen sicherstellen, dass ihre internen Systeme in der Lage sind, unrechtmäßige Handelspraktiken wie Marktmanipulation, Insiderhandel oder spekulative Leerverkäufe zu erkennen und an die zuständigen Behörden zu melden. Neben der zentralen Bedeutung des Datenschutzes und der Einhaltung von Compliance-Vorgaben stellen IT-gestützte Kontrollsysteme auch eine essenzielle Komponente zur Überwachung von Marktaktivitäten dar, insbesondere im Hinblick auf den Schutz vor Marktmissbrauch und spekulativen Leerverkäufen. Die Marktmissbrauchsverordnung (MAR) und die Leerverkaufsverordnung (SSR) erlegen Unternehmen umfangreiche Melde- und Transparenzpflichten auf, die sicherstellen sollen, dass spekulative oder unrechtmäßige Leerverkäufe erkannt und verhindert werden können. In diesem Kontext bieten IT-gestützte Kontroll- und Meldesysteme wertvolle Werkzeuge, um diese Anforderungen effizient zu erfüllen und das Risiko von Marktmanipulationen zu minimieren.

15.1 Automatisierte Marktüberwachung:

15.1.1 Frühzeitige Erkennung von Leerverkaufsaktivitäten

IT-gestützte Kontrollsysteme erlauben es Unternehmen, Handelsaktivitäten in Echtzeit zu überwachen und potenziell verdächtige Verhaltensmuster, wie ungewöhnlich hohe Handelsvolumina oder plötzliche Anstiege von Leerverkaufspositionen, frühzeitig zu identifizieren. Diese automatisierte Überwachung, in Kombination mit Algorithmen und künstlicher Intelligenz, kann dazu beitragen, verdächtige Bewegungen zu erkennen, die möglicherweise auf Marktmanipulation oder Insiderhandel hinweisen.

Ein Beispiel für den Nutzen solcher Überwachungssysteme sind die Ereignisse rund um den Fall Wirecard. Spekulative Leerverkäufe trugen zu einem erheblichen Kursverlust bei, der durch verstärkte Marktüberwachung möglicherweise früher hätte erkannt und gemeldet werden können. Durch den Einsatz von IT-gestützten Kontrollsystemen hätten Anomalien bei den Handelsvolumina automatisiert registriert und entsprechende Maßnahmen zur Marktstabilisierung eingeleitet werden können.

15.1.2 Integration von Hinweisgeber-Meldesystemen

Meldesysteme, die ursprünglich zur Erfassung von Datenschutzverstößen oder Compliance-Vergehen eingeführt wurden, können auch als wertvolles Instrument zur Bekämpfung von Marktmissbrauch und Leerverkäufen genutzt werden. Diese Systeme ermöglichen es Mitarbeitern, Investoren und externen Marktteilnehmern, verdächtige Aktivitäten anonym zu melden, was eine proaktive Maßnahme gegen unrechtmäßige Marktpraktiken darstellt.

Im Zusammenhang mit spekulativen Leerverkäufen, wie sie in den Fällen Grenke und Mutares auftraten, hätten Hinweisgeber-Meldesysteme die Marktteilnehmer ermutigen können, potenzielle Verstöße oder Manipulationen anonym zu melden. Diese Meldungen wären an die Compliance-Abteilungen weitergeleitet worden, die mithilfe der IT-gestützten Kontrollsysteme eine gründliche Überprüfung und Analyse der Vorwürfe hätten durchführen können. Durch diese Kombination aus automatisierter Überwachung und Hinweisgeber-Mechanismen wird sichergestellt, dass potenzieller Marktmissbrauch schnell erkannt und gemeldet wird.

15.1.3 Schutz vor spekulativen Leerverkäufen und Marktmanipulation

In Fällen wie Mutares oder Grenke hätte ein starkes IT-gestütztes Kontrollsystem in Verbindung mit einem Hinweisgebersystem den Unternehmen möglicherweise geholfen, schneller Gegenmaßnahmen zu ergreifen und schneller auf die Marktmanipulationen durch Leerverkäufer zu reagieren. Durch die automatisierte Überwachung von Marktaktivitäten sowie den Einsatz von Meldesystemen wären Unternehmen in der Lage gewesen, Handelsanomalien frühzeitig zu erkennen und Maßnahmen zur Abwehr von spekulativen Angriffen zu ergreifen.

Dies zeigt, dass die Integration von IT-gestützten Kontrollsystemen und Meldesystemen nicht nur den Anforderungen des Datenschutzes und der allgemeinen Compliance dient, sondern auch als Schutzschild gegen Marktmissbrauch und spekulative Leerverkäufe fungieren kann. Unternehmen, die ihre Überwachungsprozesse technologisch optimieren, sind in der Lage, regulatorischen Anforderungen besser gerecht zu werden und gleichzeitig die Marktstabilität zu fördern.

15.2 Kombination

Die Kombination aus Datenschutz, Compliance-Überwachung und der Prävention von Marktmissbrauch erfordert eine enge Verzahnung von IT-gestützten Kontrollsystemen und Hinweisgeber-Meldesystemen. Diese Systeme bieten Unternehmen die Möglichkeit, nicht nur interne Verstöße zu überwachen, sondern auch externe Gefahren wie spekulative Leerverkäufe und Marktmanipulation frühzeitig zu erkennen und zu melden. Dies stärkt nicht nur die Einhaltung gesetzlicher Vorgaben, sondern schützt gleichzeitig den Kapitalmarkt vor destabilisierenden Einflüssen. Die Integration solcher Systeme in das Compliance- und Risikomanagement bietet daher einen wesentlichen Mehrwert für Unternehmen, die sich auf dem globalen Kapitalmarkt behaupten müssen.

§ 16 Veränderung der Prüfungspraxis und der Prüfungsstandards

16.1 Prüfung auf Grundlage des IDW PS 980 (Compliance-Management-Systeme)

Der IDW Prüfungsstandard PS 980 bietet Wirtschaftsprüfern einen Rahmen zur Prüfung von Compliance-Management-Systemen (CMS). Dieser Standard kann auch auf die IT-gestützten Kontroll- und Meldesysteme angewendet werden, da diese in der Regel Bestandteil eines umfassenden CMS sind. Der Prüfer untersucht, ob die Systeme angemessen konzipiert, implementiert und wirksam sind, um regulatorische Anforderungen, insbesondere im Bereich des Kapitalmarktrechts und der Marktüberwachung, zu erfüllen.

16.1.1 Prüfschwerpunkte:

Angemessenheit:

Der Prüfer stellt fest, ob die IT-gestützten Kontroll- und Meldesysteme so gestaltet sind, dass sie die regulatorischen Anforderungen der Marktmissbrauchsverordnung (MAR) und Leerverkaufsverordnung (SSR) erfüllen. Dazu gehört die Überprüfung, ob das System in der Lage ist, verdächtige Handelsaktivitäten wie spekulative Leerverkäufe zu identifizieren und zu melden.

Wirksamkeit:

Der Prüfer bewertet die tatsächliche Funktionsweise der Systeme in der Praxis. Dabei werden beispielsweise Testläufe durchgeführt, um zu überprüfen, ob die Systeme Auffälligkeiten wie ungemeldete Leerverkaufspositionen oder Marktmanipulationen korrekt erkennen und intern melden.

16.1.2 Einsatz von IDW EPS 990 und 991 für IT-gestützte Systeme

Die IDW-Entwürfe von Prüfungsstandards EPS 990 und 991 befassen sich speziell mit der Prüfung von Risikomanagementsystemen und der nicht-finanziellen Berichterstattung. Diese Standards können auf IT-gestützte Kontrollsysteme angewendet werden, um deren Effizienz im Risikomanagement und der Meldung von Marktmissbrauch zu bewerten. EPS 990 behandelt insbesondere die Anforderungen an die Prüfung von Systemen, die Risiken bewältigen sollen und ist daher relevant für die Beurteilung der Wirksamkeit von IT-gestützten Systemen zur Überwachung von Leerverkäufen.

Prüfschwerpunkt Risikomanagement:
Der Prüfer stellt sicher, dass die IT-Systeme im Einklang mit den Risikomanagementprozessen des Unternehmens stehen und Risiken im Bereich Marktmissbrauch und Leerverkäufe effektiv mindern.

Nachvollziehbarkeit und Dokumentation:
Es wird überprüft, ob die Systeme ausreichende Dokumentation und Berichte über potenziell problematische Handelsaktivitäten erstellen. Diese Berichte müssen ausreichend detailliert sein, um den Wirtschaftsprüfern die Überprüfung der getroffenen Maßnahmen zu ermöglichen.

Technische Prüfungen: IT-Audit und IT-Sicherheitsaspekte
IT-gestützte Kontrollsysteme müssen auch in Bezug auf ihre technische Sicherheit und Funktionsfähigkeit geprüft werden. Hier kommen spezielle IT-Audits zum Einsatz, die sich auf die Überprüfung der Integrität, Vertraulichkeit und Verfügbarkeit der Systeme konzentrieren. Da es sich um hochsensible Informationen und potenziell risikoreiche Handelsaktivitäten handelt, sind folgende Aspekte von Bedeutung:

1. **Prüfschwerpunkt Systemintegrität und Datensicherheit:**
   Der Prüfer überprüft, ob die Systeme ausreichend gegen Cyberangriffe und Manipulationen geschützt sind. Dies beinhaltet auch die Sicherstellung, dass Handelsdaten und Meldungen nicht manipuliert oder unbefugt geändert werden können.
2. **Nachvollziehbarkeit von Kontrollen:**
   Es wird bewertet, ob die Kontrollsysteme alle relevanten Datenverarbeitungsprozesse protokollieren und ob diese Protokolle nachträglich von den Prüfern ausgewertet werden können.
3. **Zugriffsrechte:**
   Der Prüfer untersucht, ob die Zugriffsrechte auf das Meldesystem und die IT-gestützten Kontrollsysteme ordnungsgemäß vergeben und kontrolliert werden. Unbefugter Zugang zu diesen Systemen könnte das Risiko von Marktmanipulationen erhöhen.
4. **Spezielle Prüfungsstandards für Hinweisgeber-Systeme**
   Hinweisgeber-Systeme, die als Teil der IT-gestützten Kontrollsysteme fungieren, sollten nach speziellen Kriterien geprüft werden, die auf die Sicherstellung

von Anonymität, Vertraulichkeit und der Einhaltung von Datenschutzanforderungen abzielen. Hierbei kann der ISAE 3000 Standard (International Standard on Assurance Engagements) herangezogen werden, der für die Prüfung von nicht-finanziellen Informationen, wie z.B. der Funktionsweise von Meldesystemen, geeignet ist.

5. **Prüfschwerpunkt Datenschutz und Anonymität:**
   Der Prüfer stellt sicher, dass das Hinweisgeber-System so konzipiert ist, dass die Anonymität und der Datenschutz der Hinweisgeber gemäß den Vorgaben der DSGVO und anderer Datenschutzgesetze gewährleistet ist.

Bearbeitungsprozesse:

Es wird geprüft, ob eingegangene Hinweise ordnungsgemäß und innerhalb der festgelegten Fristen bearbeitet werden und ob entsprechende Nachweise und Dokumentationen vorhanden sind.

Praktische Anwendung von Best-Practice-Prinzipien

Neben der Anwendung standardisierter Prüfungsverfahren ist es für Wirtschaftsprüfer wichtig, branchenspezifische Best-Practice-Prinzipien anzuwenden.

Diese Prinzipien beinhalten:

1. **Branchenbenchmarking:**
   Der Prüfer vergleicht die IT-gestützten Systeme mit denen anderer Unternehmen derselben Branche, um sicherzustellen, dass die verwendeten Systeme dem Stand der Technik entsprechen.
2. **Stresstests und Simulationen:**
   Der Prüfer führt Simulationen durch, um zu testen, wie das System in kritischen Situationen (z.B. einem plötzlichen Anstieg von Leerverkäufen) reagiert und ob es in der Lage ist, rechtzeitig geeignete Maßnahmen einzuleiten.
3. **Spezialprüfungsverfahren**
   Eine effektive Prüfung von IT-gestützten Kontrollsystemen und Meldesystemen erfordert den Einsatz spezialisierter Prüfungsverfahren, die sowohl rechtliche als auch technische Aspekte berücksichtigen. Standards wie IDW PS 980, EPS 990 und 991, IT-Audits und ISAE 3000 bieten Prüfern die notwendigen Instrumente, um die Wirksamkeit solcher Systeme zu bewerten. Durch eine Kombination von technischen und organisatorischen Prüfungen kann sichergestellt werden, dass Unternehmen in der Lage sind, Risiken im Bereich des Kapitalmarktrechts, insbesondere im Zusammenhang mit Leerverkäufen und Marktmissbrauch, frühzeitig zu erkennen und zu bekämpfen.

16.2 IDW-Prüfungsstandards 980–982: Analyse und Überarbeitungsbedarf

Die Einführung des Lieferkettensorgfaltspflichtengesetzes (LkSG) und der Corporate Sustainability Reporting Directive (CSRD) hat die Anforderungen an Unternehmen, insbesondere im Bereich der Nachhaltigkeitsüberwachung, erheblich verschärft. Dabei stellt sich die Frage, inwiefern die bestehenden Prüfungsstandards des Instituts der Wirtschaftsprüfer (IDW), namentlich der IDW PS 980 bis 983, in ihrer derzeitigen Fassung ausreichend sind, um den neuen Herausforderungen gerecht zu werden. Insbesondere die IDW-Prüfungsstandards für Risikomanagementsysteme und nichtfinanzielle Berichterstattung, IDW EPS 990 und IDW EPS 991, sind hierbei von zentraler Bedeutung. Diese Analyse zielt darauf ab, die in den IDW EPS 990 und 991 im Hinblick auf die Anforderungen der Nachhaltigkeitsüberwachung erstellten Anforderungen um einen neuen notwendigen Prüfungsstandard zu erweitern, der als Grundlage für den Nachweis für die Bafin gilt. Nur wenn ein Testat, welches nicht älter als 2 Jahre sein darf, der BaFin zum Zeitpunkt einer etwaigen Leerverkaufsattacke (Erhöhung der Leerverkaufsposition und Verbreitung negativer Berichte) vorliegt, soll die BaFin eine Handelsaussetzung vornehmen.

Um die Analyse und Überarbeitungsbedarfe der IDW-Prüfungsstandards 980 bis 983 in Bezug auf die Prüfungsanforderungen zur Nachhaltigkeitsüberwachung und nicht nur der Nachhaltigkeitsberichterstattung tiefer rechtlich zu verankern, muss ein besonderer Fokus auf die aktuellen regulatorischen Entwicklungen und die Praxisanforderungen gelegt werden. Dies betrifft vor allem die steigenden Anforderungen durch das Lieferkettensorgfaltspflichtengesetz (LkSG) sowie die Corporate Sustainability Reporting Directive (CSRD) und die Corporate Sustainability Due Diligence Directive (CSDDD).

Die IDW-Prüfungsstandards 980 bis 982, die sich auf die Prüfung von Compliance Management Systemen (CMS), Risikomanagementsystemen (RMS) und Internen Kontrollsystemen (IKS) fokussieren, bieten eine grundlegende Struktur für die Prüfung der Rechtskonformität und Risikominimierung von Unternehmen. Allerdings sind sie in ihrer aktuellen Form primär auf finanzielle und operationelle Risiken ausgelegt. Mit den neuen regulatorischen Anforderungen, wie dem LkSG und der CSRD, gewinnen nicht-finanzielle Risiken – insbesondere im Bereich Umwelt-, Sozial- und Governance (ESG) – an Bedeutung.

16.2.1 Erweiterte Prüfungsanforderungen zur Nachhaltigkeitsüberwachung

Um die Belastbarkeit eines Prüfungsstandards für externe Behörden zu gewährleisten, ist es essenziell, dass die in den IDW PS 980 bis 982 um spezifische

Anforderungen zur Überwachung von Kapitalmarktrisiken und Nachhaltigkeitsrisiken erweitert werden. Der Fokus darf nicht nur auf der Berichterstattung liegen, sondern muss auch die tatsächliche Überwachung der Einhaltung von ESG-Kriterien umfassen. Die ISO 37301 bietet einen geeigneten Rahmen für die Weiterentwicklung der CMS, da sie explizit auf die Einhaltung von rechtlichen und ethischen Anforderungen abzielt, jedoch fehlt hier eine klare Integration von Nachhaltigkeitsaspekten[524].

16.2.2 Anpassungsbedarf der Prüfungsstandards

Ein erheblicher Anpassungsbedarf besteht in der Konkretisierung der Risikobewertung hinsichtlich der Einhaltung von ESG-Standards und der Verpflichtungen aus dem LkSG. Die Prüfungsstandards sollten die Unternehmen dazu verpflichten, Nachhaltigkeitsrisiken in ihre Risikomanagementsysteme zu integrieren und kontinuierlich zu überwachen. Diese Erweiterung würde den Prüfungsumfang auf die Nachhaltigkeitsüberwachung ausdehnen und sicherstellen, dass Unternehmen nicht nur über ihre Nachhaltigkeitspraktiken berichten, sondern auch diese proaktiv überwachen[525].

16.2.3 Verlässlichkeit der Prüfungsprozesse für externe Behörden

Die aktuelle Fassung der IDW PS 982, die sich mit der Prüfung von internen Kontrollsystemen befasst, bietet bereits wertvolle Instrumente für die Überprüfung von Systemen, die auf die ordnungsgemäße Informationsverarbeitung ausgerichtet sind. Um jedoch den Anforderungen externer Behörden gerecht zu werden, muss die Verlässlichkeit dieser Prüfungen durch striktere Anforderungen an die Datenqualität und die Verifikation von ESG-Datenquellen verstärkt werden.[526]

16.2.4 Aktueller Stand der IDW EPS 990 und 991

Der IDW EPS 990 regelt die Prüfung von nichtfinanziellen Berichterstattungen. Diese Prüfungen umfassen insbesondere die Berichterstattung zu ESG-Kriterien, wie sie durch das LkSG und die CSRD erforderlich sind. Der Prüfungsstandard zielt darauf ab, die Richtigkeit und Vollständigkeit der gemachten Angaben zu

524 ISO 37301: Compliance Management Systems – Guidelines
525 IDW PS 980
526 *Fassbach/Schneider*, Gesellschafts- und Wirtschaftsrecht (GWR) 2023, 210.

beurteilen, konzentriert sich jedoch primär auf die Retrospektive – also die formale und inhaltliche Korrektheit der Berichterstattung[527].

Der IDW EPS 991, der die Prüfung von Risikomanagementsystemen (RMS) behandelt, stellt sicher, dass Unternehmen über adäquate Prozesse zur Identifizierung und Handhabung wesentlicher Risiken verfügen. Jedoch ist die Prüfung des RMS bislang nicht hinreichend auf spezifische Nachhaltigkeitsrisiken, wie Menschenrechts- oder Umweltverletzungen, ausgelegt. Diese Lücken müssen adressiert werden, um den Anforderungen des LkSG gerecht zu werden.

16.3 Erweiterung der Prüfungsinhalte in Bezug auf Nachhaltigkeitsüberwachung

Ein wesentlicher Kritikpunkt an den bestehenden Prüfungsstandards liegt in der fehlenden Berücksichtigung der tatsächlichen Überwachung von Nachhaltigkeitsrisiken. Die IDW EPS 990 und 991 sind stark auf die Berichterstattung und Risikoeinschätzung ausgerichtet, ohne jedoch die Wirksamkeit der implementierten Überwachungsmechanismen umfassend zu prüfen. Um den neuen Anforderungen des LkSG gerecht zu werden, müssen diese Standards erweitert werden, um auch die laufende Überwachung der Einhaltung von Nachhaltigkeitsstandards entlang der Lieferkette zu prüfen. Dies ist besonders wichtig, da das LkSG nicht nur die Berichterstattung, sondern auch die Prävention und das Management von Risiken im Bereich der Menschenrechte und des Umweltschutzes verlangt.[528]

16.4 Anpassungsbedarf der IDW EPS 990 und 991

16.4.1 IDW EPS 990 – Prüfung nichtfinanzieller Berichterstattungen

Der IDW EPS 990 muss dahingehend erweitert werden, dass nicht nur die Richtigkeit der Berichterstattung, sondern auch die Überwachung der Erfüllung der Nachhaltigkeitsverpflichtungen geprüft wird. Das bedeutet, dass die Prüfungsstandards auch die Datenquellen und die Prozesse zur Datenerhebung für Nachhaltigkeitsberichterstattungen einschließen müssen. Eine rein formale Prüfung der Berichterstattung reicht nicht aus, um die wachsende Verantwortung der Unternehmen zur Sicherstellung der Nachhaltigkeit ihrer Lieferketten abzudecken.[529]

527 IDW PS 982

528 *Moosmayer*, Moosmayer Compliance, § 4 Rn, 154–174.

529 *Geier/Hornbach*, Zeitschrift für Bank- und Kapitalmarktrecht (BKR) 2021, 6 Ebd.

Der IDW EPS 990 sollte zudem die Anforderungen an die Validität und die Nachvollziehbarkeit der verwendeten Datenquellen erhöhen, um eine höhere Transparenz und Überprüfbarkeit sicherzustellen.

16.4.2 IDW EPS 991 – Prüfung von Risikomanagementsystemen

Der IDW EPS 991 stellt die Prüfung der Angemessenheit und Wirksamkeit von Risikomanagementsystemen (RMS) in den Mittelpunkt. Allerdings fehlt eine spezifische Ausrichtung auf die Nachhaltigkeitsrisiken, wie sie durch das LkSG und die CSRD eingeführt wurden. Der Standard muss erweitert werden, um sicherzustellen, dass Unternehmen ihre Nachhaltigkeitsrisiken nicht nur identifizieren, sondern auch proaktiv überwachen und steuern. Dies könnte durch die Einführung einer verpflichtenden Risikobewertung entlang der gesamten Lieferkette erreicht werden, einschließlich der Prüfung, ob Unternehmen angemessene Maßnahmen zur Vermeidung und Minderung von Menschenrechts- und Umweltverstößen implementiert haben.

Darüber hinaus sollten die Prüfungen nach IDW EPS 991 die Überwachung der operativen Maßnahmen umfassen, die Unternehmen zur Risikominderung ergreifen. Dies bedeutet, dass nicht nur die Dokumentation und Risikoanalyse, sondern auch die praktischen Schritte, wie etwa Audits entlang der Lieferkette oder die Einführung von Beschwerdemechanismen, in die Prüfung einfließen sollten. Der IDW EPS 991 könnte so um spezifische Vorgaben zur Überprüfung von Nachhaltigkeitskontrollen erweitert werden, die sicherstellen, dass Risiken wie Menschenrechtsverletzungen oder Umweltschäden proaktiv gemanagt werden.

16.5 Verlässlichkeit und Belastbarkeit der Prüfungsstandards für externe Behörden

Mit Blick auf die Prüfung durch externe Behörden müssen die Standards so angepasst werden, dass sie eine verbindliche Überprüfung der Nachhaltigkeitsüberwachung ermöglichen. Hier ist es essenziell, dass ein neuer Prüfungsstandard geschaffen wird und nicht nur die Berichterstattung, sondern auch die Systeme auf die laufende Einhaltung von ESG-Kriterien überprüft werden. Die Standards müssen daher Anforderungen an regelmäßige Kontrollen und Audits entlang der Lieferkette beinhalten, die sowohl von internen Prüfern als auch externen Behörden nachvollzogen werden können. Dies schließt die Notwendigkeit ein, dass die Prüfungsergebnisse klar dokumentiert und leicht überprüfbar sind, sodass externe Behörden eine verlässliche Grundlage für die Überwachung haben.

16.6 Ergebnisse und Implikationen für die Prüfungsstandards

Die bestehenden IDW EPS 990 und IDW EPS 991 bieten wertvolle Grundlagen für die Prüfung nichtfinanzieller Berichterstattungen und Risikomanagementsysteme. Angesichts der verschärften Anforderungen durch das LkSG und die CSRD ist jedoch eine Erweiterung und Konkretisierung dieser Prüfungsstandards dringend erforderlich. Diese Erweiterungen sollten sich auf die Überwachung der Nachhaltigkeitsrisiken konzentrieren, um sicherzustellen, dass Unternehmen nicht nur korrekt über ihre Maßnahmen berichten, sondern auch proaktiv die Einhaltung von Nachhaltigkeitsstandards sicherstellen. Durch eine Erweiterung der Prüfungsanforderungen auf laufende Kontrollen, Audits und die Validierung von ESG-Datenquellen könnten die IDW EPS 990 und 991 den gestiegenen Anforderungen besser gerecht werden und die Belastbarkeit der Prüfungen für externe Behörden gewährleisten.

§ 17 Freiwillige Einreichung bei der BaFin: Konzept und rechtliche Umsetzung

17.1 Erweiterung des Konzepts zur freiwilligen Prüfung der Nachhaltigkeitsüberwachung: Einsparung aufwendiger Prüfungsverfahren durch die BAFA und der BaFin

Die Einführung des Lieferkettensorgfaltspflichtengesetzes (LkSG) hat nicht nur für Unternehmen, sondern auch für Aufsichtsbehörden wie die BAFA (Bundesamt für Wirtschaft und Ausfuhrkontrolle) erhebliche Prüfpflichten zur Einhaltung der gesetzlichen Vorgaben mit sich gebracht. Um eine unnötige Doppelbelastung der Unternehmen zu vermeiden und gleichzeitig die Effizienz der behördlichen Überwachung zu steigern, könnte eine freiwillige Prüfung durch unabhängige Dritte, wie im nachfolgenden Prüfungsstandard beschrieben, den Aufwand für Prüfungen durch die BAFA und der BaFin erheblich reduzieren. Dieses Konzept bietet die Möglichkeit, dass Unternehmen durch die freiwillige Prüfung ihre Systeme zertifizieren lassen, was es externen Behörden ermöglicht, sich auf die Ergebnisse dieser Prüfungen zu verlassen und so umfangreiche Prüfverfahren zu verkürzen oder ganz zu vermeiden.

Um sicherzustellen, dass der vorgeschlagene Prüfungsstandard auch dazu geeignet ist, schwerwiegende Vorwürfe wie Bilanzbetrug und Geldwäsche effektiv zu verhindern oder diese Vorwürfe schnell und verlässlich auszuschließen, muss der Standard spezifische Prüfungsanforderungen und Kontrollmechanismen einführen. Diese zusätzlichen Maßnahmen sollten sich auf die Korrektheit der finanziellen Berichterstattung und die Transparenz in den Geschäftspraktiken des Unternehmens konzentrieren.

Die Folgenden Absätze enthalten einen Vorschlag wie der Prüfungsstandard erweitert werden könnte, um Vorwürfe wie Bilanzbetrug und Geldwäsche schnell zu widerlegen.

17.1.1 IDW PS NEU: Prüfung der Nachhaltigkeitsüberwachung, ESG-Risikomanagementsysteme und finanzieller Transparenz

17.1.1.1 Zielsetzung und Anwendungsbereich

Dieser erweiterte Prüfungsstandard verfolgt zusätzlich das Ziel, die Integrität der Finanzberichterstattung und die Einhaltung der Anti-Geldwäsche-Vorschriften sicherzustellen. Insbesondere soll gewährleistet werden, dass Unternehmen transparente und verlässliche Methoden der Finanzkontrolle und Risikovermeidung anwenden, um die Gefahr von Bilanzmanipulation und Geldwäsche bereits im Vorfeld zu minimieren.

Durch diesen Prüfungsstandard sollen Aufsichtsbehörden wie die BAFA und die BaFin sicherstellen können, dass geprüfte Unternehmen nicht nur ESG-Kriterien und Sorgfaltspflichten einhalten, sondern auch finanzielle Transparenz gewährleisten und Geldwäsche-Risiken effizient minimieren.

17.1.1.2 Prüfungsgegenstand und erweiterte Prüfungskriterien

Neben der Prüfung der Nachhaltigkeitsüberwachung und ESG-Risikomanagementsysteme umfasst der erweiterte Standard:

1. **Finanzkontrollen und Berichtssysteme:**
   Überprüfung der internen Prozesse, die sicherstellen, dass finanzielle Transaktionen ordnungsgemäß dokumentiert und kontrolliert werden, um Bilanzmanipulationen zu verhindern.
2. **Transparente Buchführung und ordnungsgemäße Bilanzierung:** Sicherstellung, dass das Unternehmen die gesetzlichen Vorgaben der Rechnungslegung einhält und dass die finanziellen Berichte korrekt und vollständig sind.
3. **Compliance mit den Anti-Geldwäsche-Gesetzen (AML):**
   Überprüfung der internen Kontrollsysteme, die zur Verhinderung von Geldwäsche implementiert wurden, einschließlich der Überwachung verdächtiger 1. Transaktionen und der Meldepflichten gegenüber den zuständigen Behörden.

Diese Prüfungskriterien orientieren sich an den Vorgaben der International Standards on Auditing (ISA) und den spezifischen Anforderungen der EU-Richtlinie zur Verhinderung von Geldwäsche und Terrorismusfinanzierung.

17.1.1.3 Prüfung der internen Finanzkontrollen

Eine entscheidende Maßnahme, um Vorwürfe wie Bilanzbetrug auszuschließen, ist die Prüfung der internen Finanzkontrollen des Unternehmens. Der Prüfungsstandard sollte sicherstellen, dass das Unternehmen über ein robustes Internes Kontrollsystem (IKS) verfügt, das Folgendes umfasst:

1. **Überprüfung der Buchführungspraktiken:**
   Regelmäßige Prüfung und Validierung der Buchhaltungsdaten, um sicherzustellen, dass keine falschen oder manipulierten Finanzdaten in die Berichte einfließen.

2. **Sicherungen**
   Sicherstellung, dass alle Transaktionen ordnungsgemäß dokumentiert und überprüft werden, um das Risiko von Betrug zu minimieren.

17.1.1.4 Sicherstellung der Compliance mit Anti-Geldwäsche-Vorgaben

Der Standard muss gewährleisten, dass die Anti-Geldwäsche-Vorgaben effektiv umgesetzt und überwacht werden. Dies schließt die Prüfung der internen Richtlinien und Verfahren zur Verhinderung von Geldwäsche ein:

1. **Prüfung des internen Anti-Geldwäsche-Programms:**
   Es sollte sichergestellt werden, dass das Unternehmen ein Anti-Geldwäsche-Programm implementiert hat, das den Anforderungen der nationalen und internationalen Vorschriften entspricht, einschließlich der regelmäßigen Schulungen der Mitarbeiter.
2. **Verdachtsmeldungen und Compliance-Systeme:**
   Überprüfung der Systeme zur Erkennung und Meldung verdächtiger Aktivitäten sowie der Einhaltung der gesetzlichen Meldepflichten an die zuständigen Behörden.
3. **Dokumentation und Nachvollziehbarkeit:**
   Die Prüfung sollte sicherstellen, dass alle Finanztransaktionen und deren Genehmigungen vollständig dokumentiert und leicht nachvollziehbar sind, um bei Bedarf eine lückenlose Rückverfolgung zu ermöglichen.

17.1.1.5 Erweiterung der Berichtspflichten

Der Prüfungsbericht sollte spezifische Abschnitte enthalten, die die Integrität der finanziellen Berichterstattung und die Einhaltung der Anti-Geldwäsche-Gesetze adressieren. Diese erweiterten Berichte ermöglichen es Aufsichtsbehörden wie der BAFA oder der BaFin, schnell und effizient zu prüfen, ob es Anhaltspunkte für Bilanzbetrug oder Geldwäsche gibt.

Der Bericht sollte:

Erklärungen zur Richtigkeit der Finanzberichterstattung enthalten, die durch einen unabhängigen Wirtschaftsprüfer bestätigt werden.

Eine Erklärung zur Einhaltung der Anti-Geldwäsche-Vorschriften des Unternehmens enthalten, um sicherzustellen, dass verdächtige Transaktionen ordnungsgemäß überwacht und gemeldet werden.

Durch diese Erweiterungen wird sichergestellt, dass der Bericht für Aufsichtsbehörden eine verlässliche Basis für die Überprüfung der Einhaltung der gesetzlichen Anforderungen darstellt.

17.1.1.6 Trennung der Prüfungsfunktionen: Sicherstellung der Unabhängigkeit

Um Interessenkonflikte zu vermeiden und die **Objektivität** der Prüfung zu gewährleisten, dürfen der **Jahresabschlussprüfer** und der **Prüfer der Integritätsprüfung** nicht dieselbe Person oder dasselbe Prüfungsunternehmen sein. Diese Trennung der Prüfungsfunktionen ist notwendig, um die **Unabhängigkeit der jeweiligen Prüfungen** zu wahren und sicherzustellen, dass beide Prüfungsprozesse objektiv und frei von gegenseitigen Beeinflussungen durchgeführt werden können.

1. **Jahresabschlussprüfer**: Der Jahresabschlussprüfer ist verantwortlich für die Prüfung der Finanzberichterstattung des Unternehmens gemäß den geltenden Rechnungslegungsstandards (z.B. HGB, IFRS) und für die Bestätigung, dass der Jahresabschluss ein den tatsächlichen Verhältnissen entsprechendes Bild der Vermögens-, Finanz- und Ertragslage des Unternehmens vermittelt.
2. **Prüfer der Integritätsprüfung**: Der Prüfer der Integritätsprüfung ist hingegen für die Prüfung der **Nachhaltigkeitsüberwachung**, der **ESG-Risikomanagementsysteme** und der **finanziellen Transparenz** verantwortlich. Diese Prüfung umfasst auch die Überprüfung der Einhaltung der **Anti-Geldwäsche-Gesetze** und der korrekten Erfassung und Kontrolle von ESG-Daten sowie der Implementierung von internen Kontrollmechanismen zur Vermeidung von Bilanzmanipulation und Geldwäsche.

Begründung für die Trennung der Prüfungen:

1. **Vermeidung von Interessenkonflikten**: Die Trennung der Prüfungsfunktionen stellt sicher, dass der Prüfer der Integritätsprüfung frei von etwaigen Interessenkonflikten ist, die durch die gleichzeitige Prüfung des Jahresabschlusses entstehen könnten. Es wird vermieden, dass der Prüfer unter Druck gerät, potenzielle Mängel im Bereich der ESG-Risiken oder der finanziellen Transparenz zu übersehen, um den Jahresabschluss nicht negativ zu beeinflussen.
2. **Erhöhung der Glaubwürdigkeit**: Die Unabhängigkeit der beiden Prüfungen stärkt das Vertrauen von **externen Aufsichtsbehörden** wie der **BaFin** und der **BAFA** in die Prüfberichte. Durch die getrennte Prüfung wird sichergestellt, dass beide Prüfungen eine eigene, objektive Sichtweise auf die Finanz- und Risikostrukturen des Unternehmens entwickeln.
3. **Stärkung der Compliance**: Die Trennung der Prüfungen fördert die Integrität der internen und externen Compliance-Systeme des Unternehmens. Während der Jahresabschlussprüfer den Fokus auf die **Rechnungslegung** legt, konzentriert sich der Prüfer der Integritätsprüfung auf **sämtliche Risiken für das Unternehmen**, ESG-Kriterien und deren Überwachung.

Dokumentation der Trennung:

Unternehmen müssen sicherstellen, dass die **Trennung der Prüfungsfunktionen** klar dokumentiert und gegenüber den Aufsichtsbehörden transparent gemacht wird. Beide Prüfer müssen ihre Prüfungen unabhängig voneinander durchführen und in getrennten Berichten über ihre Ergebnisse informieren.

Ausnahmefälle:

In Ausnahmefällen, in denen es nicht möglich ist, zwei verschiedene Prüfungsunternehmen zu beauftragen (z.B. in kleineren Unternehmen oder in spezifischen Branchen), sollte eine interne **Unabhängigkeitserklärung** durch den Prüfungsdienstleister erfolgen, der die strikte Trennung der beiden Prüfungsprozesse sicherstellt. Diese Erklärung muss schriftlich dokumentiert und von der Unternehmensleitung sowie den Aufsichtsbehörden genehmigt werden.

17.2 Verlässlichkeit für Aufsichtsbehörden (BAFA und BaFin)

Die Prüfungsergebnisse sollen Aufsichtsbehörden wie der BAFA und der BaFin die Möglichkeit geben, sich auf die Prüfbescheinigungen zu verlassen, um umfangreiche eigene Prüfungen zu vermeiden, es sei denn, es bestehen Hinweise auf Verstöße oder Unregelmäßigkeiten.

Bei der BAFA kann der Prüfbericht dazu dienen, den Compliance-Nachweis in Bezug auf das LkSG und die Einhaltung von ESG-Standards zu erbringen, wodurch die Notwendigkeit aufwendiger Prüfungen entfällt. Für die BaFin kann die Bestätigung der ordnungsgemäßen Finanzkontrollen und die Compliance mit den Anti-Geldwäsche-Gesetzen als Nachweis dienen, dass keine weiteren Ermittlungen erforderlich sind.

17.3 Nutzen für Unternehmen

Durch die freiwillige Durchführung dieser erweiterten Prüfung können Unternehmen nicht nur das Vertrauen der Aufsichtsbehörden stärken, sondern auch den Schutz vor unbegründeten Vorwürfen wie Bilanzbetrug und Geldwäsche erhöhen. Unternehmen können so nicht nur ihre finanzielle Integrität nachweisen, sondern auch das Reputationsrisiko durch derartige Vorwürfe verringern.

Darüber hinaus haben Unternehmen die Möglichkeit, ihre internen Kontrollen und Überwachungsmechanismen durch diese Prüfungen zu optimieren, was zu einer Stärkung der Compliance-Strukturen und einer verbesserten internen Transparenz führt.

17.4 Bewertung der freiwilligen Einreichung bei der BaFin

Der erweiterte IDW PS NEU könnte dazu beitragen, dass Vorwürfe wie Bilanzbetrug und Geldwäsche schnell ausgeschlossen werden können. Durch die Kombination von ESG-Risikomanagement und einer strikten Überwachung der Finanzkontrollen und Anti-Geldwäsche-Richtlinien bietet der Standard eine umfassende Prüfung, die sowohl den finanziellen als auch den regulatorischen Anforderungen gerecht wird. Die BAFA und die BaFin könnten sich auf diese Prüfungen stützen, um aufwendige eigene Prüfungen zu vermeiden und sich auf risikobasierte Prüfungen zu konzentrieren, während Unternehmen durch die freiwillige Prüfung einen erheblichen Wettbewerbsvorteil erlangen und Vorwürfe proaktiv entkräften können.

§ 18 Rechtliche Bewertung und Umsetzbarkeit der Reformvorschläge auf Ebene der EU

18.1 Die Regulierung von Leerverkaufsattacken im Europäischen Recht – Ein Instrument zur Stärkung des Anlegerschutzes und der Marktintegrität

Leerverkaufsattacken, bei denen signifikante Leerverkaufspositionen in Kombination mit gezielten negativen Berichten zu einem dramatischen Kursverlust führen, stellen eine erhebliche Bedrohung für die Marktintegrität dar. Ein solches Beispiel ist der Fall Mutares AG, bei dem Gotham City Research eine Reihe schwerwiegender Vorwürfe veröffentlichte, die einen dramatischen Kursverfall auslösten.[530] Um Anleger zu schützen und die Waffengleichheit zwischen Leerverkäufern und Unternehmen herzustellen, wird an dieser Stelle auf notwendige Änderungen der EU-Leerverkaufsverordnung sowie der Marktmissbrauchsverordnung eingegangen und ein Vorschlag dargestellt, um der ESMA erweiterte Befugnisse zur Handelsaussetzung zu verleihen. Diese Maßnahmen sind darauf ausgelegt, schnell auf potenzielle Marktmanipulationen zu reagieren und gleichzeitig sicherzustellen, dass der Markt nicht übermäßig beeinträchtigt wird.

18.1.1 Nutzen für die Aufsichtsbehörden: Schnelle und effiziente Eingriffe

Die vorgeschlagene Erweiterung der Befugnisse der ESMA bietet den Aufsichtsbehörden erhebliche Vorteile. Die Möglichkeit, den Handel bei Verdacht auf eine Leerverkaufsattacke vorübergehend auszusetzen, ermöglicht den Aufsichtsbehörden ein schnelles Eingreifen, ohne dass umfangreiche Ressourcen für aufwendige Ermittlungen aufgewendet werden müssen.[531] Ein solcher Handelsstopp dient als präventives Mittel, um einen plötzlichen Kurseinbruch zu verhindern und gleichzeitig die Integrität des Marktes zu wahren. Die ESMA kann in dieser Zeit zusätzliche Untersuchungen durchführen und, falls erforderlich, weitere Sanktionen verhängen. Sollte der Verdacht auf Marktmanipulation nicht bestätigt

530 Verordnung (EU) Nr. 236/2012 des Europäischen Parlaments und des Rates vom 14. März 2012 über Leerverkäufe und bestimmte Aspekte von Credit Default Swaps, Artikel 5.

531 Nabilou, 97–102.

werden, könnte der Handel wiederaufgenommen werden, was den Eingriff in den Markt minimal hält.[532]

18.1.2 Schutz des Anlegers und Waffengleichheit für Unternehmen

Für Anleger spielt die vorübergehende Handelsaussetzung eine wichtige Rolle, da sie eine Atempause ermöglicht und Panikverkäufe in Folge eines plötzlichen Kurseinbruchs verhindert. Für Unternehmen ist der Vorteil, dass sie die notwendige Zeit erhalten, um die gegen sie erhobenen Vorwürfe zu prüfen und darauf zu reagieren.[533] In Fällen, in denen Unternehmen bereits über ein funktionierendes Risikomanagement-System (RMS), Compliance-System (CMS) und Internes Kontrollsystem (IKS) verfügen, können diese ihre Position schnell verteidigen, wodurch eine Waffengleichheit zwischen Leerverkäufern und Unternehmen hergestellt wird. Der vorgeschlagene Handelsstopp würde maximal 14 Tage dauern, um sicherzustellen, dass die Märkte nicht unnötig lange beeinträchtigt werden. Auf Antrag des Unternehmens könnte der Handel jederzeit früher wieder aufgenommen werden, was die Flexibilität des Systems erhöht und den Markteingriff minimiert.

18.1.3 Eingriff in den Markt und verfassungsrechtliche Abwägungen

Ein Handelsstopp stellt zweifellos einen erheblichen Eingriff in die Marktmechanismen dar, insbesondere in die Dispositionsfreiheit der Marktteilnehmer. Dieser Eingriff tangiert verschiedene Grundrechte, insbesondere das Eigentumsrecht gemäß Art. 14 GG. Das Eigentum im Sinne des Grundgesetzes umfasst auch die Möglichkeit, über Wirtschaftsgüter frei zu verfügen, einschließlich des Rechts, Wertpapiere an der Börse zu handeln. Ein Handelsstopp greift daher in dieses grundrechtlich geschützte Eigentum ein, da er den wirtschaftlichen Verkehr mit diesen Wertpapieren vorübergehend unterbindet. Gemäß Art. 14 Abs. 1 GG gewährleistet das Grundgesetz den Schutz des Eigentums, einschließlich der Verfügungsmacht über wirtschaftliche Ressourcen. Der Handel mit Wertpapieren ist Teil dieses Schutzbereichs, da Wertpapiere als wirtschaftliche Vermögenswerte dem Eigentumsschutz unterfallen. Ein Handelsstopp entzieht den Marktteilnehmern vorübergehend die Möglichkeit, diese Vermögenswerte im Rahmen des Börsenhandels zu veräußern oder zu erwerben. Somit stellt der Handelsstopp

---

532 *Richter*, Die Strafbarkeit der Marktmanipulation unter dem europäischen Marktmissbrauchsregime.

533 ESMA, Annual Report on Short Selling, Bericht 2020, S. 8–12

einen Eingriff in das Recht auf Eigentum dar, was einer Rechtfertigung bedarf. Damit der Eingriff in die Eigentumsrechte gerechtfertigt ist, muss er einer Verhältnismäßigkeitsprüfung standhalten. Die Verhältnismäßigkeit eines Eingriffs wird anhand der folgenden Kriterien geprüft:

Legitimes Ziel:

Der Handelsstopp verfolgt das legitime Ziel, den Anleger vor potenziell missbräuchlichen Leerverkaufsattacken zu schützen. Solche Maßnahmen dienen der Integrität des Marktes und der Verhinderung von Marktverwerfungen, die durch spekulative Angriffe ausgelöst werden könnten. Ein stabiles und funktionierendes Finanzmarktumfeld dient dem öffentlichen Interesse und dem Schutz vor missbräuchlichem Verhalten auf den Märkten ist daher ein legitimer Zweck. Es stützt die Wirtschaft und ermöglicht den Unternehmen „Waffengleichheit" in kurzer Zeit herzustellen.

Geeignetheit:

Der Handelsstopp ist ein geeignetes Mittel, um dieses Ziel zu erreichen, da er verhindert, dass spekulative Attacken unmittelbar die Marktpreise beeinflussen. Indem der Handel vorübergehend ausgesetzt wird, können Marktverwerfungen verhindert werden, bis der Verdacht auf marktmanipulative Handlungen geklärt ist.

Erforderlichkeit:

Der Eingriff ist auch erforderlich, da keine milderen, gleich geeigneten Mittel zur Verfügung stehen, die denselben Schutzzweck in gleicher Weise erreichen würden. Mildere Maßnahmen, wie etwa eine reine Informationspflicht oder die Überwachung durch die Finanzaufsicht, wären nicht ausreichend, um akute Schäden am Markt durch Leerverkäufe zu verhindern. Der Handelsstopp stellt daher das einzig wirksame Mittel dar, um den Markt sofort vor möglichen Manipulationen zu schützen.

Angemessenheit:

Schließlich ist der Eingriff auch im Hinblick auf die Verhältnismäßigkeit im engeren Sinne angemessen, da er zeitlich begrenzt ist und die betroffenen Unternehmen die Möglichkeit haben, den Handel auch in kürzer Zeit als die möglichen 14 Tagen nach Klärung der Verdachtsmomente wiederaufzunehmen. Die Dauer des Handelsstopps ist meist kurz und stützt sich auf konkrete Verdachtsmomente, was die Preisfindung nicht übermäßig einschränkt. Zudem stellt der Schutz der Marktintegrität ein überragendes öffentliches Interesse dar, das den Eingriff in die wirtschaftliche Freiheit rechtfertigt. Die temporäre Einschränkung der Dispositionsfreiheit der Marktteilnehmer ist im Vergleich zu den potenziellen Schäden, die durch missbräuchliche Leerverkäufe entstehen könnten, als verhältnismäßig gering anzusehen. Da der Eingriff zeitlich begrenzt ist und das Unternehmen die Möglichkeit hat, den Handel frühzeitig wiederaufzunehmen, bleibt der Eingriff verhältnismäßig.[534]

Die Abwägung zwischen dem Eigentumsrecht der Marktteilnehmer und dem öffentlichen Interesse an der Integrität der Märkte fällt zugunsten des Letzteren aus. Der Schutz des Marktes vor Manipulationen und schwerwiegenden Verwerfungen stellt ein überragendes Gemeinwohlinteresse dar. Ein manipulierter Markt würde nicht nur den betroffenen Marktteilnehmern, sondern dem gesamten Vertrauen in das Finanzsystem schaden. Zudem ist der Eingriff nicht endgültig, sondern lediglich vorübergehend, was den Schutz des Art. 14 GG nur in begrenztem Maße einschränkt. Das betroffene Unternehmen kann den Handel wiederaufnehmen, sobald die Verdachtsmomente ausgeräumt sind, wodurch die negativen Auswirkungen des Eingriffs weiter minimiert werden.

Neben dem Eigentumsschutz des Art. 14 GG ist der Schutz der Marktmechanismen ein weiterer wesentlicher Aspekt. Der Eingriff in die Marktmechanismen, insbesondere die Preisbildung, wird durch den Handelsstopp nur begrenzt. Da der Stopp auf eine kurze Dauer angelegt ist und konkrete Verdachtsmomente voraussetzt, wird die Funktionsfähigkeit des Marktes nicht übermäßig beeinträchtigt. Die Maßnahme dient vielmehr der Sicherstellung, dass die Preisbildung unverfälscht bleibt und nicht durch missbräuchliche Praktiken verzerrt wird.

Zusammenfassend kann der Handelsstopp also unter Berücksichtigung der Grundrechte und des öffentlichen Interesses als gerechtfertigt angesehen werden. Der Schutz des Marktes und der Anleger vor missbräuchlichen Leerverkaufsattacken stellt ein legitimes Ziel dar, und der Eingriff in die Dispositionsfreiheit der Marktteilnehmer ist durch die Anwendung der Verhältnismäßigkeitsprüfung zu rechtfertigen.

18.1.4 Effizienzgewinne bei der strafrechtlichen Verfolgung

Eine weitere positive Auswirkung dieser Regelung betrifft die strafrechtliche Verfolgung von Marktmanipulationen. Durch die Handelsaussetzung wird der potenzielle Gewinn, der durch eine manipulativ herbeigeführte Kursbewegung erzielt werden könnte, verhindert. Dies führt dazu, dass nur noch der Versuch

534 Verordnung (EU) Nr. 596/2014 des Europäischen Parlaments und des Rates vom 16. April 2014 über Marktmissbrauch (Marktmissbrauchsverordnung), Artikel 12

der Marktmanipulation untersucht werden muss, da die eigentliche Tat aufgrund des ausbleibenden Kurseinbruchs nicht abgeschlossen wurde.[535] Sollte sich im Nachhinein herausstellen, dass die Vorwürfe gegen das Unternehmen berechtigt waren, bleibt der Kursrückgang gerechtfertigt, und der Leerverkäufer darf den erzielten Gewinn behalten. Durch diese Vorgehensweise werden Strafverfahren deutlich effizienter und ressourcenschonender.

18.2 Rechtliche Änderungen zur Stärkung der Marktintegrität

18.2.1 Änderung der EU-Leerverkaufsverordnung

Die EU-Leerverkaufsverordnung (EU) Nr. 236/2012 sollte um eine spezifische Befugnis für die ESMA erweitert werden, den Handel mit betroffenen Aktien bei Verdacht auf eine Leerverkaufsattacke vorübergehend auszusetzen.[536] Zudem sollte eine Definition für den Begriff „Leerverkaufsattacke" in Artikel 2 aufgenommen werden, die signifikante Leerverkaufspositionen und gleichzeitige negative Berichterstattung umfasst.[537]

18.2.2 Änderung der ESMA-Verordnung

Die Verordnung (EU) Nr. 1095/2010 zur Errichtung der ESMA sollte dahingehend geändert werden, dass der Behörde die Befugnis eingeräumt wird, ohne vorherige Zustimmung der nationalen Aufsichtsbehörden einzugreifen. Dadurch wird die Reaktionsfähigkeit der ESMA in Krisensituationen deutlich verbessert.[538]

18.2.3 Erweiterung der Sanktionen und Untersuchungsbefugnisse

Die ESMA sollte erweiterte Untersuchungsbefugnisse erhalten, um gezielte Leerverkaufsattacken zu untersuchen. Hierzu gehört die Überwachung der Kommunikation zwischen Leerverkäufern und Medien. Bei nachgewiesenen Manipulationen sollten zudem deutlich höhere Sanktionen verhängt werden.[539]

535 Frömel, L. 115–120.
536 Verordnung (EU) Nr. 236/2012, Artikel 23.
537 Verordnung (EU) Nr. 1095/2010 zur Errichtung der ESMA, Artikel 9
538 Frömel, L. 120–125
539 Frömel, L. 120–125

18.3 Zusammenfassende Bewertung der rechtlichen Änderungen

Die vorgeschlagenen rechtlichen Änderungen stärken nicht nur den Anlegerschutz, sondern auch die Handlungsfähigkeit der Aufsichtsbehörden. Die Möglichkeit, den Handel bei Verdacht auf eine Leerverkaufsattacke vorübergehend auszusetzen, bietet sowohl Unternehmen als auch Aufsichtsbehörden den nötigen Raum, um auf Anschuldigungen zu reagieren und weitere Ermittlungen durchzuführen. Gleichzeitig bleibt der Eingriff in die Marktmechanismen begrenzt und verhältnismäßig, was unter verfassungsrechtlichen und europarechtlichen Gesichtspunkten vertretbar ist. Letztlich wird dadurch die Marktintegrität geschützt, ohne die Preisfindung übermäßig einzuschränken.

§ 19 Zukünftige Entwicklungen und regulatorische Perspektiven

19.1 Leerverkäufe, Compliance-Systeme und regulatorische Anpassungen

Es wurden die zunehmenden Herausforderungen für Unternehmen durch spekulative Short-Seller-Angriffe untersucht und gezielte juristische und regulatorische Strategien zur Risikominderung ausgearbeitet. Dabei liegt der Schwerpunkt auf der Anpassung bestehender Compliance-, Risiko- und Kontrollsysteme (CMS, RMS und IKS) an die veränderten Marktbedingungen, insbesondere vor dem Hintergrund der zunehmenden Bedeutung von ESG-Kriterien (Environment, Social, Governance). Die Arbeit bietet einen ganzheitlichen Lösungsvorschlag, der sowohl auf nationaler als auch europäischer Ebene rechts- und ordnungspolitische Anpassungen erfordert.

19.1.1 Leerverkäufe im juristischen Kontext – Ein umstrittenes, aber legales Marktinstrument

Leerverkäufe (Short-Selling) sind als Instrument zur Preisentdeckung und Risikosteuerung fest in den Finanzmärkten verankert. Juristisch betrachtet sind sie ein zulässiges Finanzinstrument, das durch die Verordnung (EU) Nr. 236/2012 zu Leerverkäufen und bestimmte Aspekte von Kreditverkäufen geregelt ist. Die Arbeit beschreibt jedoch, dass Leerverkäufe oft als Marktmanipulationsstrategie verwendet werden, indem spekulative Angriffe auf Aktienkurse verübt werden, um diese künstlich zu drücken und Gewinne zu erzielen.

Juristisches Dilemma:

Die Abwägung zwischen der Freiheit der Märkte und dem Schutz vor missbräuchlicher Marktmanipulation führt zu einem Spannungsfeld. Die Dissertation beleuchtet, wie Leerverkaufsattacken eine Grauzone der Finanzregulierung nutzen, um Aktienkurse von Unternehmen gezielt zu manipulieren, ohne dabei direkt gegen bestehende Marktmanipulationsvorschriften, wie sie im Wertpapierhandelsgesetz (WpHG) verankert sind, zu verstoßen.

19.1.2 Anpassung von CMS, RMS und IKS als Präventionsinstrumente

Die Arbeit zeigt auf, dass Unternehmen durch die konsequente Anwendung von Compliance-Management-Systemen (CMS) und Risikomanagementsystemen

(RMS) in der Lage sind, potenzielle Angriffspunkte zu minimieren. Diese Systeme bieten nicht nur Schutz vor rechtswidrigen Handlungen, sondern sind auch wesentliche Instrumente zur Risikoidentifikation und -steuerung.

CMS als regulatorische Abwehrlinie:

Ein gut implementiertes CMS kann sicherstellen, dass Unternehmen sämtliche regulatorischen Vorgaben erfüllen und somit gesetzeskonforme Transparenz sicherstellen. Dabei verweist die Arbeit auf die Relevanz von § 91 Abs. 2 AktG, wonach der Vorstand einer Aktiengesellschaft verpflichtet ist, ein Überwachungssystem einzurichten, das den Fortbestand des Unternehmens sichert. Die präventive Funktion eines CMS stärkt somit die Position eines Unternehmens gegenüber potenziellen Vorwürfen, die häufig Grundlage spekulativer Leerverkaufsattacken sind.

RMS zur Absicherung vor finanziellen und ESG-Risiken:

Das Risikomanagementsystem, das bereits in der Richtlinie 2014/56/EU und dem Bilanzrechtsmodernisierungsgesetz (BilMoG) verankert ist, bildet eine weitere Schutzmauer gegen Short-Seller-Angriffe. Die Arbeit betont, dass RMS nicht nur operationelle und finanzielle Risiken, sondern zunehmend auch ESG-Risiken erfassen und steuern muss, um Unternehmen in einem zunehmend kritischen Marktumfeld zu schützen.

19.2 Erweiterung des Rechtsrahmens auf EU- und nationaler Ebene

Die Arbeit fordert gezielte rechtliche Anpassungen auf europäischer und nationaler Ebene, um die Marktsicherheit zu erhöhen und Unternehmen gegen spekulative Angriffe besser zu schützen. Ein zentrales Element dieser Forderung ist die Anpassung der EU-Leerverkaufsverordnung sowie die Stärkung der Befugnisse nationaler und europäischer Aufsichtsbehörden.

Handelsaussetzung durch ESMA und nationale Aufsichtsbehörden:

Die Arbeit schlägt vor, der Europäischen Wertpapier- und Marktaufsichtsbehörde (ESMA) sowie den nationalen Aufsichtsbehörden wie der BaFin erweiterte Kompetenzen zur temporären Handelsaussetzung bei Leerverkaufsattacken zu verleihen. Dies würde den Unternehmen die nötige Zeit geben, um Vorwürfe zu prüfen und sich gegen spekulative Angriffe zu verteidigen. Durch eine solche Maßnahme könnte der Vorwurf der Marktmanipulation in Ruhe untersucht werden, ohne den regulären Handelsbetrieb massiv zu beeinträchtigen.

Rechtliche Anpassungen im BörsG und WpHG:

Auf nationaler Ebene empfiehlt die Arbeit, die Bestimmungen des Börsengesetzes (BörsG) und des Wertpapierhandelsgesetzes (WpHG) zu verschärfen, um schneller und effizienter auf Manipulationsversuche reagieren zu können. Insbesondere die Schaffung von Schnellverfahren zur Prüfung von Marktmanipulationsvorwürfen wird als notwendig erachtet, um den Unternehmen eine faire Verteidigung gegen spekulative Angriffe zu ermöglichen.

19.3 Prüfungspraxis: Die Rolle der doppelten Prüfung

Eine der juristisch innovativsten Vorschläge der Arbeit betrifft die Änderung der Prüfungspraxis. Es wird vorgeschlagen, zwischen der Abschlussprüfung und der Integritätsprüfung zu unterscheiden, um eine höhere Transparenz und Verlässlichkeit der Unternehmensdaten zu gewährleisten. Die Vergangenheit hat gezeigt, dass während der Abschlussprüfung meist die Verlässlichkeit der Rechnungslegungsvorschriften im Vordergrund stehen, jedoch die Überprüfung der Wirksamkeit der CMS, RMS und IKS werden nur bezogen auf die Finanzberichterstattung betrachtet.

Doppelte Prüfung als Schutzschild:

Die Arbeit plädiert für eine getrennte Prüfung der finanziellen Integrität und der rechtlichen Compliance eines Unternehmens. Während die Abschlussprüfung gemäß § 317 HGB auf die Richtigkeit der Finanzberichte abzielt, sollte eine separate Integritätsprüfung sicherstellen, dass das Unternehmen in Übereinstimmung mit den gesetzlichen Vorschriften handelt. Dies würde es den Unternehmen ermöglichen, sich bei Leerverkaufsangriffen auf einen externen Nachweis ihrer Integrität zu berufen und somit potenziell manipulativen Vorwürfen entgegenzuwirken.

IDW-Prüfungsstandards erweitern:

Die Dissertation fordert zudem eine Erweiterung der IDW-Prüfungsstandards auf ESG-Risiken, da diese in vielen Unternehmen zu neuen Schwachstellen führen, die spekulative Angriffe begünstigen. Die Einbeziehung von ESG-Aspekten in die Prüfung würde nicht nur die Markttransparenz verbessern, sondern auch die Integrität der Unternehmen stärken.

Die freiwillige Prüfung ermöglicht es Unternehmen, ihre eigene Risikobewertung durchzuführen und selbst zu entscheiden, ob sie eine zusätzliche Integritätsprüfung benötigen, um das Vertrauen der Investoren zu stärken oder ihre Marktposition zu festigen. Dies kann in bestimmten Situationen, wie bei spekulativen Leerverkaufsangriffen, eine strategische Maßnahme sein, um Transparenz zu zeigen und Vorwürfe schnell zu entkräften.

Vorteile der Freiwilligkeit für Unternehmen:

Flexibilität und Anpassungsfähigkeit:
Unternehmen, insbesondere solche, die nicht börsennotiert sind oder keinen hohen Compliance-Anforderungen unterliegen, können ihre Prüfungsstrategie flexibel gestalten. Die Freiwilligkeit erlaubt es, die doppelte Prüfung bei Bedarf einzuführen, etwa wenn bestimmte Marktbedingungen es erfordern oder Investoren Druck ausüben, ohne dass sie regelmäßig zur Prüfung verpflichtet sind.

Stärkung des Vertrauens bei Bedarf:
Eine freiwillige Integritätsprüfung kann als proaktive Maßnahme eingesetzt werden, um Vertrauen bei Stakeholdern und Investoren zu stärken, insbesondere in Situationen, in denen das Unternehmen potenziell unter spekulativen Druck gerät. Unternehmen können dadurch ihre Transparenz und Integrität demonstrieren und ihre Wettbewerbsposition sichern.

Kosten-Nutzen-Abwägung:
Die freiwillige Prüfung ermöglicht es Unternehmen, die Kosten einer zusätzlichen Integritätsprüfung nur dann in Kauf zu nehmen, wenn sie diese als strategisch sinnvoll erachten. Unternehmen mit niedrigem Risikoprofil oder weniger komplexen Strukturen müssen nicht zwangsläufig die Aufwendungen für doppelte Prüfungen tragen, es sei denn, es bietet ihnen einen deutlichen Mehrwert.

Freiwillige Prüfung als Reaktionsinstrument:
Bei einer freiwilligen Prüfung kann das Unternehmen gezielt reagieren, wenn externe Faktoren wie Leerverkaufsangriffe oder ESG-Vorwürfe auftreten. Unternehmen können die Prüfung einsetzen, um externem Druck zu begegnen, ohne permanent hohe Kosten für regelmäßige Integritätsprüfungen tragen zu müssen.

Rahmenbedingungen der Freiwilligkeit und Handlungsempfehlungen:
Es sollte sichergestellt werden, dass Unternehmen, die sich für eine freiwillige Prüfung entscheiden, klare Standards und Prüfungsprotokolle vorliegen haben, auf die sie sich stützen können. Gleichzeitig muss deutlich gemacht werden, dass Unternehmen die Wahlfreiheit haben, ob sie sich einer solchen doppelten Prüfung unterziehen möchten oder nicht.

Empfehlung an den Gesetzgeber:

Der Gesetzgeber könnte einen Prüfungsstandard entwickeln, der Unternehmen eine freiwillige Grundlage für die Integritätsprüfung bietet, ähnlich dem Ansatz freiwilliger Nachhaltigkeitsberichte. Unternehmen könnten auf diese Standards zurückgreifen, um Prüfungen durchzuführen, wenn dies als strategisch sinnvoll erachtet wird.

Empfehlung an Unternehmen: Unternehmen sollten regelmäßig eine Kosten-Nutzen-Analyse durchführen, um zu prüfen, ob sich eine freiwillige Integritätsprüfung in Bezug auf ihre Marktbedingungen und Risikoprofile als wertvoll erweist. Die freiwillige Prüfung kann insbesondere in Zeiten erhöhter Marktvolatilität oder bei spekulativen Angriffen als Instrument zur Vertrauensbildung genutzt werden.

Die Freiwilligkeit der Prüfung gibt Unternehmen somit die Möglichkeit, die Prüfungen je nach Risikolage und Marktumfeld flexibel einzusetzen, während sie gleichzeitig Kosten steuern und das Vertrauen der Investoren fördern können.

19.4 Schnelles Eingreifen der Aufsichtsbehörden – Schaffung einer Waffengleichheit

Eine der Kernforderungen der Arbeit ist die Schaffung einer Waffengleichheit zwischen Unternehmen und Short-Sellern durch schnelle und entschlossene Maßnahmen der Aufsichtsbehörden. Die Möglichkeit zur Handelsaussetzung bei Verdacht auf Marktmanipulation und die enge Zusammenarbeit zwischen Unternehmen und Aufsichtsbehörden sind wesentliche Bestandteile dieses Ansatzes.

Schutz vor Marktmanipulation:

Die vorgeschlagene Handelsaussetzung, die bereits in der EU-Leerverkaufsverordnung geregelt ist, sollte weiter gestärkt und durch zusätzliche Maßnahmen ergänzt werden. Durch die schnelle Reaktion der Aufsichtsbehörden könnten potenziell manipulative Marktaktivitäten unterbunden werden, während gleichzeitig der ordnungsgemäße Betrieb des Unternehmens geschützt wird.

Zusammenarbeit mit der ESMA und BaFin:

Eine enge Abstimmung zwischen der ESMA und den nationalen Behörden wie der BaFin wird als entscheidend betrachtet, um eine einheitliche und zügige Reaktion auf spekulative Angriffe zu gewährleisten. Diese Koordination würde es den Aufsichtsbehörden ermöglichen, schneller und effizienter gegen Verdachtsfälle von Marktmanipulation vorzugehen.

19.5 Neuausrichtung der Regulierung und Prüfungspraxis

Die Dissertation bietet einen umfassenden juristischen Lösungsansatz, der sowohl die regulatorischen Rahmenbedingungen auf EU- und nationaler Ebene als auch die Prüfungspraxis in Unternehmen neu denkt. Der Schutz vor Leerverkaufsangriffen kann nur durch eine Kombination aus starken Compliance-Systemen, effektiven Risikomanagementprozessen, einer erweiterten Prüfungspraxis und einer schnellen Reaktionsfähigkeit der Aufsichtsbehörden gewährleistet werden. Die vorgeschlagenen Maßnahmen bieten einen Weg, um die Integrität der Finanzmärkte zu wahren und gleichzeitig Unternehmen vor spekulativen Angriffen zu schützen.

§ 20 Handlungsempfehlungen für Gesetzgeber und Unternehmen

20.1 Handlungsempfehlungen für den Gesetzgeber

20.1.1 Erweiterung der EU-Leerverkaufsverordnung

Empfehlung:
Die bestehende EU-Leerverkaufsverordnung (EU Nr. 236/2012) sollte durch den EU-Gesetzgeber erweitert werden, um der Europäischen Wertpapier- und Marktaufsichtsbehörde (ESMA) zusätzliche Befugnisse zu verleihen. Insbesondere sollte der temporäre Handelsstopp bei spekulativen Leerverkäufen ermöglicht werden, wenn der Verdacht auf Marktmanipulation besteht.

Begründung:
Der temporäre Handelsstopp bietet Unternehmen die nötige Zeit, um auf Vorwürfe zu reagieren und Manipulationsversuche zu untersuchen, ohne dass der Aktienkurs übermäßig unter Druck gerät. Dies verhindert, dass Short-Seller die Unsicherheit auf den Märkten nutzen, um den Kurs eines Unternehmens gezielt zu senken.

Ziel:
Waffengleichheit zwischen Unternehmen und spekulativen Akteuren schaffen und gleichzeitig die Marktstabilität sichern.

20.1.2 Anpassung des Börsengesetzes (BörsG) und des Wertpapierhandelsgesetzes (WpHG)

Empfehlung:
Der nationale Gesetzgeber sollte das Börsengesetz (BörsG) und das Wertpapierhandelsgesetz (WpHG) überarbeiten, um schnelle und effiziente Prüfungsverfahren für Marktmanipulationen einzuführen. Dies könnte durch die Schaffung von Schnellverfahren für die Bearbeitung von Leerverkaufsfällen geschehen, wodurch der Prozess beschleunigt und vereinfacht wird.

Begründung:
Unternehmen benötigen eine rasche Klärung von Manipulationsvorwürfen, um ihren Marktwert zu stabilisieren. Schnellverfahren reduzieren die Zeitspanne, in der Unsicherheiten bestehen, und verhindern, dass Short-Seller durch Verzögerungstaktiken weiteren Schaden anrichten können.

Ziel:
Effiziente Rechtsdurchsetzung, um Marktmanipulationen frühzeitig zu erkennen und zu unterbinden.

20.2 Einführung von erweiterten ESG-Prüfungsstandards

Empfehlung:
Der Gesetzgeber sollte erweiterte Prüfungsstandards für ESG-Risiken einführen, die in die reguläre Abschlussprüfung integriert werden. Diese Prüfungen müssen sicherstellen, dass Unternehmen die Anforderungen an die Nachhaltigkeit und sozialen Aspekte ihrer Geschäftstätigkeit erfüllen und dies transparent in ihren Berichten offenlegen.

Begründung:
ESG-Risiken stellen neue Angriffsflächen für Short-Seller dar. Eine verpflichtende Prüfung dieser Risiken würde dazu beitragen, potenzielle Schwachstellen in der Nachhaltigkeitsstrategie eines Unternehmens frühzeitig zu identifizieren und zu beheben, bevor sie von spekulativen Akteuren ausgenutzt werden können.

Ziel:
Verbesserung der Transparenz und Verlässlichkeit der ESG-Berichterstattung sowie die Reduzierung von Nachhaltigkeitsrisiken.

20.3 Verpflichtung zur doppelten Prüfung

Empfehlung:
Der Gesetzgeber sollte eine doppelte Prüfung vorschreiben, die zwischen der Abschlussprüfung und der Integritätsprüfung unterscheidet. Während die Abschlussprüfung die Finanzberichterstattung eines Unternehmens überprüft, soll die Integritätsprüfung sicherstellen, dass das Unternehmen in Übereinstimmung mit den rechtlichen und ethischen Vorgaben handelt.

Begründung:

Eine klare Trennung zwischen der finanziellen Überprüfung und der Integritätsprüfung schafft mehr Vertrauen bei den Stakeholdern und den Aufsichtsbehörden. Der Abschlussprüfer kann sich auf das Integritätszertifikat verlassen, sofern es während des Prüfungszeitraums durchgeführt wurde, wodurch der Aufwand verringert und die Prüfung gleichzeitig effektiver wird.

Ziel:

Sicherstellung, dass Unternehmen rechtlich und ethisch konform handeln und gleichzeitig ihre finanzielle Integrität nachweisen.

20.4 Handlungsempfehlungen für Unternehmen

20.4.1 Stärkung der Compliance-Management-Systeme (CMS)

Empfehlung:

Unternehmen sollten ihre Compliance-Management-Systeme (CMS) erweitern, um sicherzustellen, dass ESG-Kriterien systematisch in das Compliance-System integriert werden. Dabei sollten auch Whistleblower-Systeme eingeführt werden, die potenzielle Verstöße frühzeitig erkennen und melden.

Maßnahmen:

Schulung des Managements und der Belegschaft zu den ESG-Richtlinien und deren Einhaltung.

Einführung von Kontrollmechanismen, die sicherstellen, dass gesetzliche Vorgaben in Bezug auf ESG-Aspekte eingehalten werden.

Ziel:

Reduzierung der Angriffsfläche für spekulative Leerverkäufe durch die Sicherstellung der Einhaltung rechtlicher und ethischer Standards.

20.4.2 Erweiterung des Risikomanagementsystems (RMS)

Empfehlung:

Unternehmen sollten ihre Risikomanagementsysteme (RMS) regelmäßig auf ESG-Risiken prüfen und entsprechende Maßnahmen zur Risikominimierung ergreifen. Dabei sollten spezifische ESG-Risikokategorien eingeführt werden, die sowohl finanzielle als auch operationelle Risiken abdecken.

Maßnahmen:

Implementierung eines Risikokomitees, das sich ausschließlich auf ESG-Risiken konzentriert.

Einsatz von Risikomanagement-Software, die ESG-Risiken in Echtzeit überwacht und analysiert.

Ziel:

Proaktive Steuerung von ESG-Risiken, um das Vertrauen der Investoren zu stärken und langfristige Schäden zu vermeiden.

20.4.3 Verbesserung des Internen Kontrollsystems (IKS)

Empfehlung:

Unternehmen sollten ihr Internes Kontrollsystem (IKS) erweitern, um die Transparenz der Berichterstattung zu erhöhen und sicherzustellen, dass die Berichte verlässlich und korrekt sind. Das IKS sollte zudem ESG-Aspekte überwachen und in den Finanzbericht integrieren.

Maßnahmen:

Implementierung von automatisierten Prozessen zur Überwachung der Einhaltung von ESG-Richtlinien.

Regelmäßige interne Audits, die die Effektivität der Kontrollsysteme überprüfen.

Ziel:

Sicherstellen einer verlässlichen Finanzberichterstattung und der Einhaltung von ESG-Standards, um das Vertrauen von Investoren und Stakeholdern zu stärken.

20.5 Schnelle und fundierte Reaktion auf Leerverkaufsangriffe

Empfehlung:

Unternehmen sollten Strategien entwickeln, um auf Leerverkaufsangriffe schnell und effektiv zu reagieren. Dazu gehört die Einrichtung eines Krisenkommunikationsteams und die Zusammenarbeit mit den Aufsichtsbehörden, um schnell auf spekulative Angriffe zu reagieren.

Maßnahmen:

Entwicklung eines Krisenplans, der Maßnahmen zur schnellen Stabilisierung des Aktienkurses bei Angriffen umfasst.

Nutzung von Aktienrückkaufprogrammen zur Stabilisierung des Kurses und zur Erhöhung des Anlegervertrauens.

Ziel:

Sicherstellen einer Waffengleichheit zwischen Unternehmen und Short-Sellern und Gewährleistung der Marktstabilität.

Schlusswort

Dieses Praxishandbuch formuliert konkrete Empfehlungen für den Gesetzgeber und Unternehmen, um sich besser gegen spekulative Leerverkaufsangriffe zu schützen und die Corporate Governance zu stärken. Durch die Anpassung des rechtlichen Rahmens, die Einführung von doppelten Prüfungen sowie die Stärkung von Compliance-, Risiko- und Kontrollsystemen können Unternehmen nicht nur die Marktstabilität sichern, sondern auch das Vertrauen der Investoren stärken und langfristig wettbewerbsfähig bleiben.

Diese Empfehlungen bieten sowohl dem Gesetzgeber als auch den Unternehmen einen strukturierten Fahrplan, um die Herausforderungen durch spekulative Angriffe und ESG-Risiken zu bewältigen und gleichzeitig eine robuste Corporate Governance zu gewährleisten.

Literaturverzeichnis

1. Monographien

Schriftenreihe der Bankrechtlichen Vereinigung: Verbraucherschutz im Kreditgeschäft Compliance in der Kreditwirtschaft, 2009.

Bachmann, Gregor; Grundmann, Stefan; Mengel, Anja; Krolop, Kaspar: Festschrift für Christine Windbichler zum 70. Geburtstag am 8. Dezember 2020, 2020.

Bayram, Milan: Manipulative Handelspraktiken gem. Art. 12 MAR, 2019.

Boldova, Miguel Ángel; Rueda, María Ángeles: La Responsabilidad de las Personas Jurídicas en el Derecho Penal Español, 2011.

Bosch, Nikolaus: Organisationsverschulden in Unternehmen, 2002. Online verfügbar unter: https://permalink.obvsg.at/AC04078867 (letzter Zugriff: 31.10.2024)

Böse, Martin: Corporate Criminal Liability in Germany, 2011.

Bürkle, Jürgen; Hauschka, Christoph E.; Schieffer, Anita: Der Compliance Officer, 2024.

Deckert, Katrin: Corporate Criminal Liability in France, 2011.

Drucker, Peter F.: Post-capitalist society, 1993.

Emberland, Marius: The human rights of companies, 2008.

Franzoni, Francesco and Alberto Plazzi: Hedge Funds' Liquidity Provision and Trading Activity, 2012. Online verfügbar unter: https://people.lu.usi.ch/franzonf/paper_27nov2012_subm.pdf (letzter Zugriff: 31.10.2024)

Frömel, Laura: Maßnahmen von Unternehmen gegen unberechtigte Short-Sell-Attacken, 2020.

Gebauer, Martin; Teichmann, Christoph: Europäisches Privat- und Unternehmensrecht, 2022. Online verfügbar unter: http://nbn-resolving.org/urn:nbn:de:bsz:31-epflicht-2064041 (letzter Zugriff: 31.10.2024)

Graumann, Mathias: Wirtschaftliches Prüfungswesen, 2017. Online verfügbar unter: https://datenbank.nwb.de/Dokument/Anzeigen/1027037/ (letzter Zugriff: 31.10.2024)

Grundmann, Stefan: Bankvertragsrecht, 2017. Online verfügbar unter: https://www.degruyter.com/document/doi/10.1515/9783110286045/html (letzter Zugriff: 31.10.2024)

Hazen, Thomas Lee: The law of securities regulation, 2009.

Jelínek, Jiří; Beran, Karel: Why the Czech Republic Does Not (Yet) Recognize Corporate Criminal Liability: A Description of Unsuccessful Law Reforms, 2011.

Kalss, Susanne; Oppitz, Martin; Zollner, Johannes: Kapitalmarktrecht, 2015.

Kark, Andreas: Compliance-Risikomanagement, 2024.

Kempf, Eberhard; Lüderssen, Klaus; Volk, Klaus: Unternehmensstrafrecht, 2012. Online verfügbar unter: https://ebookcentral.proquest.com/lib/kxp/detail.action?docID=893176 (letzter Zugriff: 31.10.2024)

Keulen, Berend F.; Gritter, Erik: Corporate Criminal Liability in the Netherlands, 2011.

Klinger, Remo; Krajewski, Markus; Krebs, David; Hartmann, Constantin: Verankerung menschenrechtlicher Sorgfaltspflichten von Unternehmen im deutschen Recht, März 2016.

Klopp, Thorben: Der Compliance-Beauftragte, 2012.

Laufer, William S.: Corporate bodies and guilty minds, 2008.

Lehmann, Matthias; Zetsche, Dirk A.; Zetzsche, Dirk; Eckert, Georg; Gasser, Johannes; Jung, Peter: Grenzüberschreitende Finanzmarktaufsicht in der EU // Grenzüberschreitende Finanzdienstleistungen, 2018.

Loss, Louis; Seligman, Joel; Paredes, Troy: Fundamentals of securities regulation, 2004.

Maglie, Cristina de: Corporate criminal liability, 2011.

Markham, Jerry W.: Law enforcement and the history of financial market manipulation, 2014. Online verfügbar unter: https://www.taylorfrancis.com/books/9781315702940 (letzter Zugriff: 31.10.2024)

Möllers, Thomas M. J.: Juristische Methodenlehre, 2023.

Moosmayer, Klaus: Compliance, 2021. Online verfügbar unter: https://beck-online.beck.de/?vpath=bibdata/komm/MoosCom_4/cont/MoosCom.htm (letzter Zugriff: 31.10.2024)

Möslein, Florian; Binder, Jens-Hinrich: Bankvertragsrecht Investmentbanking, 2021.

Mülbert, Peter O.: Art. 12 MAR mit ökonomischen und empirischen Nachweisen; zu einer Studie, die durch die Einführung der Marktmissbrauchsrichtlinie weniger Marktmanipulation bescheinigt, 2023.

Nabilou, Hossein: The Law and Economics of Hedge Fund Regulation: A Comparison Between the U.S. and the EU, 2014.

Passas*, Nikos.: Transnational financial crime, 2016.

Perrin, Bertrand: La responsabilité pénale de l'entreprise en droit suisse, 2011.

Pieth, Mark: The OECD convention on bribery, 2007.

Pieth, Mark; Ivory, Radha: Corporate Criminal Liability, 2011. Online verfügbar unter: https://swbplus.bsz-bw.de/bsz343197413cov.htm (letzter Zugriff: 31.10.2024)

Prittwitz, Cornelius: Strafrecht und Risiko, 1993.

Richter, Thomas: Die Strafbarkeit der Marktmanipulation unter dem europäischen Marktmissbrauchsregime, 2022. Online verfügbar unter: http://nbn-resolving.org/urn:nbn:de:bsz:31-epflicht-2007527 (letzter Zugriff: 31.10.2024)

Roach Jr., William A.: Hedge Fund Regulation- "What Side of the Hedges are You on?, 2009–2010.

Santha, Ferenc; Dobrocsi, Szilvia: Corporate Criminal Liability in Hungary, 2011.

Schlimbach, Friedrich: Leerverkäufe, 2015.

Schmitt-Leonardy, Charlotte: Unternehmenskriminalität ohne Strafrecht?, 2013.

Schüppen, Matthias; Schaub, Bernhard: Münchner Anwalts Handbuch Aktienrecht, 2010.

Stark, Findlay: Corporate Criminal Liability in Scotland: The Problems with a Piecemeal Approach, 2011.

Tully, Stephen: Research handbook on corporate legal responsiblity, 2005.

Umnuß, Karsten: Corporate Compliance Checklisten, 2022.

van Kempen, Piet Hein: The Recognition of Legal Persons in International Human Rights Instruments: Protection Against and Through Criminal Justice?, 2011.

Victoria Villeda, Gisella: Prävention und Repression von Insiderhandel, 2010.

Vollmerhausen, Marcel: Das Verbot der Marktmanipulation am Beispiel von aktivistischen Leerverkäufern, 2022. Online verfügbar unter: https://directory.doabooks.org/handle/20.500.12854/90085 (letzter Zugriff: 31.10.2024)

Voss, Jürgen: Das US-Amerikanische Insiderkonzept zwischen kapitalmarktpolitischem Gleichheitsideal und treurechtlicher Verhaltensdogmatik, 1984.

Wells, Celia: Corporations and criminal responsibility, 2005.

Wells, Celia: Corporate Criminal Liability in England and Wales: Past, Present, and Future, 2011.

Wieland, Josef; Steinmeyer, Roland; Grüninger, Stephan: Handbuch Compliance-Management, 2020. Online verfügbar unter: https://ebookcentral.proquest.com/lib/kxp/detail.action?docID=6240523 (letzter Zugriff: 31.10.2024)

Wundenberg, Malte: Compliance und die prinzipiengeleitete Aufsicht über Bankengruppen, 2012.

2. Kommentare

Abele, Stephan; Billerbeck, Robert; Binge, Christoph: Münchener Anwalts-Handbuch Aktienrecht, 2024. Online verfügbar unter: https://beck-online.beck.de/?vpath=bibdata/komm/SchueppenSchaubHdbAktR_4/cont/SchueppenSchaubHdbAktR.htm (letzter Zugriff: 31.10.2024)

Assmann, Heinz-Dieter; Schneider, Uwe H.; Mülbert, Peter O.: Wertpapierhandelsrecht, 2023. Online verfügbar unter: https://www.degruyter.com/isbn/9783504388164 (letzter Zugriff: 31.10.2024)

Benecke, Anika: in BeckGoK: § 12 AGG, 19.10.2024.

Böse, Martin: in BeckGoK § 25 BörsG Rn. 1 ff., 2020.

Deubert, Michael; Adrian, Gerrit; Budde, Wolfgang Dieter; Clemm, Hermann; Pankow, Max; Sarx, Manfred: Beck'scher Bilanz-Kommentar, 2024. Online verfügbar unter: https://beck-online.beck.de/?vpath=bibdata/komm/bebiko_14/cont/bebiko.htm (letzter Zugriff: 31.10.2024)

Fuchs, Andreas / Fleischer, Holger: Wertpapierhandelsgesetz, 2020.

Ghassemi-Tabar, Nima; Buddemeier, Tobias: Deutscher Corporate Governance Kodex, 2023.

Goette, Wulf; Habersack, Mathias: Münchener Kommentar zum Aktiengesetz, 2008.

Götz, Claas-Lennart; Hülse, Philipp Alexander; Kolb, Christian; Korch, Stefan; Stemberg, Christian; Wegner, Kilian: LkSG, 2023. Online verfügbar unter: https://beck-online.beck.de/?vpath=bibdata%2Fkomm%2FFleischerMankowskiKoLkSG_1%2Fcont%2FFleischerMankowskiKoLkSG%2Ehtm (letzter Zugriff: 31.10.2024)

Habersack, Mathias; Kalss, Susanne; Goette, Wulf; Annuß, Georg; Spindler, Gerald: Münchener Kommentar zum Aktiengesetz, 2023.

Hirte, Heribert; Möllers, Thomas M. J.: Kölner Kommentar zum WpHG, 2014. Online verfügbar unter: https://research.wolterskluwer-online.de/product-document/WKDE_LTR_0000018360 (letzter Zugriff: 31.10.2024)

Hirte/Möllers: Kölner Kommentar zum WpHG, 2021.

Hopt, Klaus J.; Kumpan, Christoph; Leyens, Patrick C.; Merkt, Hanno; Roth, Markus: Handelsgesetzbuch, 2024. Online verfügbar unter: https://beck-online.beck.de/?vpath=bibdata/komm/BauHoKoHGB_43/cont/BauHoKoHGB.htm (letzter Zugriff: 31.10.2024)

Hüffer, Uwe; Koch, Jens: Aktiengesetz, 2024.

Just, Clemens; Ritz, Corinna; Voß, Thorsten; Baur, Georg: Wertpapierhandelsgesetz, 2015.

Kleindiek, Detlef: § 289c, 30.10.2024.

Kliem, Bernd; Lewe, Stefan: Internes Kontrollsystem (IKS), 2024.

Klöhn, Lars; Brellochs, Michael; Schmolke, Klaus Ulrich; Semrau, Stephan: Marktmissbrauchsverordnung, 2023. Online verfügbar unter: https://beck-online.beck.de/?vpath=bibdata%2Fkomm%2FKlKoMAR_2%2Fcont%2FKlKoMAR%2Ehtm (letzter Zugriff: 31.10.2024)

Kremer, Thomas; Bachmann, Gregor; Favoccia, Daniela; Werder, Axel von; Ringleb, Henrik-Michael; Lutter, Marcus: Deutscher Corporate Governance Kodex, 2023. Online verfügbar unter: https://beck-online.beck.de/?vpath=bibdata/komm/RinglebKreLuWeKoDCGK_9/cont/RinglebKreLuWeKoDCGK.htm (letzter Zugriff: 31.10.2024)

Möslein, Florian; Binder, Jens-Hinrich: Bankvertragsrecht Investmentbanking, 2021.

Offerhaus, Jan: in BeckGoK § 18 Rn. 33, 2024.

Stefan Grundmann, Florian Möslein und Jens Hinrich Binder: Bankvertragsrecht, 2021.

Stoll, Klaus: Kölner Kommentar zum WpHG, 2014. Online verfügbar unter: https://research.wolterskluwer-online.de/product-document/WKDE_LTR_0000018360 (letzter Zugriff: 31.10.2024)

3. Aufsätze und Beiträge in Sammelwerken

A. Waldman: Bhopal Seethes, Pained and Poor 18 Years Later, 2002. Online verfügbar unter: https://www.semanticscholar.org/paper/11ad37492689ebdc9f720bddb52246340262a381 (letzter Zugriff: 31.10.2024)

Amanda Pinto; M. Evans: Corporate Criminal Liability, 2003. Online verfügbar unter: https://www.semanticscholar.org/paper/40facd79a7f4385a1185419d5048c6001cbbd5c8 (letzter Zugriff: 31.10.2024)

Bartz, Stefan; Schenkel, Juklia-Bianka, Reda, Nora Yasmin: Aktuelle Entwicklungen in den USA – Neue ESG-Task Force der SEC, 2021.

Bartz, Stefan; Weidig, Julia: Aktuelle Entwicklungen in den USA – Zweite Auflage des FCPA-Guides, 2020.

Bayram, Cevdet / Meier, Thomas: Marktmanipulation durch Leerverkaufsattacken, 2015.

Bayram, Milan/Meier, Dominik: Marktmanipulation durch Leerverkaufsattacken, 2018.

Belcher, Alice: Imagining How A Company Thinks: What is Corporate Culture?, 2014.

Bianchi, Robert J. / Drew, Michael E.: Hedge Fund Regulation and Systemic Risk, 2010.

Boecker, Corinna; Zwirner, Christian: Accounting Compliance Unternehmensinterne Faktoren zur Gewährleistung einer ordnungsgemäßen Rechnungslegung, 2014.

Boehmer, E.; Jones, C. M.; Zhang, X.: Which Shorts are Informed?, 2008.

Boehmer, Ekkehart / Huszar, Zsuzsa R. / Jordan, Bradford D: The Good News in Short Interest, 2010.

Boehmer, Ekkehart / Jones, Charles M. / Zhang, Xiaoyan: Which Shorts are Informed?, 2008.

Böse, Martin: Kapitalmarktrechts-Kommentar, 2020. Online verfügbar unter: https://beck-online.beck.de/?vpath=bibdata/komm/SchwarkKoKMR_5/cont/SchwarkKoKMR.htm (letzter Zugriff: 31.10.2024)

Bräutigam, Peter; Habbe, Julia-Sophia: Digitalisierung und Compliance – Rechtliche Herausforderung für die Geschäftsleitung, 2022.

Brellochs, Michael: Leerverkaufsangriffe – Anmerkungen aus Sicht der Praxis, 2020.

Bünning, Martin: Berücksichtigung von ESG-Regeln bei M&A-Transaktionen, 2021.

Burchadri, Sophie: Lieferkettensorgfaltspflichten: Risiken für die Unternehmensleitung, 2022.

Bürkle, Jürgen: Die Bußgeldrelevanz des Compliance-Managements, 2018.

Bürkle, Jürgen; Schieffer, Anita: § 1 Einleitung IV. Digitalisierung und Compliance, 2024.

C. Clarkson; Heather Keating; S. Cunningham: Clarkson and Keating Criminal law : text and materials, 2007. Online verfügbar unter: https://www.semanticscholar.org/paper/c2ef2386b0297633887cb335d0b9d7ff9edc6923 (letzter Zugriff: 31.10.2024)

Charnitzky, Milena; Weigel, Jutta: Die Krux mit der Sorgfalt (Teil 2) – Der Entwurf der Richtlinie zur unternehmerischen Sorgfalt in den Lieferketten, 2022.

Coffee Jr., John C.: The Future as History: The Prospects for Global Convergence in Corporate Governance and Its Implications, 1999.

Cristie L. Ford; David Hess: Can Corporate Monitorships Improve Corporate Compliance? 2009. Online verfügbar unter: https://www.semanticscholar.org/paper/0d861f9a6b8440fc9bfd7631fee9ffce025b2ada (letzter Zugriff: 31.10.2024)

Dechow, P.; Hutton, A.; Meulbroek, L.; Sloan, R.: Short-Sellers, Fundamental Analysis, and Stock Returns, 2001.

Dörrwächter, Jan: Nachhaltigkeit und Gesellschaftsinteresse Zu den Pflichten des Vorstands im Zusammenhang mit ESG, 2022.

Dr. Stefan F. Thonissen: ESG-Klagen und kollektiver Rechtsschutz, 2023.

Dreher, Meinrad; Hoffmann, Jens: Die Wirksamkeitsprüfung durch den Prüfungsausschuss nach § 107 Abs. 3 Satz 2 AktG, 2016.

Ellen S. Podgor: A New Corporate World Mandates a Good Faith Affirmative Defense, 2007. Online verfügbar unter: https://www.semanticscholar.org/paper/9323f07c77b35d1e44684fa8c5cf574e8d9d501a (letzter Zugriff: 31.10.2024)

Eulerich, Marc: Das neue Three Lines Model, 2020.

Fassbach, Burkhard; Schneider, Benedikt: ESG auf der Agenda des Managements, 2023.

Ferati, Burim; Meyer, Annabelle: (K)eine grüne Märchenwelt? Fraud im ESG-Kontext, 2022.

Fischer, Jan-Benedikt; Schuck, Jonas: Die Einrichtung von Corporate Governance-Systemen nach dem FISG, 2021.

Fleischer, Holger: Festschrift für Eberhard Vetter zum 70. Geburtstag, 2019.

Fleischer, Holger: Risikomanagement im Querschnitt der Disziplinen — Betriebswirtschaftslehre – Aktienrecht – Bankaufsichtsrecht – Lieferkettenrecht, 2022.

Fleischer, Holger: § 93, 30102024.

Frank, Justus; Edel, Golo; Heine, Maurice; Heine, Nils: Pionierarbeit in der Lieferkette – Praxisfolge für das Handels- und Arbeitsrecht, 2021.

G. Heine: Criminal Liability of Enterprises in Switzerland. A new Programme: Organisational Deficiencies, 2008. Online verfügbar unter: https://www.semanticscholar.org/paper/83c3ec9a7a7515e5116abdf7165ef4394c4fc100 (letzter Zugriff: 31.10.2024)

G. Sacerdoti: La Convenzione OCSE del 1997 e la sua laboriosa attuazione in Italia, 2003. Online verfügbar unter: https://www.semanticscholar.org/paper/a016dfbe34f328ed5924b5b3d200d6ffb804787f (letzter Zugriff: 31.10.2024)

Gehling, Christian; Ott, Nicolas; Lüneborg, Cäcilie: Das neue Lieferkettensorgfaltspflichtengesetz – Umsetzung in der Unternehmenspraxis, 2021.

Geier, Bernd; Hornbach, Katharina: ESG: Regelwerke im Zusammenspiel, 2021.

Giddens, Anthony: Risk and Responsibility, 1999.

Glöckner, Jochen: Kartelrecht und Compliance, 2017.

Gobert, James: The Corporate Manslaughter and Corporate Homicide Act 2007 – Thirteen years in the making but was it worth the wait?, 2008.

Goette, Constantin; Barring, Philipp: Compliance-Management-Systeme und Compliance Due Diligence, 2021.

Gos, Marius; Velte, Patrick: Reform der Corporate Governance durch das Finanzmarktintegritätsstärkungsgesetz (FISG), 2021.

Götz, Claas-Lennart; Hülse, Philipp Alexander; Kolb, Christian; Korch, Stefan; Stemberg, Christian; Wegner, Kilian: LkSG, 2023. Online verfügbar unter: https://beck-online.beck.de/?vpath=bibdata%2Fkomm%2FFleischerMankowskiKoLkSG_1%2Fcont%2FFleischerMankowskiKoLkSG%2Ehtm (letzter Zugriff: 31.10.2024)

Habersack, Mathias: „Corporate Purpose“, 2020.

Hastenrath, Katharina Britta: Das neue obiter dictum des BGH (Az: 1 StR 265/16) : CMS im Unternehmen lohnt sich!, 2017.

Hellgard, Alexander: Europarechtliche Vorgaben für die Kapitalmarktinformationshaftung – de lege lata und nach In krafttreten der Marktmissbrauchsverordnung, 2012.

Hembach, Holger: Das LkSG und seine Umsetzung – ein Überblick, 2023.

Hermann, Volker; Rünz, Sebastian: Praktische Hinweise und Maßnahmen zur Umsetzung des Lieferkettensorgfaltspflichtengesetzes im Unternehmen, 2021.

Hoffmann, Andreas C.; Schieffer, Anita: Pflichten des Vorstands bei der Ausgestaltung einer ordnungsgemäßen Compliance-Organisation, 2017.

Hübner, Leonhard; Habrich, Victor; Weller, Marc-Philippe: Corporate Sustainability Due Diligence Der EU-Richtlinienentwurf für eine Lieferkettenregulierung, 2022.

J. Black: Appendix A: a review of enforcement techniques, 2010. Online verfügbar unter: https://www.semanticscholar.org/paper/ca774c9120ffcb575d92b94f079f2d7ccd740702 (letzter Zugriff: 31.10.2024)

J. Clough: Punishing the Parent: Corporate Criminal Complicity in Human Rights Abuses, 2009. Online verfügbar unter: https://www.semanticscholar.org/paper/f12044b68edcb42ebf06b94f2250ec0d47209945 (letzter Zugriff: 31.10.2024)

Jeffrey Oatham; Monica Blagescu; R. Lloyd; M. Hammer: Global Accountability Report, 2006. Online verfügbar unter: https://www.semanticscholar.org/paper/2024a07f8433fceba147d66739589ba41c30d1d8 (letzter Zugriff: 31.10.2024)

Jenne, Moritz; Martens, Jan Henning: Compliance-Management-Systeme sind bei der Bußgeldbemessung nach § 30 OWiG zu berücksichtigen – Anmerkung zu BGH, Urteil vom 9.5.2017 – 1 StR 265/16, 2017.

John Hasnas: The Centenary of a Mistake: One Hundred Years of Corporate Criminal Liability, 2009. Online verfügbar unter: https://www.semanticscholar.org/paper/bcc8c4abcd20893eec34a5a3455d580f67772fae (letzter Zugriff: 31.10.2024)

Jung, Alexander: Datenschutz-(Compliance-)Management-Systeme – Nachweis- und Rechenschaftspflichten nach der DS-GVO, 2018.

K. Kunz: Günther Stratenwerth, Schweizerisches Strafrecht. Allgemeiner Teil II: Strafen und Massnahmen, Bern 2006 [Rezension], 2007. Online verfügbar unter: https://www.semanticscholar.org/paper/65ad6ad2d459b37077750152a8213b426ef0e427 (letzter Zugriff: 31.10.2024)

Kalss, Susanne; Fleischer, Holger; Vogt, Hans-Ueli: Gesellschafts- und Kapitalmarktrecht in Deutschland, Österreich und der Schweiz 2013, 2014.

Kaluza-Krieg, Anna-Lena: Compliance-Verpflichtung, 2020.

Karpoff, Jonathan / Lou, Xiaoxia: Journal of Finance, 2010.

Kliem, Bernd; Lewe, Stefan: Internes Kontrollsystem (IKS), 2024.

Klöhn, Lars: Die privatrechtliche Durchsetzung des Marktmanipulationsverbots. Europarechtliche Vorgaben und rechtsökonomische Erkenntnisse, 2014.

Klöhn, Lars: Ad-hoc-Publizität und Insiderverbot im neuen Marktmissbrauchsrecht, 2016.

Klöhn, Lars: Finanzjournalismus und neues Marktmissbrauchsrecht – Hintergrund, Inhalt und praktische Bedeutung von Art. 21 MAR, 2016.

Klöhn, Lars; Schmolke, Klaus Ulrich: Unternehmensreputation (Corporate Reputation), 2015.

Knierim, Thomas C.: Kapitel 5 Compliance d) Branchenspezifische Regelungen, 2020.

Kocher, Dirk: Strategien im Umgang mit aktivistischen Aktionären und Investoren in Deutschland, 2016.

Korch, Stefan: Überprüfungs- und Aktualisierungspflichten nach dem Lieferkettensorgfaltspflichtengesetz, 2022.

Krause, Hartmut: Kapitalmarktrechtliche Compliance: neue Pflichten und drastisch verschärfte Sanktionen nach der EU-Marktmissbrauchsverordnung, 2014.

Kürten, Jens; Rennert, Christian und Schulz-Kamm, Eva: Warum Unternehmen (noch) nicht mehr für Nachhaltigkeit tun, 2024.

Langenbucher, Katja: KommunikationalsGovernance-Instrument in der börsennotierten Aktiengesellschaft, 2021.

Leyens, Patrick C.: Die Mitunterzeichnung der Erklärung zur Unternehmensführung durch den Aufsichtsrat (§ 289f HGB): Betriebswirtschaftliche Forderung und rechtsdogmatische Ausfüllung, 2019.

Litten, Rüdiger: ESG – Wind of Change im Kapitalmarktrecht, 2023.

Ljungqvist, Alexander; Qian, Wenlan: How Constraining Are Limits to Arbitrage?, 2016.

Louven, Chrstoph; Raapke, Julius: Aktuelle Entwicklungen in der Corporate Governance von Versicherungsunternehmen, 2012.

Luttermann, Claus/Luttermann, Karin: Pax Europaea: Das Europäische Referenzsprachensystem für ein klares Europarecht im Binnenmarkt durch Mehrsprachigkeit, 2022.

M. Sunkin: Crown Immunity from Criminal Liability in English Law, 2003. Online verfügbar unter: https://www.semanticscholar.org/paper/8977ea193f78a13ac8c0bb255f9005811527a54a (letzter Zugriff: 31.10.2024)

Malcher, Ingo: Short Seller Die Jäger, 2016.

Mann, Marius E.; Baisch, Benjamin: Internationale Lieferbeziehungen und Zulieferernominierung: Rechtliche Aspekte und Auslegungsfragen, 2021.

Mark Pieth: Die strafrechtliche Verantwortung des Unternehmens, 2003. Online verfügbar unter: https://www.semanticscholar.org/paper/39f74ae380acd2187c5c704339b15f15890c9410 (letzter Zugriff: 31.10.2024)

Mark Pieth: Schweizerisches Strafprozessrecht. Grundriss für Studium und Praxis, 2009. Online verfügbar unter: https://www.semanticscholar.org/paper/96b21582724a2bc81f8e91c22a7d551835201d7b (letzter Zugriff: 31.10.2024)

Maties, Martin/Koops, Christian: Effektive Compliance und Hinweisgeberschutz bei Verstößen gegen die persönliche Integrität im (Grenz-)Anwendungsbereich des Hinweisgeberschutzgesetzes, 2024.

Maume, Philipp: Staatliche Rechtsdurchsetzung im deutschen Kapitalmarktrecht: eine kritische Bestandsaufnahme, 2016.

McCormick, John: Enlargement and the Meaning of Europe, 2009.

Meyer, Justus: Einzelbereiche des Europäischen Handelsrecht, 2022.

Mittwoch, Anne-Christin; Bleier, Annika: Unternehmensrechtliche Nachhaltigkeit und ESG, 2022.

Möller, Christoph: Marktmanipulationen durch Leerverkaufsattacken und irreführende Finanzanalysen, 2018. Online verfügbar unter: https://beck-online.beck.de/Dokument?vpath=bibdata%2Fzeits%2Fnzg%2F2018%2Fcont%2Fnzg.2018.649.1.htm&pos=6&hlwords=on (letzter Zugriff: 31.10.2024)

Möllers, Thomas M. J.: Europäische Gesetzgebungslehre 2.0: Die dynamische Rechtsharmonisierung im Kapitalmarktrecht am Beispiel von MiFID II und PRIIP, 2016.

Möllers, Thomas M. J. / Lebherz, Axel: Fehlerhafte Finanzanalysen – Die Konkretisierung inhaltlicher Standards, 2007.

Mosbach, Andreas: Kapitalanlagebetrug durch „Greenwashing“, 2023.

Mülbert, Peter O.: Regulierungstsunami im europäischen Kapitalmarktrecht, 2012.

Mülbert, Peter O.: Rechtsschutzlücken bei Short Seller-Attacken – und wenn ja, welche?, 2018.

Mülbert, Peter O.: Art. 12 MAR mit ökonomischen und empirischen Nachweisen; zu einer Studie, die durch die Einführung der Marktmissbrauchsrichtlinie weniger Marktmanipulation bescheinigt, 2023.

Mülbert, Peter O.; Sajnovits, Alexander: Das künftige Regime für Leerverkäufe und bestimmte Aspekte von Credit Default Swaps nach der Verordnung (EU) Nr. 236/2012, 2012.

Mülbert, Peter O.; Sajnovits, Alexander: Short-Seller-Attacken 2.0: der Fall Wirecard, 2019.

Müller-Seitz, Gordon: Gestaltungsherausforderungen der digitalen Transformation, 2020.

Nietsch, Michael: Compliance-Risikomanagement als Aufgabe der Unternehmensleitung, 2016.

Nietsch, Michael; Wiedmann, Michael: Der Regierungsentwurf eines Gesetzes über die unternehmerischen Sorgfaltspflichten in der Lieferkette, 2021.

Offerhaus, Jan: § 18 Rn. 47, 2010.

Paha, Johannes; Ullmann, Mona; Köppel, Carl-Christian: Hinweise zur Beurteilung des Risikos kartellrechtlicher Verstöße am Beispiel des Konsumgütersektors, 2016.

Pahlke, Anne-Kathrin: Risikomanagement nach KonTraG – Überwachungspflichten und Haftungsrisiken für den Aufsichtsrat, 2002.

Panzer-Heemeier, Andrea/Nemat, André T: Digitale Ethik – Eine neue Chance für ESG-Compliance, 2022.

Pare, Charls/Schüller, Annette: § 8, 2022.

Pauli, Marcus; Albrecht, Christoph: Die Erfüllung gesetzlicher Risikomanagement-Anforderungen mit Hilfe von Risikomanagement-Informationssystemen, 2014.

Peter J. Henning: Corporate Criminal Liability and the Potential for Rehabilitation, 2009. Online verfügbar unter: https://www.semanticscholar.org/paper/67d939ac3d075a00a31c15c685cdb70f14abb3ac (letzter Zugriff: 31.10.2024)

Philipps, Holger: Prüfung von Nachhaltigkeitsinformationen mit hinreichender Sicherheit – Status quo und Implikationen für die Umsetzung der CSRD in Deutschland, 2024.

Poelzig, Dörte: Private enforcement im deutschen und europäischen Kapitalmarktrecht, 2015.

R. C. Thompson; A. Ramasastry; Mark B. Taylor: Translating Unocal : The Expanding Web of Liability for Business Entities Implicated in International Crimes, 2009. Online verfügbar unter: https://www.semanticscholar.org/paper/3fe9b458af3705045108999369ec3fe0280d924c (letzter Zugriff: 31.10.2024)

Régis Bismuth: Mapping a Responsibility of Corporations for Violations of International Humanitarian Law Sailing between International and Domestic Legal Orders, 2010. Online verfügbar unter: https://www.semanticscholar.org/paper/4f0ff2475ea531f40e0d978e8bb64c9d24370500 (letzter Zugriff: 31.10.2024)

Roeder, Richard W.; Werthmüller, Christian; Schlutz, Maximilian F.; Havlik, Laurin: Compliance (Due Diligence) im Kontext von Transaktionen – Die ESG Due Diligence, 2024.

Ruggie, John Gerard: Business and Human Rights: The Evolving International Agenda, 2007.

S. Greer: XVIIIth International Congress of the International Academy of Comparative Law, hosted by the American University Washington College of Law, George Washington University Law School, Georgetown University Law Center, Washington DC, USA, 2010. Online verfügbar unter: https://www.semanticscholar.org/paper/3e4718571976ae804fafcf30e9d0d13f5b3523e0 (letzter Zugriff: 31.10.2024)

Säcker, Franz Jürgen: Gesellschaftsrechtliche Grenzen spekulativer Finanztermingeschäfte Überlegungen aus Anlass der Garantieerklärung der Bundesregierung für die Hypo Real Estate-Group, 2008.

Sara Sun Beale: A Response to the Critics of Corporate Criminal Liability, 2009. Online verfügbar unter: https://www.semanticscholar.org/paper/991fb15c4c50aadfc1d4adaad808fd89449b3bf4 (letzter Zugriff: 31.10.2024)

Schäfer, Achim; Zeller, Ulrich: Finanzkrise, Risikomodelle und Organhaftung, 2009.

Schäfer, Hans; Baumann, Diethelm: Compliance-Organisation und Sanktionen bei Verstößen, 2011.

Scherer, Josef: Enthaftende Wirkung eines Compliance-Managements, 2024. Online verfügbar unter: https://www.risknet.de/themen/risknews/enthaftende-wirkung-eines-compliance-managements/ (letzter Zugriff: 31.10.2024)

Schmolke, Klaus Ulrich: Die Eingriffsschwelle bei Leerverkaufsverboten nach der EU-Leerverkaufsverordnung, 2023.

Schockhoff, Martin/Culmann, Johannes: Rechtsschutz gegen Leerverkäufer?, 2016.

Schön, Wolfgang: „Nachhaltigkeit" in der Unternehmensberichterstattung, 2022.

Schreiber, Alexander: Implementierung von Compliance-Richtlinien, 2010.

Schulte, Uwe: Der Regulierungsrahmen für Leerverkäufe in der EU und die Rolle der BaFin, 2020.

Schulz, Martin: Compliance-Management im Mittelstand, 2015.

Schulz, Martin; Renz, Helmut: Der erfolgreiche Compliance-Beauftragte – Leitlinien eines branchenübergreifenden Berufsbildes, 2012.

Seibt, Chrstioph; Vesper-Gräske: Lieferkettensorfaltspflichtengesetz erweitert Compliance-Pflichten, 2021.

Sonnenberg, Thomas: Compliance-Systeme in Unternehmen, 2017.

Späth, Patrick; Werner, Felix R.: Ist es Zeit für eine Legal Judgment Rule? Rückblick auf die letzte Legislaturperiode und Ausblick auf anstehende Entwicklungen, 2022.

Spindler, Geraldin: BeckGoK § 76 Rn. 22, 2008. beck-online.de

Spindler, Gerald: Verantwortlichkeit und Haftung in Lieferantenketten – das Lieferkettensorgfaltspflichtengesetz aus nationaler und europäischer Perspektive, 2022.

Spindler, Gerald: Der Vorschlag für ein neues Haftungsregime für Internet-Provider – der EU Digital Services Act (Teil 2), 2021.

Stefan Grundmann, Florian Möslein und Jens Hinrich Binder: BeckGoK § 4, 2021.

Steuer, Sebastian: Rechtsdurchsetzung im „grünen" Kapitalmarkt, 2022.

T. Dickinson; Vikramaditya S. Khanna: The Corporate Monitor: The New Corporate Czar?, 2007. Online verfügbar unter: https://www.semanticscholar.org/paper/5e0c3b79c4292ff63e9591d9eedf0641f113e076 (letzter Zugriff: 31.10.2024)

Teicke, Tobias; Rust, Maximilian: Gesetzliche Vorgaben für Supply Chain Compliance – Die neue Konfliktmineralien-Verordnung, 2018.

Trüg, Andreas: Umfang und Grenzen des Scalping als strafbare Marktmanipulation, 2014.

Velte, Patrick: Regulierung der nachhaltigen Corporate Governance?, 2021.

Velte, Patrick: Sorgfaltspflichten in der Wertschöpfungskette als Bestandteil der Nachhaltigkeitsberichterstattung, 2024.

Vogel, Claus: Scalping als Kurs- und MarktpreismanipulationBesprechung von BGH, Urteil vom 6. 11. 2003 – 1 StR 24/03, 2004.

Vogel, Claus: in BeckGoK § 20a WpHG, 2023.

Wagner, Eric; Ruttloff, Marc: Das Lieferkettensorgfaltspflichtengesetz – Eine erste Einordnung, 2021.

Wagner, Eric; Ruttloff, Marc; Wagner, Simon: Das Lieferkettensorgfaltspflichtengesetz in der Unternehmenspraxis, 2022. Online verfügbar unter: https://beck-online.beck.de/Dokument?vpath=bibdata%2Fkomm%2Fwaruwahdblksg_1%2Fcont%2Fwaruwahdblksg.htm&pos=6&hlwords=on (letzter Zugriff: 31.10.2024)

Wagner, Simone; Wagner, Eric: Rn. 748, 2022.

Walden, Daniel: Corporate Social Responsibility: Rechte, Pflichten und Haftung von Vorstand und Aufsichtsrat, 2020.

Walker, Charles F.; Forbes, Colin D.: Sec enforcement actions and issuer litigation, 2013.

Weigend, T.: Societas delinquere non potest ?: A German Perspective, 2008.

Weitnauer, Manuel: Corporate Sustainability – Compliance, Unternehmensstrategien und Risiken (Teil II), 2023.

Wilhelm, Alexander: Compliance-Klauseln im unternehmerischen Geschäftsverkehr, 2021.

Wilken, Oliver; Bertus, Jana: Professionelle Leerverkaufsattacken – rechtliche Grundlagen und Grenzen, 2019.

Windolph, Jürgen: Risikomanagement und Riskcontrol durch das Unternehmensmanagement nach dem Gesetz zur Kontrolle und Transparenz im Unternehmensbereich (KonTraG); ius cogens für die treuhänderische Sorge i.S. von § 266 StGB – Untreue?, 2000.

Wolf, Klaus: Corporate Compliance – ein neues Schlagwort? Ansatzpunkte zur Umsetzung der Compliance in der Finanzberichterstattung, 2006.

Wood, Stephen G.; Scharffs, Brett G.: Applicability of Human Rights Standards to Private Corporations: An American Perspective, 2002.

4. Nachschlagewerke

Aichberger, Thomas; Cassardt, Gunnar; Groh, Gunnar; Fuchs, Julian; Kallos, Christian; Hakenberg, Michael; Lohse, Eva Julia; Schmidt, Andrea; Schneil, Matthias Christian; Werner, Raik; Creifelds, Carl: Rechtswörterbuch, 2022. Online verfügbar unter: https://beckassets.blob.core.windows.net/productattachment/document/14961901/32405820_weber_rechtsw%C3%B6rterbuch_0001_0028_anhang.pdf (letzter Zugriff: 31.10.2024)

Arbeitskreis Compliance Management Systeme: Compliance-Management-Systeme, März 2021.

Bannenberg, Britta; Bär, Wolfgang; Pflaum, Ulrich; Raum, Rolf; Wimmer, Renate: Handbuch Wirtschafts- und Steuerstrafrecht, 2020. Online verfügbar unter: https://beck-online.beck.de/?vpath=bibdata/komm/HdbWirtschSteuerstrafR_5/cont/HdbWirtschSteuerstrafR.htm (letzter Zugriff: 31.10.2024)

Gebauer, Martin; Teichmann, Christoph: Europäisches Privat- und Unternehmensrecht, 2022. Online verfügbar unter: http://nbn-resolving.org/urn:nbn:de:bsz:31-epflicht-2064041 (letzter Zugriff: 31.10.2024)

Hauschka, Christoph E.: Corporate Compliance, 2024.

Heinz, Volker G.: e) Einrichtung eines Risikomanagementsystems., 2010.

Kremer, Thomas; Klarhold, Christoph: Rn. 27 – 29, 2023.

Krieger, Gerd; Schneider, Uwe H.: Handbuch Managerhaftung, 2023. Online verfügbar unter: https://www.degruyter.com/isbn/9783504388393 (letzter Zugriff: 31.10.2024)

Maschmann, Frank; Sieg, Rainer; Göpfert, Burkard: Vertragsgestaltung im Arbeitsrecht, 2020. Online verfügbar unter: https://beck-online.beck.de/Dokument?vpath=bibdata%2Fkomm%2FMasSieGoeHdBArbR_3%2Fcont%2FMasSieGoeHdBArbR.htm (letzter Zugriff: 31.10.2024)

Meyer, Justus: Einzelbereiche des Europäischen Handelsrecht, 2022.

Offerhaus, Jan: BeckGoK § 18 Rn. 47, 2010. Beck-online.de

Pare, Charls/Schüller, Annette: BeckGoK § 8, 2022. Beck-online.de

Rita Pikó, Laurenz Uhl, Sara Licci: Handbuch Corporate Compliance, 2022.

Schüppen, Matthias; Schaub, Bernhard: Münchner Anwalts Handbuch Aktienrecht, 2010.

Tully, Stephen: Research handbook on corporate legal responsiblity, 2005.

Wagner, Eric; Ruttloff, Marc; Wagner, Simon: Das Lieferkettensorgfaltspflichtengesetz in der Unternehmenspraxis, 2022. Online verfügbar unter: https://beck-online.beck.de/Dokument?vpath=bibdata%2Fkomm%2Fwaruwahdblksg_1%2Fcont%2Fwaruwahdblksg.htm&pos=6&hlwords=on (letzter Zugriff: 31.10.2024)

Wagner, Simone; Wagner, Eric: Rn. 748, 2022.

Zagouras, Georgios: Bankrechts-Handbuch, 2022. Online verfügbar unter: https://beck-online.beck.de/?vpath=bibdata/komm/SchiBunLwoHdbBankR_6/cont/SchiBunLwoHdbBankR.htm (letzter Zugriff: 31.10.2024)

5. Onlinequellen

Adida Konzernlagebericht: Adidas; Geschäftsbericht 2022 – Soziale Auswirkungen, 28.10.2024. Online verfügbar unter: https://report.adidas-group.com/2022/de/konzernlagebericht-unser-unternehmen/nachhaltigkeit/soziale-auswirkungen.html (letzter Zugriff: 31.10.2024)

Activist Insight / Schulte Roth & Zabel: The Activist Investing Annual Review 2018, 2018. Online verfügbar unter: https://www.activistinsight.com/resources/reports (letzter Zugriff: 31.10.2024)

Barbato, Sandro: Germany: Short Selling Activism & The Financial Watchdog, 23.06.2017. Online verfügbar unter: https://www.linkedin.com/pulse/germany-short-selling-activism-sandro-barbato/ (letzter Zugriff: 31.10.2024)

Bloomberg: Die Wirtschaftsprüfer von Wirecard, EY, sagen, dass sie Opfer eines „ausgeklügelten" Betrugs ihres Kunden wurden, der dazu führte, dass 2 Milliarden US-Dollar an Geldern fehlten, 2020. Online verfügbar unter: https://www.scmp.com/business/companies/article/3090757/wirecards-auditors-ey-say-they-were-victims-elaborate-fraud (letzter Zugriff: 31.10.2024)

Bundesamt für Wirtschaft und Ausfuhrkontrolle: Fragen und Antworten zum Lieferkettengesetz, 25.10.2024. Online verfügbar unter: https://www.bafa.de/DE/Lieferketten/FAQ/haeufig_gestellte_fragen_node.html (letzter Zugriff: 31.10.2024)

Bundesanstalt für Finanzdienstleistungsaufsicht (BaFin): Handelsaussetzung Aussetzung des Handels und Ausschluss von Finanzinstrumenten nach § 73 Wertpapierhandelsgesetz (WpHG), 2020. Online verfügbar unter: https://www.bafin.de/DE/Aufsicht/BoersenMaerkte/Handel/Handelsaussetzung/handelsaussetzung_node.html (letzter Zugriff: 31.10.2024)

Bundesanstalt für Finanzdienstleistungsaufsicht (BaFin): Regulierung von Leerverkäufen und bestimmten Aspekten von Credit Default Swaps, 22.12.2022. Online verfügbar unter: https://www.bafin.de/DE/Aufsicht/BoersenMaerkte/Transparenz/Leerverkaeufe/leerverkaeufe_node.html (letzter Zugriff: 31.10.2024)

Bundesanstalt für Finanzdienstleistungsaufsicht (BaFin): Jahresberichte auch Ältere Ausgaben abrufbar, 2023. Online verfügbar unter: https://www.bafin.

de/SharedDocs/Downloads/DE/Jahresbericht/dl_jb_2023.html (letzter Zugriff: 31.10.2024)

Bundesministerium für Arbeit und Soziales (BMAS): Multi-Stakeholder-Ansätze für das EU-Lieferkettengesetz nutzbar machen, 23.09.2024. Online verfügbar unter: https://www.bmas.de/DE/Service/Presse/Meldungen/2024/multi-stakeholder-ansaetze-eu-lieferkettengesetz.html?cms_templateQueryString=CSDD&cms_showNoGesetzesstatus=true&cms_showNoStatus=true (letzter Zugriff: 31.10.2024)

Bundesrat: Entwurf eines Gesetzes zur Einführung der strafrechtlichen Verantwortlichkeit von Unternehmen und sonstigen Verbänden, 18.09.2013. Online verfügbar unter: https://www.landtag.nrw.de/portal/WWW/dokumentenarchiv/Dokument/MMI16-127.pdf (letzter Zugriff: 31.10.2024)

Chen, Hui; Soltes, Eugene: Why Compliance Programs Fail—and How to Fix Them, 2018. Online verfügbar unter: https://hbr.org/2018/03/why-compliance-programs-fail (letzter Zugriff: 31.10.2024)

Cooper, Tim/LaSalle, Ryan/Wei, Kuangyi: Guarding and growing personal data value, 2016. Online verfügbar unter: https://www.slideshare.net/accenture/guarding-and-growing-personal-data-value (letzter Zugriff: 31.10.2024)

Deutsche Vereinigung für Finanzanalyse und Asset Management: DVFA-Kodex, 2007. Online verfügbar unter: http://www.dvfa.de/fileadmin/downloads/Verband/Mitgliedschaft/DVFA_Verhaltenskodex.pdf (letzter Zugriff: 31.10.2024)

Deutschlandfunk: Dieselgate-Prozess in Detroit Höchststrafe für VW-Manager, 2017. Online verfügbar unter: https://www.deutschlandfunk.de/dieselgate-prozess-in-detroit-hoechststrafe-fuer-vw-manager-100.html (letzter Zugriff: 31.10.2024)

ESMA: ESMA proposes lowering the reporting threshold for net short positions to 0.1% on a permanent basis, 20.05.2021. Online verfügbar unter: https://www.esma.europa.eu/press-news/esma-news/esma-proposes-lowering-reporting-threshold-net-short-positions-01-permanent (letzter Zugriff: 31.10.2024)

ESMA Europiean Securities and Markets Authority: Annual Report 2020, 15.06.2021. Online verfügbar unter: https://www.esma.europa.eu/sites/default/files/library/esma20-95-1381_2020_annual_report.pdf (letzter Zugriff: 31.10.2024)

Fissenewert, Peter: Compliance: Aktives Risikomanagement in KMU ist Pflicht! Gericht bestätigt, dass aktives Risikomanagement auch in KMU Pflicht des Geschäftsführers ist., 16.01.2024. Online verfügbar unter: https://buse.de/blog/arbeitsrecht/compliance-aktives-risikomanagement-in-kmu-ist-pflicht/ (letzter Zugriff: 31.10.2024)

Grenke AG: Ausführliche Stellungnahme: grenke AG widerlegt Anschuldigungen von Viceroy Research, 2020. Online verfügbar unter: https://www.grenke.com/de/grenke-aktuell/news-meldungen/2020/18.09.2020---grenke-ag-widerlegt-anschuldigungen-von-viceroy-research/ (letzter Zugriff: 31.10.2024)

Grenke AG: GRENKE informiert über entlastende Aussagen und Kritikpunkte des Sonderprüfers der BaFin, 26.02.2021. Online verfügbar unter: www.grenke.de (letzter Zugriff: 31.10.2024)

K. Kunz: Günther Stratenwerth, Schweizerisches Strafrecht. Allgemeiner Teil II: Strafen und Massnahmen, Bern 2006 [Rezension], 2007. Online verfügbar unter: https://www.semanticscholar.org/paper/65ad6ad2d459b37077750152a8213b426ef0e427 (letzter Zugriff: 31.10.2024)

Mark Pieth: Die strafrechtliche Verantwortung des Unternehmens, 2003. Online verfügbar unter: https://www.semanticscholar.org/paper/39f74ae380acd2187c5c704339b15f15890c9410 (letzter Zugriff: 31.10.2024)

Mark Pieth: Strafverfahren gegen das Unternehmen, 2005. Online verfügbar unter: https://www.semanticscholar.org/paper/d8183b046c21131dad7c901900ac86e04176e358 (letzter Zugriff: 31.10.2024)

Mark Pieth: Schweizerisches Strafprozessrecht. Grundriss für Studium und Praxis, 2009. Online verfügbar unter: https://www.semanticscholar.org/paper/96b21582724a2bc81f8e91c22a7d551835201d7b (letzter Zugriff: 31.10.2024)

Moosmayer, Klaus: Gesetzgebungsvorschlag für eine Änderung der §§ 30, 130 des Ordnungswidrigkeitengesetzes (OWiG), 04.12.2014. Online verfügbar unter: https://www.ilf-frankfurt.de/fileadmin/_migrated/content_uploads/Moosmayer__Plaedoyer_fuer_ein_modernes_Unternehmenssanktionenrecht.pdf (letzter Zugriff: 31.10.2024)

NDR: Adidas, Hugo Boss, Puma – Baumwolle aus Zwangsarbeit?, 05.05.2022 16:00 Uhr. Online verfügbar unter: https://www.ndr.de/fernsehen/sendungen/panorama/archiv/2022/Adidas-Hugo-Boss-Puma-Baumwolle-aus-Zwangsarbeit,zwangsarbeit262.html (letzter Zugriff: 31.10.2024)

PWC: The future-proof compliance management system – Protecting assets, preserving reputation, 3. Oktober 2024. Online verfügbar unter: https://www.pwc.de/en/strategy-organisation-processes-systems/the-future-proof-compliance-management-system-protecting-assets-preserving-reputation.html (letzter Zugriff: 31.10.2024)

Ressourchenzentrum für Wirtschaft und Menschenrechte: Deutschland: Recherchen finden Spuren von Xinjiang-Baumwolle in Produkten von Adidas, Hugo Boss und Puma, trotz Versprechen, die Lieferketten wegen Zwangsarbeitsvorwürfen zu revidieren, 06.05.2022. Online verfügbar unter:

https://www.business-humanrights.org/en/latest-news/germany-adidas-hugo-boss-and-puma-products-are-linked-to-xinjiang-cotton-according-to-reports/ (letzter Zugriff: 31.10.2024)

Viceroy Research: Final Main Report – Zatarra (2020), 2020. Online verfügbar unter: https://viceroyresearch.org/wp-content/uploads/2020/07/final-main-report-zatarra-edited-3.pdf (letzter Zugriff: 31.10.2024)

Viceroy Research: Grenke – For Your Fraud Financing Needs, 14. September 2020. Online verfügbar unter: https://viceroyresearch.org/2020/09/14/grenke-for-your-fraud-financing-needs/ (letzter Zugriff: 31.10.2024)

Wirecard: Stellungnahme März 2016, 2016. Online verfügbar unter: https://www.wirecard.de/wirecard-stellungnahme-maerz2016/ (letzter Zugriff: 31.10.2024)

6. Gesetzestexte, Standards und Verordnungen

Bundesamt für Wirtschaft und Ausfuhrkontrolle: Angemessenheit, Dezember 2022. Online verfügbar unter: https://www.bafa.de/SharedDocs/Downloads/DE/Lieferketten/handreichung_angemessenheit.html (letzter Zugriff: 31.10.2024)

Bundesamt für Wirtschaft und Ausfuhrkontrolle (BAFA): Firmeninterne Exportkontrolle, 28.03.2018. Online verfügbar unter: https://www.bafa.de/SharedDocs/Kurzmeldungen/DE/Aussenwirtschaft/Ausfuhrkontrolle/20180328_icp.html (letzter Zugriff: 31.10.2024)

Bundesamt für Wirtschaft und Ausfuhrkontrolle (BAFA): Risiken ermitteln, gewichten Risiken ermittlen, gewichten und priorisieren, August 2022. Online verfügbar unter: https://www.bafa.de/SharedDocs/Downloads/DE/Lieferketten/handreichung_risikoanalyse.html (letzter Zugriff: 31.10.2024)

Bundesgesetzblatt: Gesetz zur Stärkung der nichtfinanziellen Berichterstattung der Unternehmen in ihren Lage- und Konzernlageberichten (CSR-Richtlinie-Umsetzungsgesetz), 18.04.2017.

Bundesgesetzblatt: Gesetz zur Stärkung der Finanzmarktintegrität (Finanzmarktintegritätsstärkungsgesetz – FISG), 03.06.2021.

Bundesgesetzblatt: Gesetz über die unternehmerischen Sorgfaltspflichten in Lieferketten, 16. 07.2021.

Bundesgesetzblatt: Gesetz für einen besseren Schutz hinweisgebender Personen sowie zur Umsetzung der Richtlinie zum Schutz von Personen, die Verstöße gegen das Unionsrecht melden, 2023.

Bundesministerium der Finanzen (BMF): Verordnung über die Analyse von Finanzinstrumenten, 17. Dezember 2004.

Bundesministerium der Justiz: Gesetz zur Umsetzung der Richtlinie (EU) 2022/2464 des Europäischen Parlaments und des Rates vom 14. Dezember 2022 zur Änderung der Verordnung (EU) Nr. 537/2014 und der Richtlinien 2004/109/EG, 2006/43/EG und 2013/34/EU hinsichtlich der Nachhaltigkeitsberichterstattung von Unternehmen, 24. Juli 2024.

Bundestag und Bundesrat: Wertpapierhandelsgesetz, 14.05.2024.

Bundestagsdrucksache; Gesetzentwurf der Bundesregierung: Entwurf eines Gesetzes zur Modernisierung des Bilanzrechts (Bilanzrechtsmodernisierungsgesetz – BilMoG), 30.07.2008.

Bundestagsdrucksache; Gesetzentwurf der Bundesregierung: Entwurf eines Gesetzes zur Stärkung der nichtfinanziellen Berichterstattung der Unternehmen in ihren Lage- und Konzernlageberichten (CSR-Richtlinie-Umsetzungsgesetz), 17.10.2016.

Bundestagsdrucksache; Gesetzentwurf der Bundesregierung: Entwurf eines Gesetzes zur Stärkung der Finanzmarktintegrität (Finanzmarktintegritätsstärkungsgesetz – FISG), 24.02.2021.

Bundestagsdrucksache; Gesetzentwurf der Bundesregierung: Entwurf eines Gesetzes über die unternehmerischen Sorgfaltspflichten in Lieferketten, 19.04.2021.

Deutscher Corporate Governance Kodex: Präambel, 27.06.2022.

EFRAG: [Draft] ESRS E1 Climate change, April 2022. Online verfügbar unter: https://www.efrag.org/sites/default/files/sites/webpublishing/SiteAssets/ED_ESRS_E1.pdf (letzter Zugriff: 31.10.2024)

EU-Kommission: Impact Assessment, 15. September 2010.

Europäische Kommission: MITTEILUNG DER KOMMISSION AN DAS EUROPÄISCHE PARLAMENT, DEN EUROPÄISCHEN RAT, DEN RAT, DIE EUROPÄISCHE ZENTRALBANK, DEN EUROPÄISCHEN WIRTSCHAFTS- UND SOZIALAUSSCHUSS UND DEN AUSSCHUSS DER REGIONEN Aktionsplan: Finanzierung nachhaltigen Wachstums, 08.03.2018.

Europäische Kommission: Vorschlag für eine RICHTLINIE DES EUROPÄISCHEN PARLAMENTS UND DES RATES Vorschlag für eine Richtlinie des Europäischen Parlaments und des Rates zum Schutz von Personen, die Verstöße gegen das Unionsrecht melden, 23.04.2018. Online verfügbar unter: https://eur-lex.europa.eu/legal-content/DE/TXT/HTML/?uri=CELEX:52018PC0218 (letzter Zugriff: 31.10.2024)

Europäische Kommission: MITTEILUNG DER KOMMISSION AN DAS EUROPÄISCHE PARLAMENT, DEN EUROPÄISCHEN RAT, DEN RAT, DEN EUROPÄISCHEN WIRTSCHAFTS- UND SOZIALAUSSCHUSS

UND DEN AUSSCHUSS DER REGIONEN Der europäische Grüne Deal, 11.12.2019. Online verfügbar unter: https://eur-lex.europa.eu/resource.html?uri=cellar:b828d165-1c22-11ea-8c1f-01aa75ed71a1.0021.02/DOC_1&format=PDF (letzter Zugriff: 31.10.2024)

Europäische Kommission: Mitteilung der Kommission an das Europäische Parlament, den Europäischen Rat, den Rat, den Europäischen Wirtschafts- und Sozialausschuss und den Ausschuss der Regionen, Der europäische Grüne Deal, 11. Dezember 2019.

Europäische Kommission: Vorschlag für eine RICHTLINIE DES EUROPÄISCHEN PARLAMENTS UND DES RATES über die Sorgfaltspflicht von Unternehmen im Bereich der Nachhaltigkeit und zur Änderung der Richtlinie (EU) 2019/1937, 2022. Online verfügbar unter: https://eur-lex.europa.eu/legal-content/EN/TXT/?uri=CELEX%3A52022PC0071 (letzter Zugriff: 31.10.2024)

Europäische Kommission: Vorschlag zur Corporate Sustainability Due Diligence Directive, 2022.

Europäische Kommission: Corporate Sustainability Due Diligence Directive Vorschlag zur Corporate Due Diligence and Accountability Directive, 23.02.2022. Online verfügbar unter: https://eur-lex.europa.eu/legal-content/EN/TXT/?uri=CELEX%3A52022PC0071 (letzter Zugriff: 31.10.2024)

Europäische Wertpapier- und Marktaufsichtsbehörde (ESMA): Report on Short Selling During the COVID-19 Pandemic, 2021.

Europäisches Parlament und Rat: Verordnung (EU) Nr. 236/2012 des Europäischen Parlaments und des Rates vom 14. März 2012 über Leerverkäufe und bestimmte Aspekte von Credit Default Swaps Text von Bedeutung für den EWR, 24.03.2012.

Europäisches Parlament und Rat: Verordnung (EU) Nr. 236/2012 über Leerverkäufe und bestimmte Aspekte von Credit Default Swaps, 24.03.2012.

Europäisches Parlament und Rat: VERORDNUNG (EU) 2020/852 DES EUROPÄISCHEN PARLAMENTS UND DES RATES vom 18. Juni 2020 über die Einrichtung eines Rahmens zur Erleichterung nachhaltiger Investitionen und zur Änderung der Verordnung (EU) 2019/2088, 22.06.2020.

Institut der Wirtschaftsprüfer (IDW): IDW PS 340 n.F. zur Prüfung des Risikofrüherkennungssystems, 02.03.2021.

Institut der Wirtschaftsprüfer (IDW): IDW PS 350 n.F. – Prüfung des Lageberichts im Rahmen der Abschlussprüfung, 10/2021.

International Auditing and Assurance Standards Board (IAASB): ISA [DE] 315 (Revised 2019) zu Risiken wesentlicher falscher Darstellungen, 15.12.2022.

Referentenentwurf des Bundesministeriums der Justiz: Entwurf eines Gesetzes zur Umsetzung der Richtlinie (EU) 2022/2464 des Europäischen Parlaments und des Rates vom 14. Dezember 2022 zur Änderung der Verordnung (EU) Nr. 537/2014 und der Richtlinien 2004/109/EG, 2006/43/EG und 2013/34/EU hinsichtlich der Nachhaltig keitsberichterstattung von Unternehmen, 22.03.2024.

U.S. Supreme Court.: BMW of North America, Inc. v. Gore Grenzen der Verhältnismäßigkeit im Strafschadenersatz, 20.05.1996.

Verordnung (EU) Nr. 236/2012 des Europäischen Parlaments und des Rates vom 14. März 2012 über Leerverkäufe und bestimmte Aspekte von Credit Default Swaps: über Leerverkäufe und bestimmte Aspekte von Credit Default Swaps, 14. März 2012. Online verfügbar unter: https://eur-lex.europa.eu/legal-content/DE/TXT/?uri=CELEX%3A32012R0236 (letzter Zugriff: 31.10.2024)

7. Rechtsprechungsverzeichnis

BGH: Beton- und Monierbau (BuM)-Urteil, 12.07.1982.

BGH: Persönliche Haftung der Vorstandsmitglieder für fehlerhafte Ad-hoc-Mitteilungen – Infomatec, 19.07.2004.

BGH: 1. Beim Straftatbestand des § 38 Abs. 2 i.V.m. § 39 Abs. 1 Nr. 2, § 20a Abs. 1 Satz 1 Nr. 3, § 4 Abs. 3 Nr. 2 MaKonV handelt es sich um ein Jedermannsde likt, für das die allgemeinen Regeln zu Täterschaft und Teilnahme gelten. 2. Die Strafbarkeit nach diesen Vorschriften setzt nicht voraus, dass der Täter mit mehr als fünf Prozent an der betroffenen Gesellschaft beteiligt ist. BGH, Beschluss vom 4. Dezember 2013 – 1 StR 106/13 – LG Stuttgart, 04.12.2013.

BGH: Zustimmungspflicht der Hauptversammlung zur Übernahme einer Geldstrafe für Vorstandsmitglieder durch die Gesellschaft, 08.07.2014.

BGH: Ad-hoc-Haftung, 17.12.2020.

BGH: Zum Prospektrecht, 30.03.2021.

BGH: Schadensersatz wegen unterlassener Kapitalmarktinformationen – IKB, 14.12.2021.

Bundesgerichtshof (BGH): Voraussetzungen der Umqualifizierung einer Kredithilfe an Gesellschafter in Eigenkapitalersatz, 07.11.1994.

Bundesgerichtshof (BGH): Steuerhinterziehung und Bestechung bei Rüstungsgeschäften, 09.05.2017.

Bundesgerichtshof (BGH): Rechtmäßiges Alternativverhalten im Organhaftungsrecht, 10.07.2018.

Bundesgerichtshof (BGH): Schadensersatz wegen unterlassener Kapitalmarktinformationen – IKB, 13.12.2021.

EUGH: Marktmanipulation auch bei kurzfristiger Kursbeeinflussung – IMC Securities Richtlinie 2003/6/EG Art. 1 Nr. 2 lit. a, 07.07.2011.

OLG Nürnberg: Umfang der Pflichten eines Geschäftsführers im Rahmen der internen Unternehmensorganisation, 30.03.2022.

Securities and Exchange Commission, SEC Release No. 57774: In the Matter of Paul S. Berliner Bezug auf Section 15(b) des Securities Exchange Act of 1934, 05.05.2008.

VG Frankfrut am Main: Rechtmäßigkeit zweier Verfügungen von Abberufungsverfügungen eines Aufsichtsrates mit dem Inhalt, ein Mitglied des Vorstandes abzuberufen, 08.07.2004.

www.ingramcontent.com/pod-product-compliance
Ingram Content Group UK Ltd.
Pitfield, Milton Keynes, MK11 3LW, UK
UKHW021933290926
8980IPUK00016B/1605

9 783631 935484